医学生
培养新视野

李禄峰　何昆蓉　主编

Yixuesheng
Peiyang Xin Shiye

西南财经大学出版社

图书在版编目(CIP)数据

医学生培养新视野/ 李禄峰,何昆蓉主编 . —成都:西南财经大学出版社,2016. 12

ISBN 978 -7 -5504 -2561 -3

Ⅰ. ①医… Ⅱ. ①李…②何… Ⅲ. ①医学院校—大学生—人才培养—研究 Ⅳ. ①G645. 5

中国版本图书馆 CIP 数据核字(2016)第 179344 号

医学生培养新视野

李禄峰 何昆蓉 主编

责任编辑:孙婧

封面设计:墨创文化

责任印制:封俊川

出版发行	西南财经大学出版社(四川省成都市光华村街 55 号)
网 址	http://www. bookcj. com
电子邮件	bookcj@ foxmail. com
邮政编码	610074
电 话	028 -87353785 87352368
照 排	四川胜翔数码印务设计有限公司
印 刷	郫县犀浦印刷厂
成品尺寸	185mm ×260mm
印 张	12
字 数	270 千字
版 次	2016 年 12 月第 1 版
印 次	2016 年 12 月第 1 次印刷
书 号	ISBN 978 -7 -5504 -2561 -3
定 价	88. 00 元

编委会

主　编：李禄峰　何昆蓉

副主编：唐　洁　张小英

编　委：（按姓氏笔画排列）

王翠翠　邓鸿杰　刘　月

杨　丽　杨　洋　张　威

张　娟　欧阳明月　郭岩杰

康　宇　梁　洁

前　言

享受过花季的旖旎，接受了雨季的洗礼，青年学子满怀激情地踏入人生的新殿堂——大学。然而与中学阶段相比，大学的学习和生活模式已大相径庭，不少新生自信满满地迈入大学校园却久久不能适应，这束缚了学生的成长成才和个人潜能的发挥。本书旨在帮助青年学子在生理和心理方面做好入学的双重准备，以使其更快地完成角色转变，更好地适应大学生活。

千里之行始于足下，大学新生如果能在短时间内调整心态，摆正态度，顺利融入大学校园，对今后个人能力的培养和综合素质的提升都有着极为积极的意义。大学并非轻松快乐的象牙塔，青年学子在大学阶段要完成从高校学子到社会人才的过渡与转型。因此，大学新生应做到认识自我、接纳自我、重塑自我，明确步入大学的最终目标与实现途径，做好职业生涯规划，为美好未来合理谋划；提升自主学习能力，为今后的成长打下良好基础；坚定专业信念，爱己所选；积极参与第二课堂与新媒体的学习并加以有效利用，力争在综合素质测评中抢占高地；增强心理调适能力，在日常学习、生活、工作中，注重人际交往，促进人格全面发展，意识到院校是社会的缩影，而寝室是异地的家；了解如何竞选高校学生干部，更好地提升服务能力；面对突发事件时，应有较全面、高效的处理方案；作为医学生，还应顺利度过全程教学、实习与规培临床三个阶段，积极备战考研，深造提高；同时树立法律意识，做知法、懂法、守法、护法的好公民。本书将从各方面对以上问题进行详细的讲解，有针对性地引导高校学子走好大学征途的第一步。

塞缪尔·厄尔曼曾说，青春气贯长虹，勇锐盖过怯弱，进取压倒苟安。在此祝愿所有的大学新生不负韶光，从容地担起社会责任。

在本书的编写过程中，编者参阅了多位专家、学者的相关著作和论述，在此表示衷心的感谢。由于理论水平和研究能力有限，我们在编写过程中难免有失偏颇，希望专家、学者和广大读者不吝赐教，以使本书更加完善。

编者

2016 年 6 月

目　录

序

学习篇

生活篇

就业篇

序

第一章　厘清自我——大学新生的自我定位

我是谁？早在许多年前人类就开始问自己。认识你自己（know yourself），这句刻在德尔斐阿波罗神庙有名的箴言，相传是著名哲学家苏格拉底提出的，镌刻在神庙上警示后人。德国著名作家约翰·保罗说："一个人真正伟大之处，就在于他能够认识自己。"我是谁？我是怎样的人？我想做什么？我能做什么？这些经常萦绕在大学生心头的问题，都和自我意识有关。在哲学的领域，古希腊哲学家亚里士多德曾对人类的心理进行了探究。法国的笛卡尔正式提出了"自我意识"概念。1890年，詹姆斯将自我意识引入心理学著作。多年来，关于自我意识的概念不同的人有不同的说法。直至今日，人们普遍认为，自我意识是人对自己身心状态及自己与客观世界关系的意识，是一种多维度、多层次的心理意识。客观地认识、评价自我，积极地悦纳自我，有效地控制自我，科学地发展自我，建立健康的自我形象是大学生心理健康的表现。大学新生要培养和完善自我意识，需要经历三个阶段——认识自我、接纳自我和重塑自我。

第一节　认识自我

大学新生入校后会在学习、生活、心理、人际关系等各方面不适应，这个时候特别容易迷失自我。事实上，不仅仅是大学阶段，人的一生都在寻找自我、实践自我，最后超越自我。全面客观地认识自我是形成自我意识的基础。正确认识自我，全面评价自我才能更好地接纳自我，从而重塑自我。

一、大学新生自我认识的特点

1. 大学新生的自我意识增强，更具主动性

随着年龄的增长，进入大学的新生自我意识逐渐增强。大学生不仅会主动认识自己，而且会把自己跟周围的人进行比较来深入认识自己，并力图将社会的期望内化为自我品质。在认识自己的过程中，大学新生已经会主动从他人的角度了解自己，同时比较客观、冷静地分析他人的评价。这些认识使得大学新生开始思考"我是谁""我是一个怎样的人""我为什么是这样的人""我将有可能成为怎样的人""人生的目标是什么"等一系列自我认识的系统问题。大学新生在自我认识方面已经具有较好的主动性和较高的"自我同一性"。

2. 大学新生自我评价功能增强，更具准确性

自我评价是个体对自我所做的判断，是一种对自己满意程度的心理体验。它有两方面的功能：一是认识功能，二是自我防卫功能。自我评价一方面指向自我，另一方面指向他人。研究显示，大学新生的自我评价与他人（老师、家长、同学）评价之间具有更加显著的相关性，在自我评价与他人评价之间基本是一致的。但是由于大学新生还处于自我意识的发展阶段，难免存在评价失衡的情况。

3. 大学新生自我形象完善，更具丰富性

大学新生自我形象的完整性，主要表现在重视自己身体外表的同时也开始注重内在的一些特质，比如知识、才能、性格、人际交往能力等。自我形象与思维发展是同步的。大学新生自我形象的丰富性，主要表现在所描述的自我形象的内容多倾向于分析性的描述，从多维度、多层次对自身进行观察、想象、评价，从而确定自身形象。

二、大学生自我认识方面存在的问题

1. 主观自我与客观自我的矛盾

有的人认为自己对自己和别人对自己的评价有很大的不同。例如，自己觉得自己很开放，很宽容，愿意帮助别人；但是，别人却说自己很保守，对人很计较。在这种情况下，自己就会困惑：到底自己是怎样的呢？如果经常遇到这样的情况，一个人便会困惑，焦躁不安。自己在同龄人中能够考上大学接受高等教育，大学新生对自身有着较高的积极评价。但是由于在单纯的校园环境中成长，他们缺乏社会生活经验，缺乏对社会的了解。而随着高等教育的全面推进，现在社会上的大学毕业生并不少见，慢慢地很多用人单位对大学生的“重理论轻实践”“高分低能”等负面评价及看法，使得多数大学生在踏入社会后会面临主观自我和客观自我的错位。这种错位会让大学生产生失落感。

2. 理想自我与现实自我的矛盾

在生活中，我们常常看到一些人条件很好，但是生活得并不快乐，而有一些人却恰恰相反，即使条件较差，也非常乐观积极；再比如，有的学生考第二名，感觉很不好，很受挫折，而有一些人考进前三十名就很快乐。这就是因为理想的“我”与现实的“我”不相符。一个人没有达到自己的期望，就会有挫折感，达到了自己的期望，甚至有意外的收获时，就会很高兴。

大学新生对未来充满信心，抱负大，取得成就的欲望强。在进入大学之前，大学新生可能对自己有着非常高的期望和美好的想象，但是入学以后发现课程没有想象中有趣，自己也没有想象中那么受重视，甚至自己的职业规划也没有想象中完美，这时候他们开始失望、迷茫。如果一个人感觉到自己无法达到自己的标准，就会难过或者自责，觉得自己不够好，不够努力，甚至觉得自己什么都不是而否定自己。所以，理想自我和现实自我之间的差距是客观存在的，使大学新生对自我概念产生负向评价。他们没有充分认识到现实和理想的差距，在追求的过程中没有从现实自我出发，导致“眼高手低”，不能很好地将理想自我和现实自我结合起来，使得两者之间的差距越来越大，从而产生自我意识分裂，带来一系列的心理问题。但是，如果他们学会积极思考，则会产生积极

的自我目标和期待，而成为自我改变的动力。

3. 独立意向与依附心理的冲突

英国精神病学家约翰·鲍比（John Bowlby）于1958年提出“依恋”的概念，后来再根据一些实验研究而形成研究人格和关系发展的“依附理论”。主要的概念是婴儿和特定对象（通常是母亲）会发展出强烈和持久的情感连接，称之为“依附关系”，此种关系会发展成情感与认识的内在运作模式而影响到成长后的人际模式。

大学是一个分水岭，大学新生正处于心理断乳的第二飞跃期，独立意识迅速发展。他们希望在思想、生活、经济方面独立起来，当面对学习工作上遇到的问题时，希望能够独立自主地解决。与此同时，由于缺乏处理问题的经验，在心理上又依赖他人，他们无法真正做到人格上的独立。这种独立意向与依附心理的冲突会困扰着他们。

4. 渴望交往与自我闭锁的冲突

大学新生远离父母家人，来到陌生环境，比以往任何时期都渴望与人交往，渴望着纯洁的友谊和爱情。他们有着强烈的陪伴需求和倾诉愿望，渴望认可，渴望着与人分享。但是他们的自我表露又受到自我闭锁的影响，要么不愿意主动敞开心扉，很少与人交流，在公共场合也很少发表自己的真实意见，内心的矛盾从不外露；要么与他人交往时，存在着较强的戒备心理，总是保持着一定的距离。当困难和矛盾得不到解决时，他们往往又会因焦虑而自卑，甚至自暴自弃。这种冲突让大学生感觉孤独，感到无助。

5. 自负心理与自卑心理的矛盾

纪伯伦曾在他的作品里讲了关于一只狐狸觅食的故事：

狐狸欣赏着自己在晨曦下的身影说：“今天我要用一只骆驼当午餐!”整个上午，它奔波着寻找骆驼。但当正午的太阳照在它的头顶上时，它再次看了一眼自己的身影，于是说：“一只老鼠也就够了。”

有像狐狸这样心态的人，在现实生活中大有人在，即对自己认识不足，过分强调某种能力，或者无根据地承认自己无能。在自我意识的发展过程中，大学新生还未完全发展成熟，不能对自己有完全准确的认知，自负和自卑都属于认知偏差。考上大学前以及刚考上时，他们常常获得老师、家长、亲朋好友的赞誉、同龄人的羡慕，因此充满了优越感；然而进入大学以后，同一水平线上的同学朋友太多，有的甚至比自己更聪明、更有才华，这让他们又产生了自卑感。这种对别人评价过于敏感，不能客观认识自己的自负与自卑的矛盾也是导致大学生心理健康问题的原因之一。

三、大学新生如何正确认识自我，全面评价自我

精神分析学派创始人、奥地利心理学家西格蒙德·弗洛伊德将人格结构分为：本我、自我及超我。本我（Id）是人格结构中最原始的部分，从出生日算起已存在。构成本我的成分是人类的基本需求，如饥、渴、性等。本我中的需求产生时，个体要求立即得到满足，所以从支配人性的原则来说支配本我的是唯乐原则。例如婴儿每当感到饥饿时就要求立刻吃奶，而不考虑母亲有无困难。自我（Ego）是个体出生后，在现实环境里由本于我中分化发展而产生的，如本我的各种需求不能在现实中立即获得满足，他就

必须迁就现实的限制，并学习如何在现实中获得满足。从支配人性的原则看，支配自我的是现实原则。此外，自我介于本我与超我之间，对本我的冲动与超我的管制具有缓冲和调节的功能。超我（Superego）是人格结构中居于管制地位的最高部分，是个体在生活中接受社会文化和道德规范的教养而逐渐形成的。超我有两个重要部分：一是自我理想，要求自己的行为符合自己的理想标准；二是良心，是规定自己的行为免于犯错的限制。因此，超我是人格结构中的道德部分，从支配人性的原则看，支配超我的是完美原则。

大学新生要培养和完善自我意识，首先要认识自我。为了有一个准确的自我定位和自我评价，我们常常用以下几种方法：

1. 观察法

大学新生要通过进一步的自我观察认识自己。大学新生对自己各种身心状态和人际关系等的认识，即生理自我、心理自我和社会自我的认识是非常重要的，如自己的身高、外貌、体态、性格、自己与他人的关系等方面的认识。在自我认识过程中是伴随着情感体验的，如由身高外貌等引发的自豪、自信或自卑的情绪情感，以及在自我认识、自我情感体验过程中，大学新生是否有目的地、自觉地调节和控制自己的行为和想法。大学新生要善于剖析自我，深刻认识自我，更好地认识外在形象和内在自我。

2. 比较法

比较法是通过社会比较认识自己。就像用分数来比较知识能力一样，大学新生可以通过与同伴在处世方法、感情方式等方面的比较，找准自己的位置。自我观察和他人评价难免会有各自的主观投射，这种比较虽然常带有主观色彩，但却是认识自己的常用方法。不过，在比较时，要寻找所处环境和心理条件相近的人，这样才符合自己的实际水平和自己在群体中的位置。因此，大学新生可以通过合理的社会比较更好地认识自己。我们可以用自己的现在与自己的过去、未来进行纵向比较，与同龄人或者有类似条件的人进行横向比较，通过纵横两方面的比较更全面地认识自己。

3. 评价法

大学新生要有效通过他人评价认识自己。人人都会通过同伴对自己的评价来认识自己，而且在乎别人怎样看自己，怎样评价自己。当然他人评价比自己的主观认识具有更大的客观性，如果自我评价与周围人的评价有较大的相似性，则表明你的自我认识能力较好、较成熟，如果客观评价与你自己的评价相差过大，则表明你在自我认知上有偏差，需要调整。然而对待别人的评价，也要有认知上的完整性，不可以因为自己的心理需要而只注意某一方面的评价，应全面听取，综合分析，恰如其分地对自己做出评价和调节。我们都知道“以人为镜可以明得失”，在认识自己的过程中，大学新生要主动向他人了解自己，要虚心听取他人的评价，同时又要客观、冷静地分析他人的评价，以便从多角度来认识自己。

4. 实践法

实践法是通过社会实践来认识自己。大学新生可以积极参加各种活动，根据各种活动过程与结果来认识自己。大学新生可以通过加入学生会、社团等，通过与他人合作来分析自己的人际沟通能力；通过组织开展班团活动来分析自己的组织管理能力；通过读书活动来发现自己的知识掌握程度，及时查漏缺补等。通过具体的活动分析自己的表现及成果，可以更加客观地认识自己。

5. 反思法

反思法也叫“自省法”。古人云：吾日三省吾身。大学新生还要学会通过反思总结来深入认识自己。我们发现在以上四个步骤中，我们都是在发现和认识自己，很多人也的确是这么做的。但是，我们还是不太清楚自己是一个什么样的人，所以，我们还需要经常反思和总结自己。我们可以多写日记，多记录自己，及时归纳和总结自己的优点与不足，更好地认识生理自我、心理自我和社会自我。

一个能正确认识自己、全面评价自己的人，才可能对他人和社会做出客观正确的评价，才能把握好自己的命运，走向成功的可能性才会更大；一个对自己的评价有失偏颇的人，不可能对他人、对社会有客观正确的认识，更不可能把握好自己的命运，很容易失败。

第二节　接纳自我

认识自我固然不易，接纳自我则会更难。接纳自我，不管自己是什么样子，不管自己的生活有多么不如意，首先要面对现实，接受现实。因为你没有办法选择你的出生环境，没有办法选择你的父母和样貌，也没有办法选择你在生活中会遇见什么样的人。大学新生能够欣然接纳自我，对自己本来样子的认可、肯定，才是重塑自我的开始。接纳自我有助于密切人际关系，也有利于自身的心理健康，从而努力进行自我改造，以谋求自身更好的发展。

一、自我接纳的概念

自我接纳是自我意识的一个重要组成部分，是个体实现自我客观化的前提，也是获得健全人格的重要条件之一。自我接纳这一概念最早是由美国心理学家阿尔伯特·艾利斯（A. Ellis）提出的。自我接纳就是指个体完全地和无条件地接纳自己，无论他的行为表现是否是明智的、正确的或适当的以及无论他人对他是否赞成、尊重。

自我接纳是个体生存的社会性需要，是指一个人对自身所具有的所有特征都愿意去了解，去接受，去面对，能确认其客观存在和正面价值。认可了自己就不会盲目自负和自卑，也不会因为他人偶尔的赞誉或者批评而动摇。大学阶段是个体自我接纳的重要阶段。

二、评价大学新生是否自我接纳

大学新生如果没有很好地接纳自我，或者在自我接纳方面受挫，就会有这些表现：

1. 自责和内疚

曾经有个印度的挑水工，他有两个水罐，一个完好无损，另一个有裂缝。完好的水罐总是能将一罐子水完整地盛回主人家，而裂缝水罐每次到达目的地就只剩半罐水。久而久之，裂缝水罐很自责、很内疚，它觉得挑水工付出了同样的努力，它却没有给他应有的回报。而挑水工却不以为然，他说你看花儿都开在你那边，是因为我知道你会漏水，故意在那一边路上埋下了花种，每天漏出的水浇灌了它们，开花后用它们装饰了主人的房子，也送给了心爱的姑娘，这样很好。有的大学新生总是觉得自己不够好、不优秀，总是在一种自责和内疚的感觉中度过，却看不到自己身上的闪光点，看不到那些因为他们的“浇灌”而盛开在路边的“鲜花”。

2. 否认事实发生

“否认”本身是精神分析学上的用语，是一种比较原始而简单的防御机制。其方法是借着扭曲个体在创伤情境下的想法、情感及感觉来逃避心理上的痛苦，或将不愉快的事件“否定”，当作它根本没有发生。不愿自我接纳的大学新生，常常表现为把已发生的不愉快的事件或者对自己不利的情况加以否认，认为它根本没有发生过或者本来就不存在，以此来逃避心理上的不舒适或者他人的谴责，从而获取心理上暂时的安慰。但是，否认事实发生并不能让这个事实消失，它是真实存在的，我们要学会正视它，才能更好地接纳自我。

3. 抱怨自己的出身、成长环境及父母条件

有的大学新生，没有考上理想的学校就抱怨是乡下教育条件太差，教育资源有限；因为修养问题受到批评就推到成长环境上；更有甚者，还由于在跟同学的攀比中不能穿名牌、请客吃大餐而抱怨父母不是有钱人。这样的人，通常都希望自己的生活突然改变，变得很好。这样的人，希望自己是优秀的，渴望成功却又忽视主观努力，不愿意通过自己的奋斗获得认可，改变现状，反而自甘堕落，对他人提出不合理的要求，抱有不切实际的想法。这也是没有自我接纳的一种表现。

4. 将所有不顺归因于外界

那些自我接纳的新生，在受挫情境下同样会有很多负面感受，但是他们会接受现实，想办法宣泄自己的负面情绪，给自己时间去适应、调整，重新选择是否要改变，并且在改变后会做出相应的计划，积极前行；而没有自我接纳的新生，总是把自己所有的失败和不顺利归因于外界，而从来不在自己身上找原因，从而盲目度日。

所以，看一个大学新生是否很好地接纳自我，关键在于观察他在受挫情境下的表现。自我接纳的人和没有自我接纳的人在面对挫折时会有不同的应对策略。没有自我接纳的人会给身边环境传递出强烈的负能量，并让人不舒服；而自我接纳的人会真实地传达感受，让人心生关爱帮助之意。

三、影响大学新生自我接纳的因素

自我接纳包括两方面：一是对自身的接纳，二是对环境的接纳。除了自身在个性、体质上的区别以外，成长过程中，我们还接触过形形色色的人，他们对我们的态度、评

价和反应，都对我们自身产生着巨大影响。人们总是通过自身努力，根据一些社会线索来操纵和调节自己的行为，并加深对自我的认识和了解，从而接纳自我。对大学新生而言，对他们影响最大、最具有特殊意义的人，主要是父母、老师和同学。所以家庭关注、学校教育、社会帮助都会在一定程度上影响大学新生的自我接纳。

1. 个体性格特质因素

自我接纳的意识和能力在个体间的发展是不平衡的。有的大学新生常常过分严格要求自己，凡事都希望自己能够做到最好，力求完美：自己的家庭条件应该是好的；外在也要是靓丽的或者帅气的；学习成绩是拔尖的；人际关系是不错的；各方面能力强还可以当学生干部，受到老师领导的青睐；与此同时还要有文艺方面的特长……然而，我们都知道人无完人，一个人不能决定自己的出身长相，一个人的精力也是有限的，过分苛求自己的结果只能让理想自我与现实自我差距越来越大，而使自己生活在痛苦之中。还有的大学生总是拿自己与别人比较，觉得自己外貌不如他人，喜欢他人的性格而不喜欢自己的个性，羡慕他人的家庭条件，甚至觉得只要自己变成他人就一定会变得更好。事实上，每个人都有自己独特的气质，世界上没有两片一样的树叶。每个人都有值得欣赏的地方，如果只是一味地羡慕他人，把眼光放在与他人攀比上，那么就很难接纳自己，很难认识到自己的优势，更不可能发掘出自己的潜能，实现自身价值。马斯洛需要层次理论告诉我们，每个人都有实现自我的需要和可能，所以我们要努力改变这种充满矛盾与冲突的自我层面，更好地接纳自我，接纳他人。

2. 家庭关注影响因素

自我接纳程度较低的大学生通常家教都比较严格，从小就受到家人有条件的关注与管束。有的家长不是科学地、合理地教育引导孩子，而是拿自己的孩子与别人的孩子作无谓比较，还常常采取批评教育的方式，并得出“别人家孩子样样好，自家孩子不如别人家孩子”的结论。由于这样的家庭关注，很多学生从小就认为自己只有具备某种条件，如比别人高的分数，比别人更美丽的外表或者比别人更多的特长才能够获得被接纳的资格。而由于这些学生从小就在一种挑剔、苛刻的家庭氛围中长大，他们也习惯了用挑剔、苛刻的目光来看待自己，认为自己各方面都要出众，都要比别人好，慢慢地就形成了完美主义人格。这时候，他们就越看自己越觉得自己不够好，甚至很糟糕，无法接纳真实的自己。

3. 学校教育引导因素

在大学生成长的过程中，除了家庭环境以外，学校环境也是非常重要的。学校的人文环境和教育引导可以说是自我意识形成最为直接的影响因素。有一位名叫雷奇的心理学教师，通过有目的地改变学生消极的自我定义，引导他们发掘以往的人生经验，促使他们勇于接纳自己。于是，许多学生在接受了这种自我接纳教育后，他们的才能和个性都发生了很大的变化：一个因成绩太差而被迫退学的学生，在这里成了全优生；一个原先 100 个单词会拼错 55 个的学生，第二年成了全校最优秀的学生；一个曾被认为“英语能力欠缺”的学生，在第二年获得了校文学奖的提名……研究发现，自我接纳的意识和能力是由低到高逐渐发展的，通常包括三个方面：接纳自己的身体、接纳自己的外部行为、接纳自己的内在品质。大学教育更注重充分发挥人文环境对学生的影响和引导作用，让大学新生在充分认识自身的优点和缺点的同时完全接受自己，提升自己的内在品质。

4. 社会支持帮助因素

自我接纳与家庭、学校、社会生活体验都有着密切的关系。其中，社会生活体验对学生自我接纳水平的发展也起着非常重要的作用。群体对个体的深刻影响，是普遍存在的社会心理现象。成功让人喜悦，从而更加自信；而失败让人沮丧，从而感到自卑，这是每个人都体验过的。有的大学生在公共场合缺乏自信心，甚至有些自卑，但这并不是天生如此。有可能是在社会生活中反复受挫，使得他们开始怀疑自己，认为自己不行。这些都是因为我们缺乏社会支持系统。如果在社会生活中，人人都持有善意，正确地看待别人的不足与过失，多些鼓励和帮助，这样人们就会有更多的良性体验，从而接纳自我，并努力完善自我。

四、如何提高自我接纳水平

美国著名心理学家、教育学家阿瑟·W. 库姆斯（Arthur W. Combs）曾说过：顺应良好的人和不善于顺应的人之间最大的区别就在于怎么样认识自己。自我接纳是人类不断进化和适应的结果。那么大学新生应该如何提高自我接纳的水平呢？

1. 发掘自身潜能

“发现你自己，你就是你，”心理学家卡耐基说过，“潜能每个人都有，就在于你是否发现。”大学新生如果能发现并开发自己的潜能，无疑会大大激发其自信心和前进的动力。不妨试一试主动询问，问一问父母、老师或同学，自己在哪方面比较擅长，听一听他们对你的评价，然后进行综合分析；试一试主动参与各类活动，在活动后反思自己的表现，从而得出有关结论；做一做测量潜能的量表，实事求是地填写，然后参考专业的结论分析。找到自己的优势之后，有意识地在这方面进行自我锻炼。

2. 承认自身缺点

人人都有不足的地方，有与生俱来的（如身材、肤色、容貌等），也有自己后天形成的（如脾气、人际交往能力等），但是这些并不可怕，只有勇敢地面对不足，承认不足，才能改进。大学新生要学会用发展的眼光来看问题，不要消极回避自身的不足，或者对自己产生自责、怨恨情绪，从而自我否定，自我退缩。多参加社会实践活动，在活动中自我锻炼、自我激励和自我教育，从而促进自身发展。

3. 合理进行比较

比较，是一种重要的检测手段。前面已经讲过，按对象来分，比较可分为横向比较和纵向比较。横向比较，即与他人比。经常与比自己强的对象比，会有一种“我总是不如他人”的失败感，久而久之会丧失自信心；经常与比自己弱的对象比，久而久之又会滋长骄傲的情绪。因此要合理进行横向比较：不要只重视比较结果；不要拿不可比因素进行比较；不要跟差距太大的人比较。纵向比较，即自己与自己比。把自己的从前和自己的现在相比，会常常看到自己点点滴滴的进步，唤起自身积极向上的心态，不断地挑战自我，超越自我。

4. 创造成功体验

自信源于一点一滴的成功积累。成功的体验可以消除自卑，树立自尊，可以使人奋发。成功的喜悦将成为个人强大的内在动力，推动个人去争取更大的成就。因此，大学新生在选择参加活动前，要有意识地多选择自己擅长的、适合自己的项目，从而提高成功概率，为自己累积自信。不要一味地为了挑战自己而选择自己并不感兴趣，也不擅长的活动，避免失败以后给自己带来不必要的烦恼体验，从而对自身产生不合理怀疑。

5. 通过适应接纳

适应是接纳自我的有效途径。人是适应的产物，适应是通过进化形成的解决生存问题的方法，是自然选择的结果。进化心理学认为，人的心理也是适应的产物。而自我接纳就是要解决个体与自身、人格及与他人人际关系等心理机制问题。伴随个体的成长和发展，通过心理机制的适应功能，个体不断地学习与环境相处。大学新生要努力适应周围环境，提高自身适应能力，进而更好地接纳和正视一切。

第三节　重塑自我

人类在进化过程中，积累了诸多问题的解决方法。在心理层面上表现为模块化，每种模块都有着专门化的心理机制。我们每个人都有自身的优势和劣势，在全面认识自我和评价自我的基础上，应接纳自身的长处和短处。我们应充分发挥自身优势，努力改进自身劣势，建立符合自己的、独特的积极模块，全面客观地认识自我，积极地悦纳自我，最终达到对自我的重塑。

一、重塑自我，培养健康的自我意识

自我意识是心理学研究的重要领域，大学生的自我意识是指大学生在大学阶段所形成和具有的对自己以及自己与周围世界关系的认识。健康的自我意识对大学生的成长和发展有重要的推动作用。

1. 树立科学的自我观

培养健康自我意识，塑造强大自我，是当今世界对大学生的迫切要求。要培养健康的、正确的自我意识，首先要树立科学的自我观。要冷静、理智地对待自我，用全面的眼光来看待自己，认清理想与现实的差距，以现实为基础，要有“跳起来摸得着”的短期目标，还要有与自身发展相统一的长期目标。在定目标时，不要单纯从自己的主观愿望出发，而要从实际出发，把理想与现实结合起来，合理设计。同时也要做到“胜不骄，败不馁”，积极乐观地对待学习生活。在困难面前，不退缩，要知道道路虽然曲折，但前途会很光明。

2. 调整过度的期望值

自我期望是指个人在进行某项实际工作之前预计自己所能达到的目标。自我期望过

高，会更容易导致大学新生产生失败感。只有学会调整和控制对自己的期望值，才能更好地发展自己，最终实现自己的抱负。那么，怎么做到合理期望？最好的办法是认识自己原有的个性和特质，保持自己区别于他人的独特、健康的个性。将自我期望跟实际情况结合起来，最终获得实际成就。

3. 努力超越自我

认识自我、接纳自我都是为了最终重塑自我、超越自我。对于大学新生而言，要求做到在学习上全力以赴，在生活中积极乐观，工作时勤恳认真。超越自我是不安于现状，勇于自我改变，自我挑战。在大学阶段，就是要不断打败原来的自己，展现新我。

人生的旅程，有无数的挫折与挑战，不是一帆风顺的。如果被挫折打败或者没有信心去挑战，实现自我的希望就非常渺茫。只有不断地超越自我，才能走向成熟。超越自我可以从以下两方面入手：

（1）勇于尝试新的事物

大学新生应该尝试新的活动，接受新的挑战，这样，你会因为发现了一个新的生活层面而惊喜不已。学习新的知识，开拓新的途径，都可以使人获得新的满足。可惜很多大学生在大学阶段浑噩度日，平白丧失了使自己发挥潜能、超越自我的良机。很多大学生觉得自己应该等待一个适当的时机，以稳当的方法去开拓前程。这种想法未免过于保守，因为那个适当的时机可能永远不会到来。任何人的生活都不是精心设计、毫无差错的电脑程式，所以应该有迎接挑战的勇气。当然这并不是要你放弃实际、可行的目标，而是鼓励你全力以赴，实现梦想。

（2）敢于追求梦想

萧伯纳有一句名言："一般人只看到已经发生的事情而说为什么如此。我却梦想从未有过的事物，并问自己为什么不能。"作为年轻人，大学新生尤其应该有梦想，因为奋斗的过程和达成目标一样，都能使人无比快乐。你要有勇气梦想自己成为一位名医、明星、杰出的科学家或作家等，而且要全力以赴，实现梦想。当然你的梦想要合理，要具体可行，不要好高骛远，做摘星美梦。当然如果你努力了仍然无法达到这个目标也并非世界末日。布朗宁曾说："如果凡人所梦想的都唾手可得，那还要天堂干什么？"只要调整自己并乐意接受别人的建议、帮助和忠告，成功必然在望。

二、大学新生应该从哪些方面自我重塑

1. 谈吐幽默，语言文明

语言是人类交往沟通活动的基本工具。人们靠语言交流思想，传递信息，表达感情，文明的语言树立文明的形象。谈吐能直接反映出一个人是素质良好还是浅薄无知，是博学多识还是孤陋寡闻。一个沉默、不善言谈的人很难引起他人的注意。大学新生在社交中能侃侃而谈，用词高雅恰当、言之有物、对问题见解深刻、反应敏捷、应答自如，能够简洁、准确、鲜明、生动地表达自己的思想与情感，就能表现出其不同凡响的气质和风度。作家于伶回忆与鲁迅先生谈话时说："鲁迅先生谈吐深刻、严密、有力而又生动活泼，句句吸住我们。渐渐谈下去，愈来愈强烈地发射出真挚的热情，又有一种

严峻的强大的威力，从他瘦削的脸上透射出来。使人听得入迷，产生听君一席话，胜读一年书之感。”然而，高雅的谈吐是无法伪装的，卖弄华丽的辞藻，只会显得浅薄浮夸；过于咬文嚼字，又会使人觉得酸味十足。因此，大学新生在没有深厚的积累时可以尝试从最基本的原则入手：不背后议论人，讲话注意分寸，多表扬人，多讲其优点，当面批评人，指正其缺点，尤其不要油嘴滑舌，不要讲粗话。大学新生要学会多使用文明的、符合自身身份的语言，树立良好的大学生形象。

2. 风度高雅，精神饱满

风度是指一个人的风貌仪表和举止态度，同时也是一个人精神、气质、品格的外显表现。因此风度实际包括精神状态、仪表礼节、行为态度和言辞谈吐。它实际反映出一个人的道德、品格、性格气质、学识修养、处世态度等综合素质。有人说：“高雅的风度是通向朋友心灵畅通无阻的护照。”所以高雅的风度也是每位渴望择业成功的大学生都值得拥有的“护照”。在社会交往中始终保持旺盛的精力、饱满的热情、大方自然的态度，是优化个人形象的首要因素。与人交往，神采奕奕、精力充沛、富有自信，就能激发对方的交往热情，活跃气氛。如果萎靡不振、无精打采、敷衍冷漠，会使对方感到兴味索然甚至不快。一个精神饱满、神情自然的人往往会给人留下自信、乐观、进取和对生活充满热情的印象，神情倦怠、精神涣散或者表现得紧张局促、手足无措，会给人留下缺乏社交经验、不成熟、不专注、看不起人的印象。因此，在社会交往中始终要以极大的热情关注对方，对他所感兴趣的东西感兴趣，并随对方的言谈举止做出自然得体的反应。也就是说要别人喜欢自己，自己要先喜欢别人；要吸引对方的注意，要先注意对方。

3. 仪表整洁，衣着得体

仪表是大学生展现自我形象的重要方面。仪表形象主要是指一个人的仪容和体形。它是由个体生理特征和服饰共同构成的一种直观的外在形象。仪表之美是人类的天然美，具有仪表美的人为自己赢得了获取成功的最初机会。因为现代社会中人们习惯用美的标准来观赏人、评价人、选择人。大学新生无法改变自身的样貌，但是可以学会整理自己的仪表，不穿不合时宜的或者过度暴露的服装，不选择不合身份的妆容。英国哲人约翰·洛克曾说：“礼仪的目的与作用使得本来的顽梗变柔顺，使人们的气质变温和，使他敬重别人，和别人合得来。”衣着服饰能反映一个人的审美情趣和修养。如果一个人的服饰能与自己的气质、职业一致，与自己的形体、年龄协调，与当时的气氛和场合相符，那将使得他更潇洒精神，更讨人喜欢。

4. 举止稳重，文明有度

从生理学角度说，举止行为就是包括脸部在内的身体各部位做出的动作，这些动作可以是有意识的也可以是无意识的。大学新生刚入学，互相还不了解，这时候举手投足都会给人留下持久的印象，并产生意想不到的效果。得体的形象和健康的姿态可以使大学新生在校园人际交往中获得认可。时代赋予大学新生新的使命，新的使命要求新的素质和新的形象。朴素大方、温文尔雅的行为习惯，正确雅观的坐、立、行的姿态能表现出一个人的良好教养，给人以成熟、可信赖之感。相反，粗俗不雅的举动会令人心生厌恶。分寸得当的交往距离使彼此心理上都感到舒适坦然，过度亲热和冷淡则容易引起对方误会。大学新生在日常学习生活中应当充满信心，只有相信自己和自己的能力，才能做到自然大方，挥洒自如，该行则行，该止则止，该坐而坐，该说而说，做事稳重而有分量，待人热情而又有分寸，礼貌而又不拘小节。

大学阶段是最富有理想的人生阶段。大学新生只有正确认识自我，全面接纳自我，最后努力重塑自我，加强自身理想信念教育，志存高远，胸怀天下，在专业知识、业务能力、道德品质上不断提升自我、超越自我，才能成为对社会和国家有用的人才。

参考文献：

[1] 丹尼尔. 发现者：人类探索世界和自我的历史 [M]. 吕佩英，等译. 上海：上海译文出版社，2014.

[2] 李百珍. 完善自我：积极自我意识的培养 [M]. 北京：科学普及出版社，2006.

[3] J. A. 福多. 心理模块性 [M]. 李丽，译. 上海：华东师范大学出版社，2002.

[4] 吴志雄，邱鸿钟，龚文进. 大学生自我接纳与人际信任、人际关系满意度的相关性研究 [J]. 中国健康心理学杂志，2011 (12).

[5] 聂娟. 大学生自我意识培养的重要性及其策略 [J]. 社会心理科学，2010 (8).

[6] 朱杉. 我是谁——大学生自我意识之旅 [J]. 陕西教育（高教版），2008 (12).

第二章　明确目标——大学的最终收获是什么

不少大学新生对高中老师的话仍记忆犹新："再坚持一下考上大学就轻松了。"很多人受到这句话的激励，过五关斩六将，终于来到梦寐以求的大学。可是进入大学以后，真的变得轻松惬意了吗？并非如此。如果你想在大学真正地学点东西，不但丝毫不会轻松，反而只会比高中更忙、更累。

第一节　学习：积累成功的资本

一、我们要适应大学的学习特点

从中学进入大学学习，没有父母的管束，没有老师的监督，没有繁重的练习作业和无休止的考试，一切都和中学时代完全不同了。很多同学脱离了忙碌的高中生活反而不适应，不知道自己的路该怎么走，书该怎么读。

1. 大学学习没有固定性

大学学习没有固定的教室，没有固定的老师，也没有固定的同桌。这些意味着，你可能上完一节课就要匆匆赶到下一个教室，与许多不同专业的同学一起学习，老师上完课可能连影子都见不着，甚至有些老师只给你上一节课就换了另外的人。这样的流动性使大学的学习更注重自主性，更灵活，往往也使得大学的学习显得更加忙碌，使大学新生觉得更加疲累。

2. 大学更重视学习的专业性

大学学习更注重专业性，大学生一旦选择了某一专业，在一定程度上就意味着以后将要从事这方面的职业。所以，大学生要用热情的态度去了解本专业，积极地培养本专业的专业思想，在学习中不断探索本专业的知识领域。

3. 大学强调自主学习

大学教育重于引导，学生必须自主地学习、探索和实践。大学开始必须培养自学能力，自学是人重要的能力之一。求知欲高的同学会发现大学里的知识浩如烟海，仅靠课堂学习是远远不够的，还必须通过多种方式和渠道来汲取更多的知识。毋庸置疑，校园里的核心建筑——图书馆是大学生首选的场所。图书馆是自学最好的场所，对于一个思维活跃的学生来说，在图书馆的自学效果要远远高于课堂。在学校里，图书馆是基本的教育设施，被誉为“知识的宝库、知识的喷泉”“大学的心脏”“学校的第二课堂”，直接承担着培养人才的重任。同学们在图书馆学习获取文献资源的过程和方法，掌握终身学习所必需的技能。图书馆的美好环境，能使学生心旷神怡，刺激求知欲望和探索热情，消除学生的懒惰情绪，解除他们的紧张和疲劳，使学生在宁静和温馨的氛围里汲取知识的琼浆。另外，学生也可通过参加学术报告、科研实验、知识讲座、专题讨论、第二课堂、社会实践等来拓宽知识领域，丰富知识结构。

4. 大学是融入社会的开始

进入大学意味着你一只脚踏入了社会。进入大学后，各类组织活动增多，各类社团活动丰富多彩，参加各类社会活动的机会也大大增加。与高中时简单而单纯的人际关系不同，培养人际交往能力、发展良好人际关系网是大学生活的重要方面。参加学生活动和各类社团活动，不仅锻炼了自己的社会工作能力，培养了与人交往的能力，提高了自己的综合素质，也是一种社会经验的积累。

二、制订计划，做好规划

大学新生中常有一种现象：给自己的大学生活制订了精心的计划，比如参加哪些社团，参加哪些活动，什么时间获得英语等级考试证书和计算机证书，什么时间去图书馆看书，课前预习课后复习计划等。计划堪称完美，但是没有行动则等于零。相比中学为考试而学习，在大学里，则是为了自己而学。大学是个小社会，你需要学会逐步成为自己的主人。

1. 养成良好的学习习惯

许多新生想问：大学有什么学习方法或学习技巧？明确地说，大学学习没有一个明确的方法，每个人都有适合自己的方法，而养成良好学习习惯会使你的学习更有成效。良好的学习习惯将会使有限的时间内的学习效率更高，并取得事半功倍的效果，如制订学习计划，课前预习课后复习，及时完成作业，重视课堂学习，坐下来迅速投入学习状态，作业遇到困难时能努力思考解决等。

学习习惯如何养成呢？首先，充分认识到良好的学习习惯的重要性，并有效地实施。大学学习不像高中有人监督，没有那么循规蹈矩，时间随意，方式随意。因此应该做出合理的规划，逐步摸索出适合自己的学习方法。其次，认真反思和总结自己的学习习惯，多向成绩好的同学请教，学习他们的长处，分析自己的短处，对自己的学习习惯加以改进，并持之以恒地坚持下去，最终养成适合自己的良好学习习惯。

2. 制定一个可实施目标

爱迪生说：“一心向着自己目标前进的人，整个世界都给他让路。”每个专业都有一个详细的专业培养计划，每位新生应该从大一伊始就详细了解这个培养计划，并根据学校专业课程安排来初步制订一份自己的大学生涯规划，拟定每一学期需要完成的课程、考取的证书、阅读的书籍、参加的活动、交往的朋友等，并在实施过程中根据实际情况修订计划。这样可以让你在大学几年里的学习和生活有一个纵向的安排，不会在迷茫中荒废时光。目标不论是长期的还是短期的都要清晰，这样才能使短期目标不断得以实现，并为完成长期目标不懈努力。

3. 端正学习态度

同学们历尽千辛万苦终于圆了自己的大学梦，兴奋之情可想而知。最高兴的是含辛茹苦抚养我们成长的父母，他们期待着我们在大学里，能够顺利完成学业，能够健康平安，能够学成毕业，能够成为国家的有用之才。按理说，同学们进入大学以后，应该专心于学业，不辜负家长们的期望和嘱托。然而，有一些同学却在充满阳光的校园里迷失了自己。一些同学经常找各种各样的借口逃课，尤其是一些家庭条件十分艰苦的贫困生，竟然沦落到沉迷网络和小说、荒废学业以至于险些被学校劝退的地步。这归根到底就是学习态度不端正。端正自己的学习态度，首先，要充分认识学习的意义与价值；其次，要对学习充满热情；最后，在面对挫折和失败时，要满怀信心。端正了学习态度，不仅能在学习过程中充分调动和发挥自己的智力因素，还能充分发挥智力效应，使学到的东西掌握得更牢靠，打好基础。

4. 规划自己的大学生活

在竞争日益激烈的当今社会，生涯规划对大学生发展发挥着越来越重要的作用。对学生而言，大学每个阶段的成长对未来都产生着微妙的影响。大学生正处于职业生涯规划的起步阶段，这一阶段大学生要正确认识自我，了解自身的兴趣、个性、能力、特长，合理制定大学四年不同阶段的目标。一年级为试探期，主要目标是适应大学生活，转换自身角色，初步了解职业生涯规划及其重要性，多种尝试，发现自我；二年级为定向期，这一时期应确定大学生毕业后是继续深造还是就业，并为此作相应准备，夯实基础，为梦想拼搏；三年级为拼搏期，做好规划，明确方向，不论是何种目标，在这一时期都应当明确下来，剩下的唯一任务就是为此努力拼搏；四年级为冲刺期，主要任务是抓住时机为实现自己的目标做最后的冲刺，为大学生活画上圆满的句号。

三、不要为了考试而学习

高中的学习目标是考上大学，所以同学们为了考大学拼命学习。进入大学，学习目标更多元化，学习内容更专业化，除此之外，大学的社会性要求同学更多地将业余时间投入课外的学习中。学校为同学提供了全面发展和锻炼的平台和机会，学生在学习课本知识外，还要结合自身的兴趣和爱好，参加课外活动。

1. 重视课堂，不要为逃课找借口

逃课已经是当代大学生学习上的一大特色，能够理直气壮地说自己在大学期间没有逃过课的同学寥寥无几。纵观学生旷课或逃课的诸多原因，有学生的主观原因，也有教师的客观原因，无论是哪一种情况，关键在于大部分学生不能处理好上课与其他事务的关系，尤其毕业年级学生逃课率最高。面临就业的压力，许多同学不能专心上课，导致一些同学逃课次数增加，主次不分，本末倒置。大学教师的每一次授课都经过精心备课，其课堂教学内容源于课本而高于课本，许多内容是密切相关的理论和实践经验的有机结合的成果。认真听老师的讲解，关注老师所提出的问题，理解老师分析的难点重点，对更好地理解课本和牢固地掌握知识有很大的帮助。无论是何种原因逃课，对同学而言都是百害而无一利的。学生应充分利用大学这几年黄金的求知时间，不断充实头脑，不断提高综合能力，不断提高专业技能，为自己的人生打好扎实的基础。

2. 多交流，三人行，必有我师

多与老师、同学交流，在交流中吸取适合自己的方法，从别人的错误中得到宝贵经验，不断在学习中积累，我们才会学到更多的东西。相互交流最大的好处是帮我们尽快、尽可能多地收集大学各方面的信息。互相交流的目的就是在大学固定的学习时间里学习到更多的东西。对于刚进大学的新生来说，更要主动地与毕业年级的同学交流，多听他们的故事，学习他们的心得。这些对大学学习有很大的帮助。和别人交流，也是一种互相学习的过程，可以避免再犯别人犯过的错误，避免走弯路。

3. 课余时间忙起来

人与人的区别在于 8 小时之外如何运用。8 小时之内决定现在，8 小时之外决定未来。有学习才有选择权，没有知识，要有常识；没有常识，要进教室。拒绝学习，就是拒绝成长。让自己的课余时间忙起来，多学些东西来丰富头脑。那么课余时间究竟做些什么呢？

（1）巩固课堂学习内容

大学的课堂学习，老师讲解的信息丰富，一堂课涵盖的知识可以是书本上十几页甚至几十页的内容。如果仅满足于课堂上的学习，是不能全面理解相关知识点、掌握所学内容的。因此需要你在课余时间阅读一些相关的参考书，来巩固和充实课堂所学的知识。

（2）选择好讲座充实自己

当今社会需要的是既有一技之长，综合素质又较全面的人才。因此，课余时间，我们可以通过听讲座来拓宽知识面。每所高校提供的讲座很多，内容丰富，档次各异，对每个人的影响有大有小，因此不是什么讲座都要去听，要结合自己的专业特点和知识结构体系去选择相关的讲座，从而扩展自己的知识面。这样才能有利于促进学习和研究，在自身专业的基础上，辐射性地扩大学习的内容，完善知识结构，更好地适应社会的需要。

（3）扩展知识面

在大学，要充分利用好图书馆的资源。作为大学生，不能仅局限于自己专业的学习，应该把看书的范围拓宽，充分利用图书馆藏书量大的优势，多看书，多思考，拓展知识面，慢慢地达到厚积薄发的效果。文科学生可多阅读一些浅显易懂的理工科类书籍，理工科的学生可多阅读一些人文社科类的书籍，完善自己的知识体系，日积月累中潜移默化地提升自身的能力和素质。

（4）锻炼实践能力

大学生课余学习的一个非常重要的任务就是，积极组织和参与各种实践活动。理论知识可以在课堂上学到，而实践能力只有在实践中锻炼。目前，大学生参加社会实践已经成为必修的课程，一方面可丰富校园文化和生活，另一方面可将所学知识在实践中加以运用，提高自己的实际工作能力，促进知识、能力、素质的全面发展。社会实践的种类繁多，如便民服务、支教活动、义诊活动、知识宣传与咨询活动、义务劳动、文艺下乡、环境保护、考察研究、科技下乡等，大学生可选择参加与自己专业和兴趣相关的社会实践活动，在活动中锻炼和提升自身素质。

（5）多走走多看看

俗话说“读万卷书，行万里路”，这告诉我们读书需要“行路”来补充。在大学，每个人都有向往和想去看看的地方，但很多人因为资金问题，放弃了一些出游计划，因此很多旅游的想法就一直停留在想法中。在笔者看来，不管资金多少，都可选择一些你能够承担的旅程出去走走，体验各地的风土人情，领略祖国的大好河山。“再不疯狂就老了”是我们常说的一句话。是的，年轻就是我们的资本，不要因为资金限制了我们疯狂的机会。资金也不是无法解决的问题，我们可以通过平时兼职或奖学金等来积累。

第二节　除了学习更要学做人做事

大学生活，最有意义的收获不是学会某个具体的数学方程式，也不是获得令人兴奋的奖学金，而是在这人生短暂而美好的时光里，收获到学习的方法、思考的方法、为人处世的方法和生存发展的方法。基本上来说，大学学习是60%学专业，40%学做人。大学生一只脚踏在校园里，继续学习知识，另一只脚已经踏进社会，学习做人做事。将来在社会能不能走好人生之路，很大程度上是看你在大学怎样去学做人做事。

一、学习做人

清代著名画家郑板桥教导他的弟子要先学做人，后学做事。为什么要将学习做人放在首位呢？因为做人是做事的基础，只有做好人，才能做好事。一个不会做人的人，哪怕他拥有再好的才华，最终也不会产生有益于社会的效应，相反还可能给社会造成更大的危害。怎样去做人，如何才能与他人友好相处，这是大学生除了学好自身专业和培养综合能力以外的一件很重要的事情。做人做得好不好，是人际关系融洽与否的反映。在大学我们需要建立良好的人际关系，这对大学的学习和以后的工作都很重要，很有帮助。

相对社会大学的人际关系较为单纯，同学之间融洽相处的最基本要求是真诚待人，持着一颗真诚的心去对待别人，看待生活，才能慢慢建立自己的人脉圈子。大学生做人也应当坚持“简单”原则，这样才能交到知心朋友。大学生学做人更要学会宽容，懂得宽容，才能求同存异。

1. 真诚待人

每个人都希望得到别人真诚相待，要想别人真诚待你，你就应当首先主动真诚地去对待别人。孔子说：“己所不欲，勿施于人。”你怎样待人，别人也怎样待你。你待人以善意，别人以善意相报；你待人以真诚，别人以真诚回馈。这就是我们常说的“将心比心”。

无论与什么人相处，总要凡事真诚，存真诚的心，说真诚的话，做真诚的事，说谎作伪是人与人之间纠纷的起因。无论与多少人相处，总要心存公正，一视同仁，不特别与一两个人亲近，却与他人疏远，尤其不能偏袒与自己亲近的人。一有这种情形，势必给别人以话柄，引起不必要的纠纷。不要因为自己的长处而骄傲，不要轻视那些有短处的人。不要向比你软弱或地位低的人发怒，呵斥他们，这不但给别人难堪，更显出自己没素质。不要轻信别人所说的批评论断的话，自己更不能说这样的话，人与人之间出现事故都是由人嘴引出来的。要心宽量大，无论别人怎样藐视你，怎样批评你，怎样亏负你，不要介意，不要放在心上，要乐意容忍他们，宽恕他们。

2. 简单做人

大学生做人应当坚持“简单”的原则，对待老师和同学都应当一样，切莫以为跟老师走得近，你就会得到某种好处，跟某个有“名望”的同学玩得好了，就会鸡犬升天。做人不要太孤独，不要太世故，不要太虚伪，不要自欺欺人，不要在错综复杂的人际关系网中作茧自缚。做人简单，少了扰心的杂念和私欲，也就没有了桩桩顾虑和种种忧虑，没有了尔虞我诈和钩心斗角。简单做人，以平静的心态和常人的眼光对待这个世界，让自己从繁琐的生活中和扑朔迷离的关系网中走出来，忘却烦恼，才能结识知心朋友。

简单做人，洒脱自在。简单是一种平凡，却不是平庸。如果人做得复杂了，凡事先去谋求利己的结果，计较个人利益的得失，总要殚精竭虑地思前想后和患得患失，日子一久，精神和思想难得放松，最后不是杞人忧天，就是庸人自扰，天天陷入自责和痛苦而不能自拔，事业自然也就荒废了。做人要简单，你是什么样的人就是什么样的人，无须伪装，也不要隐藏。

3. 学会宽容

刚上大学的同学，很多是第一次离开父母，离开舒适温暖的家，第一次和不同地方的人一起生活。寝室的同学来自不同地区，拥有不同生活习惯、不同家庭背景、不同思维方式、不同思想观念，让初入大学的新生很不适应。这意味着我们要学会适应，学会接受。每个人都是独立的个体，有不同的生活方式、喜好、观念，该如何与不同的个体融洽相处？建立友谊的基础就是承认差异，相互宽容。

在大学里，同学们在不同的院系接受不同的教育，难免会因为思考方式和观念的差别而各执己见，有时为了一个不同的观念而争执，谁也说服不了谁，彼此都不开心。在生活中，每个同学都会采取各自不同的生活态度，有的时尚，有的阳光，有的另类，显得与众不同，甚至有的与大家格格不入。生活背景不同，生活习惯和为人处世方式不同，我们要学会接受。社会已经进入多元化，生活方式可以多种多样，只要不影响他人，只要不危害社会，每个人都有选择自己生活方式和道路的权利，学会用宽容的心态去适应彼此的不同，不要排斥甚至鄙视别人与自己的不同。在学习上，每个人都有自己的计划和方法。当别人与自己出现差异时，不要紧紧盯着别人的缺点而忽视优点。大学生要不从众，不盲从，不随波逐流，不人云亦云，正视个性化、多样性，完全没有必要强求一致，也没有必要得到所有人的认同。

4. 做诚信的人

言必信，行必果，做人不但讲能力，更要讲诚信。诚信是一种有责任的自信的表现，同时又是一种信任他人的体现。诚信不能搞双重标准，要别人诚信，首先要自己诚信。大学校园里存在的最突出的不诚信行为就是抄袭作业及文章、考试作弊。导致这种行为的原因，主要是诚信意识缺失，急功近利的心态无法抑制，对投机取巧的做法缺乏批判。有这类行为的学生，自以为聪明机敏，实际上却是害人害己。习惯和依赖了这种不诚信，会让人总是抱有侥幸心理，总是想得过且过，却不知会让自己悔恨终身。尤其在毕业期间，一些同学很容易忽视诚信的观念。有些同学伪造个人信息或成绩，欺瞒就业单位，以期望被录取；有些同学已经签订好单位，又一山望着另一山高，恶意毁约，不但对自己的信誉产生不良影响，还对学校产生不良影响。诚信是成功的源泉，是事业的开端，是维护社会秩序的基础，选择了诚信就等于选择了成功。

人与人相处之道有许多种，学习做人，不是一句空话，人的一生都要学习做人，没有毕业可言。对于刚入大学的新生而言，自我意识开始逐渐增强，凡事需要自己思考，但对于刚离开父母的大学新生来说，孤独感和恐惧感也结伴来袭。这需要我们在新的环境中与同龄人和师长多接触、多交流，这样不但可以获得知识，也可以增强自身适应环境的能力。同学们可以通过聊天，相互了解信息，增长见识，交换意见，沟通感情。在与人相处中多关心别人，用真诚的心对待别人，带着宽容的心去接受别人，用热情的心去帮助别人，用积极的心去鼓励别人，坚持诚信做人，我们才会开心学习，愉快生活。

二、学习做事

在生活中，我们不但要学习做人，还需要学习做事。做事是积累才能的过程。学习做事即学习本领技能，学习做事的方法，作为大学生就是要在认真学习文化知识、掌握专业技能的基础上培养统筹兼顾的能力。学习做事还要培养做事的条理性和大局观念，从小事做起，注重细节，做事有计划。

1. 锻炼做事的能力

做事需要能力，一件事能否做好、做成功，取决于这个人做事能力的高低。做事需要从思考、研究、判断、操作、退路多个环节去努力，能从头到尾做好、做完的人很少，大部分人连思考、研究都没有，就去做事，结果像赌博，做不好是必然的，做好是偶然的；有些人可以把一件事分析得头头是道，就是做不对，这就是理论与实践的脱节；有些人可以把一件事大部分做好，但虎头蛇尾，结果不好。我们可以通过书本来获得知识，但能力只能在实践中锻炼和发展。

大学提供给了同学们学习做事的绝佳环境。充分的课余时间，让同学们可以根据自己的喜好学习做事；丰富的校园文化活动，也提供同学们积极参与做事的机会；同学间的相互交流，可激发潜在的创造能力。做事其实涉及很多人、很多知识，从中，我们可以认识到自己的不足，可以增长自己的才干，磨砺自己的品性。在做事中想，在做事中学，从做事的碰壁与失败中领悟为人处事的道理、方法、技巧、艺术，锻炼自己的合作能力、领导能力、协调能力、沟通能力。

能力的培养不是一天两天的事，需要一个不断实践、积累和提高的过程。大学为同学们创设了许多实践平台，同学们要充分利用这些平台，提高自己不同层面的能力：

宿舍生活——独立生活能力、交际沟通能力、适应环境能力；

班团活动——组织能力、协作能力、团队意识；

社团、协会活动——特长培养和专项技能训练、人脉积累、社会责任感的培养、实践能力；

学生会——自我管理、自我教育、自我服务能力、组织协调能力；

大学生课外科技与学术活动——创新能力、学术能力、团队合作能力；

辩论、演讲、征文等文化活动——协作能力、语言表达能力；

社会实践——服务意识、实践能力、沟通能力、表达能力。

2. 学习做事之道

（1）从小事做起

做事要从小事做起，从平凡的事做起。“一屋不扫何以扫天下？”连小事都做不好的人何以能成就大事？比如说一个班级的管理：积极参与组织活动，按时递交作业，上课按时出勤不旷课，寝室卫生自觉维护等，都是一些细致、琐碎的小事，每个人只要管理好自己的行为，做好自己份内的事，整个班级就会团结向上。每个人坚持做好这些小事，可以锻炼自己做事的恒心、细心和能力。能力是在每日平凡的努力中培养起来的，逐渐学会应对各种情况而把事情做好，终有一天你会收获过人之处，终有一天你会发现它会帮你成就一番事业。

（2）做事要有计划

做事没有计划、没有条理的人，无论从事哪一行都不可能取得成就。做事有计划对于每个人来说，不仅是一种做事的习惯，更重要的是反映了一个人的做事态度，是成功的重要因素。对于大学生来说，做事有计划非常重要。大学里，所有事情都需要自我管理，不懂得计划和管理的人，会使自己的生活和学习一团糟。拿大学生一天时间的生活来举例，上下午各有四个小时的上课时间，其余时间自行安排。会计划的同学会将一天安排得丰富充实，早上起来晨读一会儿，吃完早餐上课，中午小憩一会，还有时间能与周围的人进行短暂交流，下午课后至晚上的时候都可以安排参加校园活动或者选择在图书馆读书等。这样每天下来，不但学习有规律，参加其他活动一样有收获。而做事没有计划的人，往往觉得时间不够用，这里也想做做，那里也想看看，结果不但学习没搞好，其他事情也没有做好。

（3）做事要专注

中国有句俗话叫作：水滴石穿，绳锯木断。讲的就是专注，专心做好一件事是获得成功的基础。一个人的能力和精力都是有限的，我们必须有选择地去专心做一些事情，什么都想做的结果是什么都做不好，到头来一事无成。举个例子来说，潘某是某高校的学生，连续三年获得国家奖学金，不但学习好，校园活动、志愿服务、实践实习、学生干部都做得好，获得老师的好评，同学们羡慕不已。同样的课堂、同样的时间，潘某为什么做得比其他人好呢？潘某总结的经验就是做什么事都要专心，学习的时候就是学习，不论什么事情都不能受到干扰，专注地学习；工作的时候就是工作，不要又担心没有学习怎么办。这样的做事方法不但使潘某学习效率高，成绩优异，其他方面也收获满满。

（4）创新做事

当今社会最不缺乏的就是人才，最缺乏的是有创新精神的人才。创新是一种主动、积极的态度，是发现问题、提出解决方案的思维模式，工作中按部就班、墨守成规不能提升我们的价值，也不能体现我们的价值。大学为同学们提供了丰富的创新实践平台，为每一个同学培养创新能力提供了很多机会。25岁的爱因斯坦敢于挑战学术权威，大胆突进，赞赏普朗克假设并向纵深引申，提出了光量子理论，奠定了量子力学的基础；随后又锐意破坏了牛顿的绝对时间和空间理论，创立了震惊世界的相对论，一举成名。创新是一种财富，创新做事有利于发挥我们的才能，不断提高自身的能力和素质。

（5）不怕失败

做事不畏难，自无难人事。纵观悠悠历史，失败的例子不胜枚举，几乎每一个人做每一件事，都可能失败，如果害怕失败，或因失败而不敢做事，那只能什么事也不干。遇弱则强，遇强则更强，遇更强则无敌。对于大学生来说，几乎每一件事都是新的开始、新的尝试，与寝室同学交往、与老师交流、适应大学课堂、尝试做学生干部、参加社团活动、参加各类竞赛、操作实验、撰写论文、结交朋友、志愿服务、社会实践等。不是每一件事都能顺心如意，不是每一件事都能向着我们期望的那样发生或发展，如果遇到困难或遭遇挫折就一蹶不振，止步不前，畏首畏尾，那什么事情也做不成，也做不好。居里夫妇，在提取新元素的实验过程中，遭遇了一次又一次的失败，但是他们毫不气馁，不断总结，坚持实验，最终获得成功，发现了镭，对人类做出了巨大贡献。可见，失败并不可怕，把每一次失败都看作新的起点，转变思想，改进方法，坚持不懈，就一定能成功。成功固然可贵，失败更能积累宝贵的经验，“吃一堑长一智”就是这个道理。

第三节　最终目标是达到人格完善

人应该在真、善、美诸多领域得到和谐的发展——这是马克思关于人的全面发展的思想；德、智、体全面发展也是毛泽东关于人的全面发展的“三育”教育目标；邓小平也提出：教育全国人民做到有理想、有道德、有文化、有纪律，并把它作为培养新一代接班人的标准。大学生是祖国未来的接班人，是国家宝贵的人才资源，促进大学生全面发展，培养健全人格，是大学的使命。

当代大学生重视物质利益，又崇尚精神文明，既强调个性发展，又关心国家大事，在这些方面的相互协调中就出现了一些问题，诸如学习考试焦虑，不善与人沟通，就业压力，社交恐惧，上网成瘾，情感问题，抑郁等。大学生正值青春期，身心发展趋于成熟，但缺乏社会经验；喜欢独立思考，却缺少辨别能力。如果不能塑造良好的人格品质，将会给他们造成很大的人生困扰。

一、做心理健康的大学生

大学生不但要有健康的体魄，更要有健康的心理。大学生正处于身心发展阶段，在当今快节奏、高压力的环境下难免会产生一些心理疾病，不知不觉中，玻璃心、抑郁、嫉妒、虚荣、暴力开始走进校园。走进大学，越来越多的学生遇到的困难不再是学业苦恼，而是心理压力。现在的大学生不再被吃穿住行问题困扰，然而高速发展的物质社会，使一些同学走向另一个极端。我们经常能听到一些不好的消息，譬如某高校的学生因为就业压力大轻生，某高校学生因为失恋而结束生命，某高校学生因为妒忌而残害同窗等。深究原因，压力是一方面，更重要的是当事人自己不能排解和释怀。正是由于大学生身心发展尚不成熟，这一时期心理健康就容易出现问题，大学生一旦出现心理健康问题，做出过激行为，无论对个人，还是对家庭乃至对社会都是损失。

在大学生中，常见的心理问题包括：环境适应问题，在大一新生中较为常见；学习问题，主要表现为学习目的问题、学习动力问题、学习方法问题、学习态度问题以及学习效率问题，大学学习往往不如中学时受重视，目的不明确、动力不足、态度不好、效率不高构成了学习问题的主要方面；人际关系问题，难以与别人愉快相处，没有知心朋友，缺少必要的交往技巧，委曲求全等，由此引发孤单、苦闷、缺少关爱等痛苦的感受；恋爱问题，譬如单相思、恋爱受挫、恋爱与学业问题、感情破裂的报复心理、婚前同居等引发的其他问题等；求职与择业问题，如何选择自己的职业，如何规划自己的职业生涯，求职需要什么技巧等；神经症问题，譬如长期睡眠困难，焦虑，抑郁，强迫，疑心病等也会带来心理问题。每个人都有可能产生心理问题，这是人在生活成长发展中很正常的事情，并没有什么可笑之处，我们要学会释放自己的情绪，排解压力和困扰，调节自己的心理，试着跟要好的同学倾诉，与信任的老师聊聊天，最有效的方法是咨询心理健康老师。许多同学认为去做心理咨询是一件很难为情的事情，总是躲躲闪闪，生怕被人看见，还有的同学则反复忧虑是否去做心理咨询，结果旧病未了又添新病。其实心理咨询绝不是什么难为情的事情，而是可以帮助我们更好地了解自己和剖析自己，能更好地帮助同学排解自身的困扰，解决心理问题的有效手段。

李某是青海人，在四川读书，性格内向，大一时与寝室同学因生活习惯问题发生了口角，一直无法释怀，后来发展成总觉得周围的同学都在议论他，总是怀疑别人要说他，慢慢形成了心理问题，后被医院诊断为患上了精神分裂症，不得不休学。李某是典型的抑郁产生的心理问题。对于大学生的心理健康问题，除了学校要加强心理健康教育，对有心理健康疾病的同学进行积极的治疗外，更重要的还在于学生自己心态的调适。

1. 正视情绪问题

遭遇困境或受挫出现消极情绪时，不要逃避，要正视消极情绪，并冷静下来，对受挫及不良情绪产生的原因进行客观、仔细的剖析，以便找到最佳的解决方法。此外，要敢于表达和宣泄自己的情绪，这样才能有效地控制它和驾驭它；否则盲目的压抑和掩饰将有害自身心理健康的发展，不利于良好人格的塑造。

2. 进行合理的宣泄

通过适当的途径将压抑的不良情绪释放出来，这是进行自我心理调节的有效方法。宣泄要选择合理的方式并讲求适度；否则，不正确的方式或不计后果的尽情宣泄，可能会火上浇油，把情绪弄得更糟。可以采用大声喊叫、痛快地哭、进行大量的运动等方式来进行情绪的宣泄。

3. 改变不良的认知

遇到问题而情绪不佳时，要先进行理性的思考，用纠正不正确、不合理的理念的方式来对抗冲动的情绪，以消除情绪困扰并避免行为异常。

4. 懂得倾诉

懂得倾诉就是通过与自己熟悉或信赖的人沟通，达到交流感情、减轻烦恼的目的。

5. 改变生活内容

大学里有丰富的校园文化活动，同学们要学会利用。在郁闷的时候，散散步、看看电影、写写日志等，避开引起不良情绪的人或事，通过转移注意力来稳定情绪，调适心情。

总之，大学生应该是朝气蓬勃的。相对于高中忙碌而封闭的学习生活，大学生活应该是积极向上的。大学生应该善于言谈，广泛交流，给人一种充满活力的感觉。

大学时要多交些朋友。很多学生都参加了校园的社团活动，这里不但聚集着很多人才，也是大家施展才艺的舞台，更为大家提供了广阔的交友平台。俗话说：在家靠父母，在外靠朋友。大学时期结交的朋友、积累的人脉，对以后进入社会有很大的帮助。

要学会享受大学生活。大学不像中学每天要完成繁重的作业和应对各类的考试，大学学习不能死读书、读死书，在保证完成正常学习任务的前提下，多去外面走一走，看一看，到名山大川或海滨湖畔游历，到祖国各地感受异域风情，增加自己的见识和阅历。很多同学可能会发现自己在某些方面或多或少都有欠缺，这就需要我们主动了解心灵深处的需要，直面我们的心理问题，并找到应对的方法，从而拥抱健康的大学生活。

二、做有素质的大学生

新疆15名研究生在一家饭店就餐后，因服务员少补了100元钱而追要时，意见不合发生了争执。结果其中一名研究生咬掉了厨师的左耳。事件发生后，打人的研究生被警方带走。类似事件还有很多，因此社会上一些人感叹现在的大学生素质太低了。虽然这种看法过于片面，但现实生活中我们常常能看到一些大学生令人失望的行为：在大街上乱扔垃圾，随地吐痰，横穿马路，在公共场所大声喧哗。在被看作高学历人才聚集的大学里，我们也能见到乱占座位、抢位置、情侣不分场合地亲昵，出口成“脏”，甚至为一点小事大打出手等现象。这一小部分人的行为，破坏了大学生的整体形象，也让社会对高学历群体的素质产生了怀疑，甚至对大学教育提出质疑。那么，什么才是当代大学生应有的素质？

1. 思想道德素质

思想道德素质首先要求大学生要有一个正确的世界观、一个符合社会发展和进步要求的人生观以及为人民服务的价值观。为了适应社会经济发展的大潮，大学生应具备公平竞争的意识、拼搏进取的意识、惜时守信的意识。其次要有基本的政治立场和态度，作为一名大学生，应该具备明确的政治方向，爱祖国，爱人民，爱集体，爱劳动，爱科学。再次，每个大学生都应继承中华民族诚信、宽容、谦虚、礼让、自强、坚毅、廉洁、勤俭、爱岗、敬业、讲究礼仪等传统美德。最后，大学生不仅要心灵美、行为美、语言美、仪表美，还要会审美，会辨别美，会创造美。

2. 职业素质

随着社会的发展和要求的提升，仅有过硬的专业知识和能力是不够的。许多用人单位在人才的要求上强调要有事业心、责任感，要爱岗敬业、乐于奉献；希望并要求毕业生把选择的工作当作长期追求和投入的事业，要与单位同甘共苦、荣辱与共，而不仅仅把工作当作赚钱谋生的手段。当代的大学生除了所学专业要求的专业知识和能力外，还需要有创新能力、动手能力和不断学习的能力，更要有事业心和责任感、艰苦奋斗的精神和务实的作风。

3. 文化素质

一个人仅有专业知识是不够的，现代社会对人才的文化素质、知识结构的要求越来越高，对知识技能的共性要求得越来越多。现代大学生不仅要具备扎实的基础知识、广博精深的专业知识，还需要在包括人文、历史、哲学、艺术、音乐、经济、地理等综合知识方面有所积累，还要求知识程度高、内容新、实用性强。这就要大学生们做到围绕自己选择的就业目标，对自己所掌握的知识进行合理组合、恰当调配，形成知识系统，并持续学习，终身学习。

4. 心理素质

心理承受能力差的人将不能适应经济社会发展的要求，逐渐将被淘汰。面对当前激烈竞争的社会，大学生必须加强心性修养，提高心理素质，要能正确评价自我，胸襟开阔，积极乐观，要正确面对挫折，培养坚韧不拔的毅力，克服自卑感，不好高骛远，增强自信心，培养良好的心理调适能力，以良好的心理素质去迎接挑战。良好的心理素质的培养不是一天两天形成的，需要长期的过程，要求我们肯下功夫，还要有措施，并不断总结，不断完善自我，逐渐成为一个心理素质强的人。

三、做有信仰的大学生

世上没有哪一种信仰是无源之水、无本之木。哲学家萨特曾经说过：“世界上有两样东西是亘古不变的，一个是高悬在我们头顶上的日月星辰，另一个是深藏在每个人心底的高贵信仰。”信仰改变命运，信仰塑造品格，信仰铸就忠诚。正处于青年的大学生，在大学树立信仰无疑是十分重要的。大学生的信仰出现危机不仅对其自身的成长、成才具有重要影响，而且直接关系到国家的前途和民族的未来，关系到中国特色社会主义的发展方向。

1. 大学生信仰存在很多现实问题

（1）个人信仰与主导信仰出现偏差

当代大学生既受到我国历史文明的熏陶，同时也受到西方思想的影响。有些大学生对社会主义理想信仰产生了动摇，认为学习马克思主义理论没有必要，有的对社会主义市场经济缺乏正确的认识，也有的对党和政府的信任不够。另外，随着西方思潮渗入校园，大学生面对多种思潮的泛滥，尚不能对西方学说或言论进行系统的深入研究，更谈不上理解和批判性地吸收，就必然导致自身共产主义信仰的动摇。

（2）信仰多元化

当代大学生都是“90 后”“00 后”的学生，他们从小到大接受的是自由开放式的教育，这也让他们在人生观和价值观的选择方面出现了多元化，在信仰的选择上，也表现出信仰多元化现象。大学生处于身心发展的特殊阶段，自我选择的意识特别强烈，在选择上更倾向于从自我需要出发决定是否有信仰，信仰什么，如何信仰。这其中包括：信仰形成的渠道多元化，家庭、学校、社会对他们有很大的影响；信仰客体的多元化，大部分同学信仰马克思主义，少部分同学信仰西方思潮，还有极小部分人信仰宗教；信仰动机多元化以及信仰目的多元化，仅以加入中国共产党为例，有些人为实现自我价值入党，有些人觉得入党光荣，有些人认为有利于就业和自我发展，有些人只是跟风从众；信仰活动多元化，现在越来越多的学生喜欢圣诞节、复活节等西方节日，重视程度甚至超过中国传统节日，喜欢看宗教电影，听宗教音乐，由好奇产生兴趣，因兴趣而关注和投入，从而产生精神上的依赖。

2. 大学生应当坚定马克思主义信仰

坚定马克思主义信仰、坚定中国特色社会主义路线是每个大学生必须坚持的理想信念。习近平总书记谈到中国梦时曾说过：中国梦的基本内涵是实现国家富强、民族振兴、人民幸福。这也正是马克思主义所倡导的全人类解放，并实现个人价值，这也是对“真、善、美”追求的不懈坚持。

坚定马克思主义信仰，信仰社会主义的平等、公平、正义，发自内心地拥护中国共产党，要有强烈的责任感和使命感。坚定马克思主义信仰，要求大学生全面、准确地理解和把握马克思主义基本理论，用唯物辩证的立场、观点和方法来观察和认识信仰多元化现象。坚定马克思主义信仰，不要让入党成为大学生中的一种潮流。很多同学大一入学就向党组织递交入党申请书，希望能在大学期间向党组织靠拢。作为个体，追求思想的进步是每个人一生的目标，但必须正确看待入党问题。大学生入党要在思想上端正态度，入党不是为了捞取利益，而是从思想上提升认识，使自己成为思想和行动统一的个体。在行动上身体力行、脚踏实地，扎实做好身边的每一件事，在学习上成为大家学习的榜样，在工作中要为大家服务，当同学遇到困难时要伸出援助之手等。

做有信仰的大学生，要树立科学的世界观、人生观、价值观，要培养正确的政治信念和道德追求，要发挥个人的主观能动性、创新创造能力，要促进个人的自我完善和个人价值的实现，实现自身的发展与祖国、社会的进步相融合。

参考文献：

[1] 李遥，许静. 如何读大学［M］. 南京：南京师范大学出版社，2015.

[2] 赵汇峰. 你在为谁读书［M］. 北京：时代出版社，2015.

[3] 吴军. 大学之路［M］. 北京：人民邮电出版社，2015.

[4] 梁思影，陈健. 成功读大学［M］. 兰州：甘肃人民美术出版社，2006.

[5] 陈衷，佳帆. 大学时期要做的50件事［M］. 哈尔滨：哈尔滨出版社，2005.

[6] 覃彪喜. 读大学，究竟读什么［M］. 广州：南方日报出版社，2005.

第三章　未雨绸缪——大学生职业生涯规划指导

第一节　大学生职业生涯规划概述

大学生今天站在哪里并不重要，最重要的是下一步将迈向哪里。职业生涯规划对于每个人来说都是必不可少的，对于大学生尤其重要。大学时代可谓是人一生中的黄金时代，也是一个人的性格形成和能力发展的一个重要阶段：大学生只有做好职业生涯规划，拟订自己的职业生涯目标，才能使大学的学习更加有效，从而赢在起跑线上。

一、职业生涯认知

美国心理学家萨珀（Super）认为：职业生涯包括个人一生中多种职业和生活角色，即自青春期至退休所有有酬或无酬职位的综合，除了职位之外，还包括与工作有关的多种角色。霍尔（Hall）则从狭义的角度对职业生涯给出了定义，他认为，职业生涯是指一个人终其一生，与工作或职业有关的经验和活动，是个体跨越时间的一系列工作经历的总和。我国学者周明星等对职业下的定义是：职业生涯是指一个人终其一生的职业活动中所经历的过程。职业活动的经历包括职业所指向的职位、工作经验和任务，职业生涯的发展和变化既受到个体心理、生理的影响，也受到社会、环境、组织的影响。可见，职业生涯作为个体最重要的人生过程之一，包含着三个维度：一是时间维度，终其一生的职业过程，在人生的不同阶段、时期等连续的过程；二是范围维度，一生从事的职业，扮演的不同角色；三是深度维度，职业角色中投入的程度及个体对某职业、职位的影响程度。本书认为职业生涯是一个可以从多学科的角度看待的概念。从生命的角度可以考虑应该树立什么样的工作生活目标，用什么样的手段来实现这样的目标；从心理学的角度研究职业生涯可以帮助我们从认知、情感和社会观念等各个方面来认识人的发展历程以及所面临的问题。因此，职业生涯是一个人一生之中的工作任职经历或历程，是个体的行为而非群体或组织的行为。

二、职业生涯规划理论与实践

职业生涯规划指的是一个人对其一生中所承担职务相继历程的预期和计划，包括一个人的学习、对一项职业或组织的生产性贡献和最终退休。职业生涯规划实质上是追求最佳职业生涯的过程，主要是指个人结合自身情况、当前的机遇和制约因素，为自己确立职业方向、职业目标，选择职业道路，确定教育计划、发展计划，为实现职业生涯目标而行动的一个过程。我国学者蒋建荣等认为：职业生涯规划是指组织或者个人把个人发展与组织发展相结合，对决定个人职业生涯的个人因素、组织因素和社会因素等进行分析，制订有关对个人一生中在事业发展上的战略设想与计划安排。

根据以上的定义可知，在进行职业生涯规划的时候，首先要做的是对个人特点进行分析，在此基础上对组织环境和社会环境进行分析，再根据分析结果来制定个人的事业奋斗目标，并选择与这一目标相匹配的职业，同时制订相应的工作、教育和培训的行动计划，并且要对每一步骤的时间、顺序和方向做出合理的安排，从而确保计划的顺利进行。职业生涯规划的目的不仅仅是帮助个人找一份工作，更重要的是帮助个人真正了解自己，正确估量内外环境的优势和限制，做到“衡外情，量己力”，为自己策划和设计出合理可行的职业生涯发展方向，从而实现个体职业的可持续发展，最终达到和实现自己的人生目标。

对个人进行职业生涯规划具有重要的现实意义：首先，职业生涯规划可以充分认识自我，不断提高自我。人们在进行职业生涯规划时会对自己进行评估，正确认识自身的个性特质、能力和兴趣等方面的优势和劣势，在对自己的综合优势与劣势进行对比分析后，确定自己的目标，并且为了实现自己的目标不断努力，不断地在各个方面提高自我。其次，职业生涯规划可以使自己的奋斗目标更明确，增强自身发展的目的性与计划性。职业生涯规划是在充分认识自我和对外界环境进行评估的基础上做出的职业选择。有了自己的职业目标和职业方向，也就明确了自己的奋斗方向，从而使自己的活动有了很强的指向性。最后，职业生涯规划可以激发一个人的潜能，提高成功的概率。当今社会处在变革的时代，到处充满着激烈的竞争，要想在这场激烈的竞争中脱颖而出而立于不败之地，就必须设计好自己的职业生涯规划。这样才能做到心中有数，才能在激烈的竞争中好好地生存下来。

三、大学生职业生涯规划专题

1. 大学生职业生涯规划的定义

大学生职业生涯规划是指大学生个体与组织发展相结合，在对大学生职业生涯的主客观条件进行测定、分析、总结的基础上，对自己的兴趣、爱好、能力、特点进行综合分析与权衡，结合时代特点，根据自己的职业倾向，确定其最佳的职业奋斗目标，并为实现这一目标做出行之有效的安排。大学生职业生涯设计的目的不只是帮助个人按照自己的资历条件找到一份合适的工作，更重要的是帮助个人真正了解自己，为自己的发展选定方向，筹划未来，向着自己的目标不断地前进。

2. 大学生职业生涯规划的内容

（1） 自我评估

自我评估是进行职业生涯规划的第一步。自我评估指的是个体通过各种信息来确定自己的职业兴趣、价值观、个性和行为倾向的一个认识自我、了解自我的过程。因为只有正确地认识了自我，才有可能对自己的未来职业发展做出正确的分析和选择，确定适合自己发展的职业生涯路线。自我评估包括对自己的兴趣、特长、性格、智商、思维方式、组织管理能力、协调能力、活动能力等方面的评估。

（2）环境分析

每个人都处在一定的社会环境与组织环境之中，不同的社会环境与组织环境对职业发展有不同的影响，因此在进行个人职业生涯设计时，要对所处环境进行客观分析。只有对环境进行充分的了解与分析后，才能设计出合理的职业发展路线。

（3）职业目标设定

职业目标设定指的是个体达成长短期职业生涯目标的过程。通过对个人特征的分析和内外环境的分析，一方面认识了自己，另一方面了解了内外环境中的职业发展机会，从而根据自身的特点和环境条件为自己选择合适的职业目标。

（4）职业生涯路线的确定

职业生涯路线是对前后相继的工作经验的客观描述，而不是对个人职业生涯发展的主观感觉，可以借着职业生涯路线来安排个人的工作变动，从而训练与发展担任各级职务和从事不同职业的能力。

（5）职业生涯策略的实施

在确定了职业生涯发展目标、职业生涯发展路线之后，为了达到目标，就需要制订职业生涯发展策略的行动规划，它是大学生为达到长短期的职业生涯目标应采取的措施。

（6）职业生涯设计的调整

在行动的过程中，需要通过不断地评估与反馈来检核与评价行动的效果。在职业发展的过程中，由于自身及外部环境的变化，往往需要不断地对职业发展计划进行调整。

3. 大学生进行职业生涯规划的意义

（1）职业生涯规划使大学生更加深入地认识自我，激发自身潜能

大学生根据自己的实际情况进行了职业生涯规划之后，就会全面深刻地认识自我，为了实现自己的职业目标而不断地提高自我，从而大大地激发自己的潜能，增加成功的可能性。

（2）职业生涯规划可以明确目标

大学生进行职业生涯规划可以明确自己的职业目标，为实现自己的人生目标不断努力。大学生有了目标，就会有为实现目标而不断努力的动力和行为，这样就可以大大增加目标实现的可能性。

（3）职业生涯规划可以提高竞争力

大学生进行职业生涯规划可以提高大学生的核心竞争力，为今后的成功打下基础。好的工作不是依靠运气得来的，而是多种因素共同作用的结果。一份行之有效的职业生涯规划可以让大学生提早认识到自身的不足，评估自己与现实之间的差距，从而运用科学的方法，采取切实可行的步骤与措施，不断提高自己的核心竞争力，为今后的成功打

下坚实的基础。

第二节　大学生就业技能培养与提升

“大学生就业技能”是为适应就业市场的变化而提出的。当代大学生的就业技能主要是指大学生实现就业理想、满足社会需求、实现自身价值的能力。它主要体现在大学生的职业目标是否明确，知识技能是否扎实，就业心态是否端正，是否有适应岗位的实践能力等。

一、大学生就业的基本能力要求

1. 解决问题的能力

每天，我们都要在生活和工作中解决一些综合性的问题。那些能够发现问题、解决问题并迅速做出有效决策的人会很受欢迎，在商业经营、管理咨询、公共管理、科学、医药和工程等领域，都会为这一类人提供很多工作机会。

2. 适应社会的能力

适应社会首先需要调整自己的观念，勇敢地面对挑战、融入社会。适应社会能力是一个人综合素质的反映。

3. 人际交往能力。

据统计，人们除了8小时的睡眠以外，在其余的16小时中，约有70%的时间都在进行交往、沟通。医学生在培养自己的人际交往能力上应注意以下几点：一是大胆参与。抓住机遇，积极参加社团和社会实践活动。特别是寒暑假做家教、推销和服务工作等都利于人际交往能力的提高。二是相互理解、包容。在与人交往中，不计较个人得失，要有宽广的胸怀，要做有远大理想、开朗、豁达、对人谦让的人。在大学里，有丰富经验并且善于交际的同学，往往被同学们称为“牛人”，他们的就业前景也会被许多人看好，而这些同学在求职中也显得更为自信和成熟。三是诚实守信。“人无信而不立”，我们无法设想一个虚伪寡信的人能在人际交往中占上风。四是平等互利。作为一种能力品质，在这里我们强调的是人格平等。那种顾全大局、先人后己，处处闪耀着高尚人格光芒的人，在任何时候、任何场合都会受到人们的赞同和敬佩。

4. 组织管理能力

医学生毕业后不可能每个人都走上领导岗位从事管理工作，但每个人在将来的工作中都会不同程度地应用到组织管理能力，这是现代社会对综合性人才提出的新的要求。近几年，大学毕业生中的党员和学生干部总是用人单位的首选对象，重要原因就是他们看重毕业生的组织管理能力。

5. 动手能力

对医学毕业生而言，无论今后是从事教学、科研工作，还是在基层第一线，动手能力将直接影响到你的能力的发挥程度。因此，医学生要特别重视实习，在临床实习期间，要做到多看、多学、多想、多干。

6. 开拓创新能力

医学生培养开拓创新能力要注意以下几点：一是积累知识，增长才干。一个人的知识和经验越多，他的开拓创新能力就越强。二是培养想象力。想象力并不是文学家、艺术家的专利，而是从事任何职业的人都需要的。爱因斯坦说："想象力比知识更重要。"所谓想象力是指，用不同的方法表述自己的意思，用新方式处理老问题。三是培养创造性思维，即全方位、多层次思维方式。具备这一思维能力，对培养自己的开拓创新能力无疑是如虎添翼。

7. 竞争能力

大学生是最具有竞争力的社会就业群体。在同等学历的毕业生中，或多一个外语能力（四级或六级）、计算机能力（国家二级或三级、四级），或多一个写作能力（在刊物上发表文章），或多一个公关能力等，都会引起用人单位的关注。"英雄不问出身，用才只问成就"正是今天的用人要求。

8. 表达能力

它包括口头表达能力和文字表达能力两方面。口头表达能力首先要求敢于说话，大学生要敢想、敢干、敢说。其次要求有话可说，大学生要多读书，多看报，关心国家大事，掌握更多的信息，关注人们普遍关心的话题，这样才能有话可谈。总不能一辈子只谈专业，不谈其他。最后还要善于谈话。为了增强表达能力，大学生除要学习心理学、辩证法及语法修辞外，还要学习一些说话、论辩的技巧。

二、大学生就业面试技巧

1. 面试前的准备

（1）确定

明确面试前的三要素——When（时间），Where（地点），Who（联系人）。一般情况下，招聘单位会采取电话通知的方式。这时可得竖起耳朵仔细听，万一没听清，千万别客气，赶紧问。对于一些大公司，最好记住联系人。不要以为只有人事部负责招聘，在大公司里有时人事部根本不参与面试、招聘，只是到最后才介入，办理录用手续。关于地点，还是以勤为本，若不熟悉，最好先跑去查看地形。

（2）知己知彼

①事先了解一些企业背景，也就是先在家做一些调查

具体了解的问题可包括：企业所在国家背景、企业所处整体行业情况、企业产品、企业客户群、企业竞争对手、企业热门话题以及企业的组织结构。若有可能最好再多了解些这个企业大老板和部门经理的情况。这些足以显示出你对该企业的兴趣。在当今这个信息时代，不妨到企业的主页中转转，一定会有很大收获。

②准备问题

仔细考虑：他们会问些什么问题呢？并列出招聘企业有可能提出的问题，认真准备答案，让企业感受到你的重视。

（3）披挂上阵

①着装

着装力求简洁大方，无论穿什么，都必须充分表现自信。一般来说，所穿的服装要干净，而且适合此行业穿着。尤其是去外企，一定要穿比较职业的服装，男士应着西装，女士应穿套装。着装的好与坏非常能左右你的自信心。只有着装与周围人相融合，才会让自己放松，自信心自然也会提升。

②面试所带物品

带好简历。也许你会问："他们不是都有我的简历了吗？为什么还要我再带？"

——一般来说收你简历的人和面试你的人不一定是同一个人。

——参加面试的人很多，简历容易混淆。

——别以为面试考官不犯错。他一不小心把你的简历搞丢也真说不准。

——面试时考官有可能会向你要简历，倒不是因为他没有，相反你的简历可能就在他手上，他要的原因只是要看看你办事是否细心、周到，是否是有备而来。

（4）心理战术

①保证睡眠

要正常作息，保证足够的睡眠。不过有些人可能会兴奋过度或娱乐过头，导致自己第二天疲惫不堪，无精打采；有些人打破作息规律，早早就上床，睡得头昏脑涨，眼睛浮肿；还有一些人呢，紧张过度，死活睡不着。那怎么办？无论采用什么方法，一定保证睡个好觉。

②吃早饭

按日常习惯最好。为什么说要按日常习惯呢？这不仅是个生理问题，同时也是个心理问题。如果在面试时突然感觉饿了就极可能一下子变得很紧张。越紧张，就越觉得饿，而越饿就越紧张。这样恶性循环，使得一个小的生理反应变成了一个大的心理反应。所以为了使自己放松些，可以早晨起来慢跑一会儿，以保证有一个好心情。

③建立自信

有一些人，可能面试了很多次，结果到最后一轮给刷了下来。久而久之，信心全失，认为自己是等不到录取的那一天了。其实一定要记住，付出了总会有回报，只是时间的问题。成功总是属于执着的人。

2. 面试种类

（1）按人员编排分类

①一对一，属于"单打独斗"。

②两人或两人以上对一个。通常是由一个应聘者面对数名考官，属于"舌战群雄"类。

③一人对一组，校园面试中常见。

通常是由一名公司的招聘经理面对一组应聘者，属于"群英会"类。这种面试需要注意如何在群体中表现得当，既要积极活跃，又不能抢尽风头，对别人构成压力或威胁。

（2）按阶段分类

①初步筛选

这个阶段，被面试者众多，每人分得的时间有限，而面试人员的级别也不高。

②多轮选拔

到这一阶段，通常都是级别比较高的人来面试你，面试的时间也会更长，程序也更复杂。

③最后一轮

这可是最关键的一环，千万不要掉以轻心！第一，对于应聘者而言，有时也摸不准哪次会是最后一轮。第二，即使是被明确告知这是最后一轮了，你或许还要面临其他考验。所以如果你不能确定这是否真是最后一轮面试时，就不能有任何松懈情绪。

（3）按形式分类

①标准程序

开始→中间→最后。

②非标准程序

面试人员想到哪儿问到哪儿，随意性极强。遇到这种情况的确比较难应付，面试前无从准备，只能靠临场发挥。

③专业定向

一方面考察应聘者的专业知识，另一方面有的招聘者也会通过面试大量业内应聘者从而了解业内同行的发展情况。所以有时考察是虚，搜集情报才是实。应聘者需要察言观色，拿捏好分寸。

④场景面试

它类似场景小测验。应聘公司会虚拟你所申请职位的工作环境，让你直接进入工作角色，从而测试你的能力。

3. 面试程序

（1）寒暄、问候

可别小瞧这几句口头语，它可是至关重要的开场白。所谓“前三分钟定终身”，即给面试考官的第一印象，从言谈举止到穿着打扮将直接影响到你被录用的概率。我们知道既然已被通知去面试，说明你的背景已基本合格，那么面试者主要看什么呢？趣味相投！你必须能够和这家医院、医院中的员工趣味相投。

寒暄问候的主要话题有：天气、一路的交通、办公室附近的建筑物、时事以及近日的热门话题等。

（2）公司简介

招聘经理会简明扼要地介绍一下公司的情况。

（3）被告知程序

这时已开始进入正题。面试长官或许会把面试的整体程序安排预先告诉你，以消除你的紧张情绪。

（4）过一遍简历

它分为两种。一种是粗线条整体快速过一遍，另一种是摘录重点。不过两种的目的是一致的：

①确认大环节

千万不要在简历里做假或夸大其词，否则很容易被当场戳穿。

②对简历中的可疑部分提问

招聘经理会避免直截了当地提问，而把具体的疑问藏于貌似不经意的小问题之中。

③套情报

招聘经理会从学校生活谈起，寻找轻松的话题，勾起你对往昔的美好回忆。而当你聊兴正酣，已滔滔不绝时，你的个人信息也在不知不觉中传入了他的耳朵。

（5）试探性提问

它一般围绕一些敏感、重要或很棘手的问题，目的是要了解你对业务难题或一些重大问题的看法。这些问题通常业务性很强，回答的情况可以充分反映出你的专业水平，反应的敏感度、逻辑思维性、分析问题的能力以及语言的组织能力。这时需要你抓住机会，大显身手。

（6）轻松话题

一般从简历的个人信息部分所列举的细节中提取话题，比如聊一聊兴趣爱好、外语水平、将来的打算或校园生活等。要知道除了业务和学历外，同事之间的人际关系也很重要，兴趣相投是相互融合的前提。这就是为什么只有志同道合的人才能打成一片。

（7）向招聘经理提问

出于礼貌，你起码应该问一个问题。此时若一言不发，会给对方造成两种印象：

①对该医院没多大兴趣，因此实在没啥可问的，这样当然会惹恼招聘人员。

②没有能力提出好问题，这样招聘人员会认为你反应迟钝，不会应酬。

其实你对这家医院很感兴趣而且也不笨，况且既然从没在这家医院干过，总该有不懂的地方吧，那还犹豫什么？放心大胆地问吧！

第三节　大学生创业技能准备与养成

创业群体主要是由在校大学生和大学毕业生群体组成。现今大学生创业问题越来越受到社会各界的密切关注，因为大学生属于高级知识人群，并且经过多年的教育往往背负着社会和家庭的种种期望。在现今社会经济不断发展，就业形势却不容乐观的情况下，大学生创业也自然成了大学生就业之外的新兴现象。

一、大学生创业的基本能力要求

1. 自我认知及科学规划

这一点对年轻人来说，是不容易实现的。尤其大学生刚出校门，对社会和自己的认识还非常有限。要想清楚地知道自己以后发展的方向在哪里，仅靠自己苦思冥想是找不到答案的。最好的办法就是通过观察别人，征求“过来人”的意见，再结合自己的实际情况制定一些小的目标，通过确定和实现这些小的目标，再慢慢地规划自己的人生。

在创业过程当中，要经常性地提前计划或规划一些事情。在制订计划的时候一定要综合各种因素，形成切实可行的阶段性方案，并将任何可能的细节都考虑在内。而在实施的过程当中，要针对当下的具体情况进行，适时做出调整。运营需要强有力的计划管理能力，只有具备这一能力才能让自己更靠近成功。

2. 胆识和魄力

作为创业者，你就是团队的灵魂。团队运营后，甚至在筹备之初就会面临各种各样的决策，你的一举一动都左右着创业的发展走向和兴衰。前期创业者可能会广泛地征求亲朋好友的建议，一旦自己能够独立自主后，就必须要通过自己的智慧和胆识去决定各种大小事务。当在自主地做出决策时，胆识和魄力是必不可少的，一旦优柔寡断可能就会失去一个绝佳的商业机会。同时，决策的胆识和魄力一定要建立在深思熟虑的基础之上，既要选择风险小的机会，又要兼顾利益最大化。

3. 团队管理、信息管理、目标管理

任何创业都需要制定各种制度。制度不在于多，而在于是否让所有相关人都能够明白其道理，并且严格执行。创业者需要针对自己团队的实际情况建立各种有效的管理制度，包括店员管理、培训、绩效考核等；同时，针对市场的不断发展变化而改进相应制度。只有这样才能够让创业者及其团队立于不败之地，拥有发展的主动权。在此想提醒大学生创业者，在制定和改进管理制度的时候，一定要基于客观事实出发，而不要想当然，要极力保证制度的可实施性。

创业者每天都会通过不同渠道接触各种信息，如：竞争对手又开始降价了，明天要下雨，厂家又有新政策等。如何从大量的信息里筛选与自己相关的，再从与自己相关的信息里找到有效的，这需要长时间的锻炼。只有正确有效的信息才能指导自己各项工作有序开展。对于大学生创业者而言，由于缺乏社会实践经验，所以在接触各种信息的时候，难免在做决定时有失偏颇。当你对信息无所适从时，可以向过来人进行请教，加以甄别，并且在观察和请教别人的过程当中，不断提高自身的信息管理能力。

创业必须要有明确的目的性。在不同创业阶段需要制定不同的目标，把目标进行细致化的分解。一个团队要想得到长远发展，必须得有长远的发展目标，长远的发展目标又可以按阶段分解成不同的小目标，而这些小目标又可以分解到每个相关人。在这个过程当中，作为创业主导者，就需要对不同的目标进行统筹和管理。

4. 谈判

创业者在人际交往过程当中，与人谈判的情况必不可少。谈判对创业者的要求是多方面的，需要创业者有一定的语言能力、心理分析能力、人文素养等。要想在谈判当中占得主动地位，必须要有很强的谈判能力。杰出的谈判能力能够让创业者在谈判过程当中直接获得更多的利益。

5. 处理突发事件

在创业过程当中，会不可避免地发生一些突发事件，当事情发生的时候，需要我们更为积极地应对。如果这些事情发生在创业者的顾客身上，处理得当的话，还能起到广告效果。用心的服务会向顾客传递负责任的良好形象。“好事不出门坏事传千里”，任何一个突发事件，稍加不注意，就会使自己的形象一落千丈，甚至砸掉招牌。处理好每次的突发事件，化险为夷甚至通过这些事件的妥善解决，让消费者更加认同你或者你的团队，再借由消费者之口，为你不断传播好口碑。

6. 学习

现代社会要想不断取得成功，必须具备持续的学习能力。市场和行业的竞争日益激烈，大到一个企业，小到个人要想力争上游，那就必须比竞争对手更快地掌握更多的知识，通过不断学习使自己处于不败之地。对于大学生创业者而言，除了书本的理论知识学习，更要重视培养其他方面的综合能力。

7. 社会交往能力

良好的人际关系，不仅能给人生带来快乐，而且还能助人走向成功。大学生创业者在开始创业后必将接触到各种不同类型、身份的人，而接触的人大多都是跟自己利益攸关的。所以从创业最开始就要学会跟各种人打交道，要尽可能地去结交人脉，认识朋友，舍得给自己投资。在与前辈的交流和学习当中不断认识到自己的不足，针对性地加以完善。

8. 保持身心健康

创业者经常要与孤独和挫折为伴，绝大多数的创业过程不是一帆风顺的。时下流行的一个词“逆商”，也就是指人适应逆境的能力。创业者如何保持乐观而稳定的心态，需要在长时间的历练当中找到方法。大学生创业者一般都比较心高气傲，有着强烈的自尊心。建议刚毕业的大学生一定要放低姿态，平静地去接受一切可能的打击；同样，在得意时，也要克服骄傲的情绪，切不可沾沾自喜，妄自尊大。

身体是革命的本钱，创业者只有身体健康才能够支撑一切的打拼和奋斗。为事业拼搏而废寝忘食的精神非常值得肯定，但是终究不能视之为常态。一般而言，年轻的创业者都会精力旺盛，一旦投入工作中就很难自拔。在创业的过程当中一定要注意劳逸结合，切莫因为太拼而让自己的健康状况受到影响。

二、大学生创业途径分析

1. 学习途径

创业者通过课堂学习能拥有过硬的专业知识，在创业过程中将受益无穷；大学图书馆通常能提供创业指导方面的报刊和图书，广泛阅读能增加对创业市场的认识；大学社团活动能锻炼各种综合能力。这些都是创业者积累经验必不可少的。

2. 媒体资讯

一是纸质媒体，人才类、经济类媒体是首要选择。例如比较专业的《21 世纪人才报》《21 世纪经济报道》《IT 经理世界》 等。

二是网络媒体，管理类、人才类、专业创业类网站是必要选择。例如中国营销传播网、中华英才网、中华创业网、人才中国网、校导网等。此外，从各地创业中心、创新服务中心、大学生科技园、留学生创业园、科技信息中心、知名的民营企业的网站等都可以学到创业知识。

3. 与人交流

商业活动无处不在。你可以在生活的周围，找有创业经验的亲朋好友交流。在他们那里，你将学到最直接的创业技巧与经验，甚至比看书的收获更多。你还可以通过电子邮件和电话拜访你崇拜的商界人士，或咨询与你的创业项目有密切联系的商业团体，你的谦逊态度可以换来他们的支持。

4. 曲线创业

先就业、再创业是时下很多大学生的选择。毕业后，由于自己各方面的阅历和经验都不够，先到实体单位锻炼几年，积累一定的知识和经验之后再创业也不迟。

先就业、再创业的学生跳槽后，所选择的创业项目通常也是在过去的工作中密切接触的。而在准备创业的过程中，你可以利用与专业人士交流的机会获得更多的来自市场的创业知识。

5. 创业实践

真正的创业实践开始于创业意识萌发之时。大学生的创业实践是学习创业知识的最好途径。

间接的创业实践学习主要借助于学校举办的某些课程的角色性、情景性模拟参与来完成。例如积极参加校内外举办的各类大学生创业大赛、工业设计大赛等，对知名企业家成长经历、知名企业经营案例开展系统研究等也属于间接的创业实践学习。

直接的创业实践学习主要可通过课余实践来完成，例如在大学校园各楼宇做饮水机清洗消毒有偿服务，假期在外兼职打工、试办公司、试申请专利、试办著作权登记、试办商标申请等；也可举办创意项目活动，创建电子商务网站，策划书刊出版事宜等。

6. 校园代理

大学生由于经验、能力、资本等方面都存在不足，直接创业存在很大困难，既不现实，成功率也很低，而校园代理对经验、资金等方面一般没有太高要求。大学生可以利用课余时间代理校园畅销产品，积累市场经验，锻炼创业能力。做校园代理没有成败之分，对于大学生来说多多益善，如果做得较好，还可以积累一定的资金。总之，通过校园代理可以为毕业后的创业之路准备必要的物质和精神条件。

7. 个人网店

大学生是极具活力的群体，也是新技术和新潮流的引导者和受益方。由于网络购物的方便性、直观性，越来越多的人在网络上购物。一些人即使不买，也会去网上了解一下自己将要买的商品的市场价。此时，一种点对点、消费者对消费者之间的网络购物模式开始兴起，以国外的易贝为开始，以国内的淘宝为象征，吸引了越来越多的个人在网上开店，在线销售商品，引发了一股个人开网店的风潮。而大学生正是这一群体的主要力量，不少大学生看到这一潮流纷纷投身个人网店，成功者比比皆是。

8. 城市嘉年华

在中小学生寒暑假期间，可组织艺术、动漫专业的学生，开展城市角色扮演（cosplay）展，可租用或借用学校的操场，招揽学生用品摊位、小吃摊，组织城市游乐嘉年华。考虑风险因素，可以租用可移动的充气城堡、电动玩具、动漫水世界等风险较小的城市移动狂欢嘉年华项目。

总之，创业知识广泛存在于大学生的学习、生活之中，只要善于学习，总能找到施展才华的途径，但在信息泛滥的社会里，“去粗取精，去伪存真”也是很重要的。善于学习和总结永远是赢者的座右铭。

三、大学生创业的相关风险及防范

大学生创业者要认真分析自己创业过程中可能会遇到哪些风险，这些风险中哪些是可以控制的，哪些是不可控制的，哪些是需要极力避免的，哪些是致命的或不可管理的，一旦这些风险出现，应该如何应对和化解。特别需要注意的是，一定要明白最大的风险是什么，最大的损失可能有多少，自己是否有能力承担并渡过难关。大学生创业的风险主要有以下几个方面：

1. 项目选择风险

大学生创业时如果缺乏前期市场调研和论证，只凭自己的兴趣和想象来决定创业方向，甚至仅凭一时心血来潮做决定，一定会碰得头破血流。

大学生创业者在创业初期一定要做好市场调研，在了解市场的基础上创业。一般来说，大学生创业者资金实力较弱，选择启动资金不多、人手配备要求不高的项目，从小本经营做起比较适宜。

2. 缺乏创业技能风险

很多大学生创业者眼高手低，当创业计划转变为实际操作时，才发现自己根本不具备解决问题的能力，这样的创业无异于纸上谈兵。一方面，大学生应去企业打工或实习，积累相关的管理和营销经验；另一方面，积极参加创业培训，积累创业知识，接受专业指导，提高创业成功率。

3. 资金风险

资金风险在创业初期会一直伴随在创业者的左右。是否有足够的资金创办企业是创业者遇到的第一个问题。企业创办起来后，就必须考虑是否有足够的资金支持企业的日常运作。对于初创企业来说，如果连续几个月入不敷出或者因为其他原因导致企业的现金流中断，都会给企业带来极大的威胁。相当多的企业会在创办初期因资金紧缺而严重影响业务的拓展，甚至错失商机而不得不关门大吉。另外如果没有广阔的融资渠道，创业计划只能是一纸空谈。除了银行贷款、自筹资金、民间借贷等传统方式外，大学生创业者还可以充分利用风险投资、创业基金等融资渠道。

4. 社会资源贫乏风险

企业创建、市场开拓、产品推介等工作都需要调动社会资源，大学生创业者在这方面会感到非常吃力。大学生创业者平时应多参加各种社会实践活动，扩大自己人际交往的范围。创业前，大学生创业者可以先到相关行业领域工作一段时间，通过这个平台，为自己日后的创业积累人脉。

5. 管理风险

一些大学生创业者虽然技术出类拔萃，但理财、营销、沟通、管理方面的能力不足。要想创业成功，大学生创业者必须技术、经营两手抓，可从合伙创业、家庭创业或从虚拟店铺开始，锻炼创业能力，也可以聘用职业经理人负责企业的日常运作。

创业失败者，基本上都是在管理方面出了问题，其中包括决策随意，信息不通，理念不清，患得患失，用人不当，忽视创新，急功近利，盲目跟风，意志薄弱等。特别是大学生创业者知识单一，经验不足，资金实力和心理素质明显不足，更会增加在管理上的风险。

6. 竞争风险

寻找蓝海是创业的良好开端，但并非所有的新创企业都能找到蓝海。更何况，蓝海也只是暂时的，所以，竞争是必然的。如何面对竞争是每个企业都要随时考虑的事，而对新创企业更是如此。如果创业者选择的行业是一个竞争非常激烈的领域，那么在创业之初极有可能受到同行的强烈排挤。一些大企业为了把小企业吞并或挤垮，常会采用低价销售的手段。对于大企业来说，由于规模效益或实力雄厚，短时间的降价并不会对它造成致命的伤害，而对初创企业则可能意味着彻底的毁灭。因此，考虑好如何应对来自同行的残酷竞争是创业企业生存的必要准备。

7. 团队分歧风险

现代企业越来越重视团队的力量。创业企业在诞生或成长过程中最主要的力量来源一般都是创业团队，一个优秀的创业团队能使创业企业迅速地发展起来。但与此同时，风险也就蕴含在其中，团队的力量越大，产生的风险也就越大。一旦创业团队的核心成员在某些问题上产生分歧不能达成一致时，极有可能会对企业造成强烈的冲击。

事实上，做好团队的协作并非易事。特别是与股权、利益相关联时，很多初创时很好的伙伴都会闹得不欢而散。

8. 核心竞争力缺乏的风险

对于具有长远发展目标的创业者来说，他们的目标是不断地发展壮大企业，因此，企业缺乏自己的核心竞争力就是最主要的风险。一个依赖别人的产品或市场来打天下的企业是永远不会成长为优秀企业。核心竞争力在创业之初可能不是最重要的问题，但要谋求长远的发展，就是最不可忽视的问题。没有核心竞争力的企业终究会被淘汰出局。

9. 人力资源流失风险

一些研发、生产或经营性企业需要面向市场，大量的高素质专业人才或业务队伍是这类企业成长的重要基础。防止专业人才及业务骨干流失应当是创业者时刻需要注意的问题，在那些依靠某种技术或专利创业的企业中，拥有或掌握这一关键技术的业务骨干的流失是创业失败的最主要风险源。

10. 意识上的风险

意识上的风险是创业团队最深层次的风险。这种风险来自无形，却有强大的毁灭性。风险性较大的意识有投机的心态、侥幸心理、试试看的心态、过分依赖他人、回本的心理等。

总而言之，大学生创业过程中所遇到的风险并不仅此 10 点，在企业发展过程中，随时都将可能遇到各种风险。保持积极的心态，多学习，多汲取优秀经验，结合大学生既有的特长优势，我们相信，大学生创业的步伐会越走越快，越走越稳。

参考文献：

[1] 何昆蓉. 大学生职业生涯规划与管理 [M]. 成都：西南交通大学出版社，2014.

[2] 伍世宙. 大学生职业生涯规划书 [M]. 广州：广东人民出版社，2013.

[3] 左仁淑. 创业学教程：理论与实务 [M]. 北京：电子工业出版社，2014.

[4] 石国亮. 大学生创新创业教育 [M]. 北京：研究出版社，2013.

[5] 麦可思研究院. 大学生求职决胜宝典 [M]. 北京：清华大学出版社，2013.

[6] 张梓. 面试应对技巧和制胜策略 [M]. 北京：中国华侨出版社，2013.

学习篇

第四章　学业素养——自主学习能力培养

第一节　自主学习能力培养的重要性及必要性

2008年教育部、卫生部印发《本科医学教育标准——临床医学专业（试行）》（教高〔2008〕9号），成立了“教育部临床医学专业认证工作委员会”（教高〔2008〕7号），开展临床医学专业认证工作。其中，最重要的一项指标就是考核医学生的自主学习能力。该教育标准认为，大学院校应当将培养学生终身自主学习意识作为终极目标。

为什么会有这样一个认知呢？这要从医学这一专业的特殊性讲起。医学作为一门复杂、时代性强、更新极快的专业，发展十分迅速，大量高科技成果在医学领域广泛应用，医学知识更新的周期也变得越来越短，医学信息每隔3~5年就要更新一次。这一切都使医学人才不断面临着新的挑战。医务工作者在学校学习的知识，只是一生中需要知识总量的10%，其余90%则需要在以后的工作中根据社会需要和医学发展不断补充和更新。强化自学能力，将是一名优秀的医学生必须学会的技能之一。

法国政治家埃德加富尔在《学会生存》一书中阐述：未来的文盲，不再是不识字的人，而是没有学会学习的人。自主学习是学生走出学校后所采用的主要学习方式，是个体发展的必备能力。医学生作为未来的医务工作者，承担着救死扶伤的神圣使命。随着时代的进步和社会的发展，以及医学模式的转变，医学生需要具备的能力也必须随之增强。对今天的医学生来说，具备自主学习能力远比掌握现有的知识更具有现实意义。

一、自主学习

自主学习的提出来自心理学家对传统教育观念的质疑：教学的目的不是为学生的记忆传递信息，而应该是学生自我监控能力的培养。这些能力很重要，不只指导了规范的学校学习，也能教导一个人在离开学校后如何继续更新自己的知识。因此，应该鼓励学生积极参与这个学与教的过程，建构自己的知识体系，并且在这个过程中逐渐摆脱对老师的依赖。同样，教师也应该创造有利的教学环境，使学生能够学会控制和指导自己的学习，控制他们的精力投入，管理他们的情绪。以上所说的这些，即为“自主学习”。

国内外教育学者对自主学习进行了大量研究，各学派对自主学习概念的界定不尽相同，但通过对各种理论的梳理，不难发现其概念都有一个基本的共同点，即：自主学习意味着学习者对学习自行负责，是学习者自我探索、自我选择、主动学习的方式。由此可以看出，自主学习主要包含以下三个方面的特征：一是学习者自我负责管理学习，这势必要求学习者对学习有较为清晰的认识，能够系统地了解学习的规律和体系；同时，还应该正确认识学习对于人生的价值和意义，进而正确对待学习这一行为。只有在客观环境和主观态度上都认识到学习的重要性，学生才能进行自我学习的管理，并且真正实现对自己的学习负责。二是教师是学习过程中平等的主导者。即使是在知识开放的时代，学生要完全自主地掌握这一知识体系，依然存在较大的困难。因此，这必然要求教师在教学过程中将相关内容传授给学生，让学生根据自身特点去选择和构建适宜自身特点的学习模式。在这样的学习过程中，教师不再是简单地进行知识传授，而是通过对整体的知识体系讲授，让学生进行自我选择和自我构建。三是自主学习意味着学生应该树立终身学习的理念，并根据自身特点和社会发展趋势确立个人学习兴趣，进而形成主动学习的良好习惯。

二、自主学习的特点

1. 自立性

人的一生，是一个不断学习和更新自己认知的过程。这个过程一开始主要是由老师、父母带领我们完成，但到一定的阶段，就需要我们自己来完成。这里的“自己完成”并不是指过程中不借助外力，自己一人学习，而是指心理上的“自立”，即认识到学习是学习主体“自己的”事、“自己的”行为，是任何人不能代替的。这是自立性最根本的含义。每个学习主体都有自我独立的欲望，是其获得独立自主性的内在根据和动力；同时，每个学习主体都具有自我独立的心理认知系统，具有自己的独特方式和特殊意义。每个学习主体都具有“天赋”的学习潜能和一定的独立能力，能够依靠自己解决学习过程中的“障碍”，从而获取知识。自立性是“自主学习”的基础和前提，是学习主体内在的本质特性，是每个学习主体普遍具有的。

2. 自为性

自为性指学习主体将学习纳入自己的生活结构之中，成为其生命活动中不可剥落的有机组成部分，包括学习的自我探索性、自我选择性、自我建构性和自我创造性四个层面的结构关系。自我探索性就是学习主体对事物、环境、事件等的自我求知、索知的过程。自我建构性是指学习主体在学习过程中自己建构知识的过程，即其新知识的形成和建立过程。即以学习主体原有的经验和认知结构为前提，完成新旧知识的整合和同化，使原有的知识得到充实、升华、联合，从而建立新的知识系统。自我创造性是学习自为性更重要、更高层次的表现。它是指学习主体在建构知识的基础上，创造出能够指导实践并满足自己需求的实践理念及模型。这种实践理念及模式，是学习主体根据对事物发展的客观规律、对事物真理的超前认识、对其自身强烈而明确的内在需求，进行创造性思维的结果。这四层关系紧密联系，共同构成了自主学习的自为性，也是自主学习的重要本质。

3. 自律性

自律性是指学习主体对自己学习的自我约束性或规范性。它在认识领域中表现为自觉学习。学校教育阶段是在人生过程中集中学习的时期，包括小学、中学、大学和研究生几个阶段。高等医学教育并不是终极教育，而只是为医学生将来参加工作和进一步学习打下一个良好的基础。结束学校学习，参加工作后，还需要学习与工作相关的各种具体知识和技能，不断地调整自己的知识结构，以适应工作和自我发展的需要。不管是哪个阶段，自主学习都需要学习主体充分认识到这一阶段，甚至下一阶段知识的重要性，达到知识层面的“觉醒”，自我管束和勉励。

总体来说，自主学习就是学习个体自立、自为、自律的学习。学习的自立性、自为性和自律性是自主学习的三大支柱和基本特征。其中，自立性是自主学习的基础，自为性是自主学习的实质，自律性是自主学习的保证。也就是说，学习是学习者“自己”的事情，学习者是学习的主人；学习是“自己做主”的主动性学习，主动性和自觉性是自主学习的本质属性。

三、自主学习能力

1. 自主学习能力的内涵

从词义上看，自主学习能力包含着两层意思：一是自主学习，关注的是学习方式问题，即怎样学；二是能力，关注的是学习本领问题，即对于自主学习的方式运用得怎样，运用自主学习方式的本领。自主学习能力是受教育者运用已有的知识和能力独立地获取新知识和新技能的学习能力。

自主学习，是指学生在内在动机的激发下，在学习活动前确定学习目标，制订学习计划和时间计划，在学习活动中对学习策略进行监控和调节，并主动营造有利于学习的物质和社会环境，学习活动后对学习结果进行自我总结和评价。

那么，自主学习能力又是什么呢？关于这一定义，我们可以借鉴上海复星医药产业发展有限公司副董事长陈水清对“自主学习”的阐述：学习者对学习目标、过程、效果等诸方面进行自我设计、自我管理、自我调节、自我检测、自我评价和自我转化的主动建构本领。具体表现为对一系列知识、观点、原理、定理或理论以及蕴含于其中的方法论的把握和应用，从而形成或锻造出学习主体自身的思维能力，使学习主体的学习“状态”从被动吸收变为主动追求。

自主学习能力是学习者在已有知识和技能的基础上，不依赖他人而能独立运用一定的学习方法获得知识，并从中发现问题、解决问题的学习能力。“师傅领进门，修行在个人”，培养学生自学能力是以人为本思想的体现，突出学生在教学中的主体地位，强调学习者的主动性，学生的学习从消极被动地接受变成了积极主动地探究。自学能力是学生顺利完成学业的重要保证，更是结束大学学习后跻身于社会的立足之本，使之能在脱离了教师指导和监督的情况下主动汲取更多知识，以适应职业要求和自身发展需要。在自学能力的养成过程中，学生的意志、兴趣、思维等都得到了锻炼与延伸，其带给学生的成功体验又成为学生新的追求动力，使学生自主探索事物之间的内在关系和发展规律，从而在实践中培养创造能力。

2. 自主学习能力的特点

所谓“自主学习能力”，是针对学习的内在品质而言的，一般指个体自觉确定学习目标，制订学习计划、选择学习过程和评价学习结果的学习能力。从自主学习能力的含义，可以揭示出自主学习能力的以下几个特点：

（1）自觉性

所谓自觉性，就是要对自己的学习能力以及学习目标负责，在设定未来规划之后，非常自觉地完成已经制订的计划，并且内心不纠结，不矛盾。这样的自觉性的养成一定是在拥有高度的学习意识之下逐渐培养起来的。但是很多学生的自觉性不强，特别是在我国应试教育下培养出的学子们，由于习惯被管制，所以在大学自主性环境下自觉能力的培养会更加困难。

（2）主动性

主动性就是不需要其他外界力量的推动，通过个人内在的驱动力而特别喜欢做某件事情的能力。它是人类特有的能力，也叫作主观能动性。比如饿了要吃饭，渴了要喝水。观察之后会发现，如果一个人特别喜欢某样事物，那么就不需要别人牵着，拽着，自己就会非常主动地去做；也会发现，要想培养主动性就需要将某件事物的吸引力提高到一定的水平，这样才会带动人的主动性的发展。

（3）独立性

独立性是需要在大学培养的最有价值的品格。每个人都具备发挥自己独立性的能力，只不过有些时候在成长的过程中被过度保护，以至于本身的独立性未能有效地发挥出来。观察婴幼儿成长就能够得知，人类的本能当中就存在独自完成一件事情的特性，人类喜欢有这样的成就感。所以可以通过大学教育不断挖掘大学生的独立性，以实现学生自主学习能力的不断提高。

（4）协调性

协调性其实是指全面发展，就是指学生不但要拥有独立学习的能力，还需要具备社交能力、情感沟通能力等。只有这样全面协调的人才能够更好地发挥自己的特长，也才能够在社会激烈的竞争中一直勇往直前，而不会出现困倦或退却的情况。

四、培养大学生自主学习能力的重要意义

1. 自主学习能力是社会发展对大学生的客观要求

20 世纪 50 年代以后人类创造的科学知识成果比以往数千年的知识成果还要多。面对知识更新的周期越来越短的情况，大学生再也不可能把大学所学的知识作为受用一生的资本，社会对大学生的学习能力和创新能力提出了前所未有的要求。《2000 年：中国教育白皮书》在高等教育的使命与功能中指出：高等教育要“为学习者提供可以终身接受高等培训和学习的空间”。教育部在《关于进一步加强高等学校本科教学工作的若干意见》中也多次提到发展大学生学习能力，尤其是自主学习能力的问题。因此，大学生必须学会学习，特别是培养自主学习的能力，才能适应社会的需要；否则，就会被时代

淘汰。

美国学者帕斯卡雷拉和特伦兹尼在《大学是怎样影响学生的发展》一书中，对近半个世纪来“学生发展”和“大学影响”方面的文章总结说：“大学对学生的影响程度在很大程度上是由学生个体努力程度以及投入程度决定的，大学里所有政策、管理、资源配置等都应该鼓励学生更好地投入各项活动中。”这一总结强调了学习者从自身需求和兴趣出发而进行主观投入的必然性。

大学生必须具备良好的自学能力，这是由大学教育阶段与中学教育阶段的教学方法的差异所决定的。狭义的自学能力是指学生独立的通过书本获取知识的能力，这个定义更适合于定义大学低年级学生的自学能力。而广义的自学能力还应该包括通过自主实践活动学习知识的能力。如何引导学生尽快摆脱中学阶段的学习模式，如何在实践教学中培养学生的自学能力，一直是教育理论的研究热点之一。只有加强医科大学生自我学习能力的培养，为其终身学习能力奠定基础，才能适应现代医学发展的趋势。

我国的高等教育经过多年的扩招和发展，已经步入大众化阶段，成为世界上规模最大的教育体系之一，如何保证和提高教育质量的问题已经摆在了我们的面前。随着全球化的发展，提升核心竞争力，是一个国家在世界上立于先进之列的根本保证。核心竞争力的根本是人才，人才竞争力体现在价值观、知识的掌握、创新能力、实践应用能力等方面。价值观的形成、知识的积累、研究水平的提升、创新能力的可持续等都离不开学习。因此，学生的学习能力是人才竞争力的核心。知识的学习伴随人的终生，知识教育是所有学校教育所共有的属性。学生实践能力教育是高职高专院校的特色，学生研究能力的培养是研究生教育的本质，学生自主学习能力的培养则是本科教育的重心所在。

人的一生，是不断学习和更新各种知识、持续发展成长的过程。知识的学习不是学校教育特有的属性，而是伴随人生全过程的事情，是人们自身内在需要的生活的组成部分。因此，学生的自主学习能力的培养是构建终身教育体系和学习化社会的需要。

2. 自主学习能力是高等学校素质教育的核心内容

自主学习作为一种新的教育思想，就一定意义上来说，把握住了素质教育的实质和核心。这是因为素质教育以培养学生的创新精神和实践能力为重点，其本身承担着为21世纪培养高素质人才的重要使命。现代高等教育的目的是促进大学生身心各方面的和谐发展，着眼于健全人格的塑造。高等学校素质教育不能仅仅以大学生掌握的知识量来衡量教学的成败，还应当注重大学生在掌握知识的基础上获得了怎样的发展，在学习过程中取得了怎样的进步。这些效果的达成有赖于学生积极自主地学习。同时，自主学习给个性的发展，尤其是独立人格、自由思想和批判态度等重要人格特征的发展提供了较大的空间，使人的潜力与创造力得到充分的发挥。自主学习符合大学生的学习特点，自主学习能力的培养是素质教育的中心任务和核心内容。

在高等教育领域，大学生学习能力的培养成为教育和心理研究者的一个热门研究主题，许多研究成果值得在教育实践中加以运用和推广。随着高校学分制的普及，大学教育更加灵活科学，学生自主选择的空间越来越大，闲暇时间也相应增多，闲暇时间的利用情况，直接影响着大学生的思想观念、知识技能、综合素质的形成和发展。如何能够最大限度地利用好空余时间，提高学生的学习能力是一个重要方面，全面促进自主学习能力提高已成为每个学习者和每位教师的目标。

3. 自主学习能力是学习主体的主观需求

高等本科教育是高等教育的主体，在高等教育中有着不可替代的地位。本科教育既涵盖了高职高专的技能教育，又有各个专业的理论教育，还涉及了研究生教育的初步基础。研究、把握本科教育的重点所在，并将其贯穿于本科教育的全过程，是提高本科教育质量的关键所在。提高人才的核心竞争力、提高学生的自主学习能力是高等本科教育紧迫且重大的问题。

医科大学的学习与我国传统中学阶段的填鸭式学习，有着截然不同的特点，即：依赖性减少，代之以主动自觉的学习。大学教学的目的是培养德智体全面发展的社会主义事业建设者和接班人，教育的内容是既传授基础知识，又传授专业知识，还要介绍本专业最新的前沿知识和技术发展状况，知识的深度和广度比中学都大为扩展。课堂教学往往是提纲挈领式的，教师在课堂上只讲难点、疑点、重点，或者是教师最有心得的一部分，其余部分就要由学生自己去攻读、理解、掌握。大部分时间是留给学生自学的。因此，培养和提高自学能力，是医学生必须具备的本领。

大学的学习不能像中学那样完全依赖教师的计划和安排，学生不能只单纯地接受课堂上的教学内容，必须充分发挥主观能动性，发挥自己在学习中的潜力。这种充分体现自主性的学习方式，将贯穿于大学学习的全过程，并反映在大学生活的各个方面，如学习的自主安排、学习内容和学习方法的自主选择等。

4. 自主学习能力培养是终身教育和医学发展的客观要求

高科技特别是医学科学的飞速发展，使知识更新的周期不断缩短，从而对医学人才提出了更新、更高的要求。高等医学教育必须重视培养学生的自学能力，为终身学习奠定坚实的基础，从而使学生适应现代医学科学不断发展的需要。

随着知识经济时代的到来，高新技术迅猛发展，并日益同医学科学相互渗透、融合，大量高科技成果在医学领域广泛应用，从而有力地推动了医学科学发生根本性变革，原有的医学模式将完全被生物—心理—社会—环境医学模式所代替；基础医学将向分子量子化的微观研究和生物圈、宇宙与人群之间的宏观领域研究两极发展；分子生物学技术和信息技术可能成为医学的主导技术，从而引起诊断、治疗、康复一系列技术的更新和变化。因此，具备再学习、再发展的潜能，对于21世纪的医学人才至关重要。

世界管理大师彼得·德鲁克认为："在知识社会里，对于任何一个人、组织、企业和国家，获取和应用知识的能力是竞争成败的关键。"我国制订的《面向21世纪教育振兴行动计划》中，也特别强调实施"现代远程教育工程"，形成开放式教育网络，构建终身学习体系。无疑，终身教育观念将成为21世纪教育的一个核心观念，将改变学生依赖教师的习惯，不断加强学生独立思考和自学能力的培养。

第二节　医学生自学能力培养现状

长期以来，我国的中学生绝大部分都是以考大学为唯一目标的。他们经过多年的苦读，终于跨入了大学校门，成为一名大学生。由于我国长期实行的是应试教育，这些大学生身上突出体现了应试教育的特点和弊端，许多本该在上大学之前应完成的教育任务，却没有完成。

长期以来，传统的教育研究侧重对教育者、教育方法、教育内容以及教育目标的研究，而忽视对受教育者本身的研究。当前大学生的学习现状则让人感到担忧。

由于对人生观、价值观没有进行认真系统的思考，不清楚为谁学习，为什么学习，缺乏学习动力。再加上在过去的学习阶段形成了死记硬背的不良习惯，成了文字或知识的搬运工，很多大学生不懂科学的学习规律，不知道怎样学习。大多数人延续了中学的学习模式，不懂得“阅读、分析、思考、归纳、应用”是科学的学习规律，不懂得除了教材内容的学习，还需要阅读大量参考书。他们缺乏基本的阅读能力，不能准确把握一句话的关键词，不能准确把握一句话或一段话的主要内容和中心思想，也就不能理解并掌握课程体系的主要内容，更不用说发现问题和解决问题了。

这不能不让我们想到：为什么大学生也会出现不会学习的问题呢？这一方面是因为中学的应试教育，激发了学生的外部动机，却削弱了他们的内部动机，上大学后对学习产生了松懈思想；另一方面则是因为大学的学习与老师安排为主的中学学习有了很大的不同，大学的学习更加强调学生的学习主动性与自我调节，显然缺乏自主意识的学生不能顺利适应。大学生不懂得科学的学习方法，自主学习能力差，这不仅阻碍了他们学习成绩的提高，也从根本上阻碍了他们自身的发展。

目前的大学教育，基本上还是传统的以知识传授为主的教学模式。我们的大学生科学思维和创新能力很弱，长期以来我们没有核心技术，很少获得具有国际水平的科学成果，主要因为他们缺乏对事物进行系统思考的习惯和能力，因而也就缺乏自主学习和自主研究能力。这是我们本科教育应该解决的基本问题。

1. 自主学习相关研究情况

近年来，国外自主学习的研究，除了编制大量自主学习量表之外，主要有两种研究思路：

一是描述性研究：研究影响自主学习的因素和这些因素之间的关系以及具有高自主学习能力学生的特质，集中于研究检验理论的预测和具体的自主学习组成和过程。美国学者研究了学生成就目标、内部动机、能力知觉、科学态度间的差异和相关性，指出了将目标定位于掌握知识上与动机、能力知觉、态度的正向关系。20 世纪 90 年代，意大利教育学家综合各学派观点，提出了一个系统的自主学习研究框架。该框架包括自主学习的六种心理维度和十几种自主过程，以后关于自主学习的研究多是以他建构的理论框架为指导。

二是干预研究：通过教授学生自主学习的过程来影响学生自主学习的能力和表现，集中于自主学习教学指导模式的研究。美国教育学家等提出了“学习循环探究模式”，旨在促进学生对社会科学进行探究学习；英国牛津大学教授提出了“自我调节策略开发模式”，该模式以改善学生的写作能力为主要目标，以教会学生自主运用写作策略为主要途径。

以往的研究也存在一些不足，主要表现在研究对象上，大多以中学生为研究对象，以大学生为研究对象的很少。与中学生相比，大学生的学习活动层次高、负担重，具有专业定向性，管理更加宽松，大学生自由支配时间的余地更大，具有更大的自主性。在此阶段，大学生的自主学习能力水平的高低成为影响其学业成功与否的关键因素。

2. 大学生自主学习的现状

通过实地的调查研究发现，当前我国大学生自主学习能力还较低。这主要表现在：第一，有相当一部分学生在进入大学之后就处于“撒丫子”状态，根本不期待再次学习和自主学习；第二，高校在学科转型、专业设置方面相对滞后，高校教育和社会人才需求仍然有所脱节，致使大学生对自主学习内容的选择有所偏差；第三，很多学生就算意识到自主学习的重要性，在没有外力的帮助下也很难脱离自己的惰性和习惯，无法在短期内实现自主学习的目标。

第三节　如何培养医学生的自学能力

一、高等本科教育培养学生自主学习能力的途径

经过改革开放30多年的发展，我国的经济快速发展，我国的教育已经是世界上规模最大的教育体系之一，我国在世界上的政治影响力也迅速增强。但是综合竞争力的内在质量不容乐观，其根本原因是我国人才整体的核心竞争力较低。主要是因为我们人才的知识更新慢，创新思维少，科研短平快，研究功利性强等。要解决上述问题，需要从以下几个方面进行思考和改革：

1. 更新教育观念

提高学生的自主学习能力、自主研究能力和实践应用能力是本科教育的根本目标。大学教育的普遍培养目标应该是使学生成为具有“独立思考能力和实践应用能力”的人，应该使学生“学会做人，学会学习，奠定基础，掌握技能”。学习能力主要是指能够自主学习、自主研究，能够潜心阅读、分析思考，能总结归纳学习规律，能奠定思想基础、文化基础和学科基础的能力。需要掌握的技能应该是“专业范围内的具体操作和表达的方法和能力”。

将培养学生自主学习能力作为本科教育的核心教育思想，应该将其贯穿于课程教学的过程中，把每一门课程的教学、每一项知识的学习，都作为培养学生学习能力的载体，使学生在课程知识的学习过程中学会学习，掌握科学的学习规律和学习方法。

2. 改革教学模式

以讲授、课堂知识传授为主的教学模式已经严重制约了学生的学习能力和创新能力的培养，考题可通过增加课前思考环节，引导学生进行思考，对现有的惯性认识敢于质疑，培养学生的科学思维习惯和独立思考能力。教师可讲述课程的知识结构、重点内容，让学生把握课程的知识体系和关键知识。通过完成理论作业与技能作业，教师可引导学生掌握阅读、分析、思考和归纳的学习规律，使学生掌握理论应用于实践的方法。教师可积极应用现代教育技术手段，如通过多媒体、互联网等技术手段，为学生提供先进的、多样性的学习资料，提高学生的自主学习能力和研究能力。积极倡导导师制，切实改变学生和教师在教学中的地位，真正体现以教师为主导、以学生为主体、以能力为核心的教学思想，为创新型人才的培养创造条件。

3. 改革评价体系

评价体系具有教学改革的导向功能，可以推动教学改革，也可能阻碍教学改革。那么该根据什么来改革评价体系呢？对于学生，要给他们自由、自主学习的选择权；对于教师，我们要给他们教学实施和改革的权力，给予教师教学自主权。对于考试和作业的评判，我们需要通过作业，考查学生是否阅读了有关教材和参考书，是否理解了作业问题，是否利用有关资料的论据论证了作业问题，是否掌握了有关技能方法，是否有自己的新观点、新方法等。教师按照上述五个方面的不同程度，评定学生的作业或考试成绩。人生观、价值观的形成，知识的持续更新，新思想、新观点的提出，研究成果的创新等，都是需要通过不断学习来完成的。因此，学生自主学习能力的培养是本科教育的重心所在。本科教育应该将以知识教育为主，逐步转向以能力培养为主。学生的能力从根本上说是学生的自主学习能力。

二、在学习性投入理念下提高学生自主学习能力的途径

1. 建立健全学习性投入方法和工具，提升其对教学模式革新的指导性

《国家中长期教育改革和发展规划纲要（2010—2020 年）》明确提出，高等教育要“提高人才培养质量”。这一目标清晰地指出了教育模式改革的方向，即以提升人才培养质量为终极目标。因此，教育模式的革新首先还是要推进教育理念的革新，尤其是整个社会的教育理念的革新。如果教育理念无法得到及时更新，那么具体的调研成果依然无法影响整体教育的发展方向。鉴于此，要结合我国的实际情况，进一步建立健全学习性投入的方法和工具，为我国教学模式的改革方向提供重要的参考依据。此外，在各项指标的权重设置上，也要加大对教师教学的考核力度。教师作为长期的教育者，只有他们的理念发生变化，才会在一届又一届的学生培养中持续不断地贯彻学生自主学习的理念，才会通过代际的累积引导全社会发生质的变化。

2. 推广普及学习性投入的调研方法，增强教学过程主体对自主学习的重视

学生养成自主学习能力是多方面要素共同作用的结果。学习性投入理念指导下的调查方法的普及，既能够为教育模式的改革和创新提供重要的参考，也能为学校、教师以及学生持续进行自我改进提供有效的数据支撑，即所谓的“授人以鱼不如授人以渔”。

而在具体的传授过程中，学习兴趣的培养和学习方法的传授又离不开具体的知识传授。所以，在这一过程中，要让学生在学习具体知识的同时，清晰地认识到掌握学习方法的重要性。围绕学生自主学习能力的提升，逐步推广普及学习性投入的调研方法。尤其要通过第三方持续发布相关调研结果，进而提供更加权威的横向比较结果，为各个主体找到自身的不足和差距提供参考。

3. 加大对教学过程的关注，形成持续提升的教育发展趋势

在我国传统的教育模式中，更加突出和强调教育结果，考核方式也是以“一考定终身”的方式为主。在这种情况下，虽然在考核过程中融入了对学生的各方面能力的考核，但是过于注重结果导致学生也过于重视知识的学习而忽略了知识传授背后隐藏的方法学习。因此，要改变这种现状，使应试教育真正转向素质教育，加大对教学过程的关注是必然的选择。很显然，学习性投入理念的确立本身就反映了这一要求，同时也是对现有教育模式进行考查的有效手段。

三、培养现代大学生自主学习能力的策略

“教”与“学”是教学的两个方面。在大学生自主学习的培养方面应充分认识“教”与“学”两方面的重要性，并创造一定的环境，从教学的两个方面入手，提高大学生的自主学习能力。

1. “教”的方面

（1）完善教学模式

要提高教学质量，学校应该树立正确的教育观念，明确人才培养目标。高校在进行教学模式设置时，需要结合学生现状与我国教育政策，并坚持“以人为本”的原则，有针对性地对学生的能力加以培养，传授给他们更多的方法，期待他们能够运用各种各样的方法来实现自己的人生目标。

（2）加强学校基础设施建设

创造学习条件良好的学习环境是确保大学生自主学习有效进行的关键，高校基础设施建设无论在硬件还是软件方面都应与学校人才培养计划相适应，甚至超前。只有教学设施和教学活动相配套才能将教学的功效发挥到最大程度。同时，高校作为区域文化的集中点，应该将这种资源的价值发挥到最大程度，消除教学和科研设备投入的冲突。

2. “学”的方面

（1）明确学习目标

在校大学生应该树立明确的学习目标，并以此为导向，分段、分期设立学习目标。制定了学习目标，就要对自己的学习过程进行监控。自我监控能力是元认知的重要组成部分，也是学生学习自主性的重要表现，直接影响着学习的质量和效果。大学生制订可实现的学习目标，能够激发其学习动力和增强自我监控能力，进而帮助大学生提高自主学习能力。

（2）改善归因方式

加强自我责任感归因就是对结果产生的原因的评价。归因风格影响着动机、心情、

完成任务的能力以及情绪。归因可以从内部归因，也可以从外部归因。改善学生的归因方式，可以让学生在每一次的成功和失败中对自己做出内部和外部正确的归因。总结成功的经验，使学生体验努力后的进步，可以增强学生的自我成就感，进而使学生“乐学”“想学”“会学”。

(3) 提升自己的交际能力

良好的人际关系为大学生的自主学习创造了“学”的氛围，这些对大学生有着重大的影响。但是，这些关系对大学生的影响除了有积极的，还有消极的。所以，为了大学生有良好的心境和相对宽松的学习空间，就必须确保大学生有良好的人际关系。

学生的自学能力是一种自我发展的可持续性主体积极因素，也是贡献社会的持久动力。大学教师在培养学生自学能力、引导学生学会学习方面有不容推卸的责任和不可替代的作用，因而在提升学生自学能力方面的教学改革探索也是任重道远的一个课题。

参考文献：

[1] Knowles MS. 自主学习的培养 [M]. 美国：普伦蒂斯霍尔出版社，2008.

[2] 麻微微，肖荣，余焕玲，等. 在营养与食品卫生学教学和科研中培养预防医学本科生的科研实践能力和自主学习能力 [J]. 西北医学教育，2015，23 (1).

[3] 马忠，屈波，张金鑫. 基于提高自主学习能力的本科生毕业论文训练体系 [J]. 清华大学教育研究，2008，29 (1).

[4] 周东滨. 论大学生自我学习效能感及其培养策略 [J]. 教育探索，2008 (5).

[5] 郭一红. 自我学习：美国教学方法论新概念 [J]. 当代教育论坛，2014 (2).

第五章　爱我所爱——专业抉择

对所学专业的认同感以及兴趣度是大学生能够有效学习的前提条件，决定了大学生当前的学习状态。大学生如果不认同自己所学的专业，会影响他们对该专业的积极情绪，导致学习动力不足，进而影响他们在学业上的行为表现，出现学习倦怠现象。专业兴趣是学生成才的重要条件之一，只有具备浓厚的专业兴趣，才能产生学习的内驱力。

增强求知欲望，提高学习效率，以积极主动的态度去完成学业，才能成为国家需要的高层次人才。另外，专业认同感和兴趣度与社会环境、校园风气等的变化密切相关。

第一节　转专业的利与弊

学生在填报高考志愿时，并不一定十分了解所报专业的情况，有些甚至是盲目选择热门专业，而通过一年的大学学习生活后，学生基本能够判断出什么专业符合自己的兴趣，什么专业能够激发自己足够的激情和创造力。目前，国内大学逐渐放宽了转专业的要求，如取消专业成绩门槛，增加可转专业的学生人数，增加转专业的次数等，而转专业学生人数也是逐年增加。但是，面对越来越宽松的政策条件，作为在校大学生应该如何选择呢？现在让我们来探讨一下转专业的利与弊。

一、转专业的利

1. 转专业的好处在于转专业是同学们的机遇

转专业政策给了学生重新选择的机会。高考前，特别是高三时，学生本人和家长普遍存在这样的观念，认为高考高分者当然要进重点大学以及相关的热门专业，因此，在高考咨询时，不少学生也只盯着专业的录取分数线，往往忽视了自己对该专业的学习兴趣。由于应届毕业生人数的不断增多，就业压力的增大，学生选择专业没有从自身出发，而更多的是看什么是热门专业或是按照父母的要求来选择自己的专业。有的同学当初选择专业是因为所谓的性别问题而忽视或放弃选择某些专业，还有的同学由于旧思想的束缚，认为某些职业只适合女生或男生，因而放弃自己喜欢的专业，有些同学自己不做主，父母也不要求，由老师帮他选择了以后的方向，这也是比较盲目的。当进入大学后，部分学生发现自己的学习能力与所选专业有一定的差距，如果硬着头皮学下去，可能厌学、逃学，甚至退学，难以完成学业。同时，身体和心理方面的因素也会影响对现专业的学习，如学医学的学生们要面对尸体进行解剖等临床操作，有的同学“晕血”，看见血就头晕、作呕，有的学生不能忍受或是无法正视这些血淋淋的场面，甚至个别学生还对青霉素严重过敏，闻到青霉素的味道就有可能晕厥等。转专业政策就是给这些学生提供了一个重新选择的机会，改变了“高考定学校，专业定终身”的固定模式。

2. 以“学生为主体”的教育模式强调了学生学习的自由度，创造了学生发展个性的空间

如今早已摒弃了过去僵化死板的学生等着老师来教的教育模式，强调了学生自主学习的专业培养模式。由此，学校鼓励学生的个性发展，如设立双学位、双专业、辅修等，而转专业也是出于为学生个性发展着想，鼓励学生发展个性和特长，突出“以人为本”的育人理念，让其发挥所长，获得最大的教育收益。

二、转专业的弊

转专业倾向是一种态度，它可能因为学生的专业兴趣度衰退、专业满意度降低而产生并逐渐增强，但是，学生是否真正将态度转化为转专业申请这一行为则受到更多其他因素的影响。很多学生在真正到了申请转专业时，心态还是很矛盾的，究其原因，有以下几个方面：①转专业的名额有限，而转专业前都要进行笔试和面试，有一部分同学由于学习任务紧张而无暇准备等原因放弃了这个机会。②也有一部分同学是因为自己学习成绩欠佳，感到成功的可能性不大而没有提出申请。③很多同学对于要选择的新专业也知之甚少，尤其对于毕业后的就业情况等也不清楚。④同学之间的相互影响。大学生之间学习生活关系密切，容易互相影响，因此总体心态显得矛盾而复杂。还有一些同学是因为感到自己已经在本专业中建立了良好的伙伴关系，或者逐渐发现了本专业的优势，增强了自己的专业兴趣从而产生了留在原专业继续学习的意愿。

盲目地转专业可能给学生带来以下几个方面的不良影响：

1. 可导致学科发展不均衡，使热门专业更热，冷门专业更冷

大学生一窝蜂选择前景看好的热门专业，而一些处于科学发展前沿、国家需要的基础学科专业却受到冷落，甚或无人问津，以至于人才奇缺，后继无人，从而导致学科发展失衡，人才培养失衡，最终造成恶果。例如儿科专业，由于缺乏专业吸引力，学生对儿科专业的认同度低，学生不愿意学习该专业，不想选择该专业，1999 年的儿科专业停招，时至今日，已经出现了儿科医生急缺的现象。再例如一些热门专业毕业生千军万马过独木桥，求职时发生堵塞，造成新一轮人才就业“瓶颈”现象。

2. 原地踏步

转专业后学生可能无法适应新班级的环境或新专业的课程学习。有些学生转专业是由于该生的人际交往出现了问题，不适宜继续留在本班级，无法融入同学中，在生活和学习上遇到了诸多麻烦和不便。对于这一类同学，转专业不是一个可取的办法，同学们应该调整、改变的是自己的做人、生活、学习方式和行为习惯，好好思考一下如何才能更好地融入班集体，和大家一起融洽、和谐地生活、学习。事实上，一个学生如果不能从自己身上调整观念、态度，那么当他们在转入另外一个专业、另外一个班级后，还是

很可能会发生同样的情况。

3. 不利于身心健康的全面发展

很多同学在做出转专业的决定之前，仍缺乏对自我、对专业的了解，以至转专业的行为仍带有较大的盲目性——了解自己的专业么？现专业真的不适合自己吗？所转专业就真的合适吗？而且，即使申请了转专业，就可以如愿以偿地改换专业了吗？事实上，学生们应当扩展视野，增加学识，一旦学识丰富以后，学生们就有可能会很喜欢目前并不喜欢的专业。所以，这样的同学应当加强学习，深入了解学习的本质，而不是整天想着转专业。学生通过深化学习内容，有利于自身思想道德素质的形成和提高，有利于身心健康的全面发展，深刻、辩证地学习来处理好学习的深度、广度，从而深化对目前所学专业的认识。

4. 从众心理，随大流，以至于迷失自己

有的同学看到自己的好朋友转专业了，希望以后能够继续和他们保持密切的联系，于是自己也跟着转。这一类同学，很容易迷失自己，从社会心理学的角度来说，这是一种典型的从众心理。这种心理表现为在转专业的情况下，很可能会失去很适合自己的专业，因而给自己的学习造成更加不好的效果。所以，在这种情况下，一些想转专业的同学，最好还是不要轻易改变。须知“海内存知己，天涯若比邻”，世上哪能有不散的宴席呢？人在成长过程中，当然要经历相聚和离别，而且，需要明白友谊不会受距离远近的影响。怎么能够因为好朋友转了专业，自己就也要跟着转专业，从而很可能失去很适合自己的专业呢？而且，好朋友在不同的专业中学习，带来不同的学习、思想交流材料、视角，更能促进自己的学习，又何必局限于跟着转专业这一途径呢？

5. 治标不治本

因为感觉现在的专业很难学习，自觉花费了很多努力，但是却没有取得良好的学习效果，于是就想换成别的自认为容易学习的专业。大学的学习是一种非常专业、艰难的学习过程，不是一蹴而就的，现在的专业学习困难，难道其他的专业就不困难？如果一遇到困难就畏惧退缩，选择逃避，那么在转专业之后遇到困难怎么办？在毕业后工作中遇到困难又怎么办？所以我们要培养自己吃苦耐劳和艰苦奋斗的精神。同时要看到，学习不仅是一个努力的过程，也是掌握科学学习方法的过程，掌握科学的学习方法是大学生学习活动的一个重要组成部分，是提高学习效率的根本出路。所以，对于这样的同学而言，当务之急并不是要转专业，而是要培养自己永不服输、永远进取的精神以及掌握好科学的学习方法。

三、何去何从

大学生有机会转专业确实体现了学校对大学生权力与自由的尊重，较好地促进了大学个性的发展，也有利于高等教育自身的不断完善，但是如果缺乏对学生的合理指导，只是一味强调学习自由，就会误导学生，以为只要专业兴趣不高或者学习不适应就只有转专业一条路可选。这样很容易造成学生蜂拥申请转专业的混乱局面，既不利于管理，亦歪曲了转专业的真正意义。大学生必须充分意识到转专业不是“万能药”，更不是解决包括专业兴趣低下在内的学业问题的救命稻草。与其动辄用转专业来逃避问题倒不如从自身角度寻找问题根源，治标更治本。笔者认为，对于具有转专业倾向的学生，继续在现有专业上的学习应当是一种更合适的选择，如果轻易改变专业，可能并不会选择到适合自己的专业，并丧失一些受用终身的宝贵品质的培养机会，诸如吃苦耐劳、坚强、勇敢、不断进取等。唯有培养学生对该专业的认同感，以及提高对该专业的兴趣才能既治标又治本。

第二节　医学生专业学习兴趣

一、医学生当前学习状态

通过多300名医学生进行问卷调查，220位学生中自愿学医者有122人，占55.5%，不愿意学医者有98人，占44.5%。通过两年学习，学生对学医的态度多数发生了变化。其中，由不愿意学医变为愿意学医者78人（占35.5%），但同时也有65人（占29.5%）由愿意学医变为不愿意学医者。经过两年的专业学习，65%的学生学习态度发生了转变。在调查医学生学习态度由不愿意学医转化为愿意学医的促进因素中，“既然选择了学医就好好学，随遇而安”“在学习过程中逐渐对所选择的专业产生兴趣”和“对医生职业热爱加深”三项因素所占比例基本一致。此外还有一部分学生学习态度的转变是受家庭教育、社会环境和老师正面引导的影响。但与此同时，调查结果也显示，愿意学习医学专业的学生转变为不愿意学医的医学生的比例高达29.5%。促使学生学习意愿由愿意学医向不愿意学医转化的因素中，医生职业就业率逐渐下降、进三甲医院难度逐渐增大、医患关系的日益恶化和在校学习压力大四项所占比例最大。

由以上调查结果可以看出，大多数同学的思想状态都是比较稳定的，并保持良好的学习状态，并且在学习过程中，有很多同学的学习兴趣和专业认同度有所提高。但仍有一部分同学没有稳定的专业思想，不愿学医，甚至排斥、厌恶学医，想按照自己的兴趣与学习意愿重新选择专业。而在不愿意学习医学专业的同学中，城市同学的比例远远大于农村同学。导致这一现象的原因主要是：①在学医的整个学习生涯中，学习任务重、学习压力大，而城市同学吃苦耐劳的精神不如农村同学，在此种情况下，城市同学更容易产生放弃学习当前专业的念头。②随时间的推移，高年级同学相对于低年级同学来讲，学医兴趣有所提高。但对现学专业仍不认同，想重新选择专业的学生比例也较高，形成了两极分化的局面。调查统计结果显示，目前在校医学生大多数专业思想已基本稳定，并且随着接受医学教育的时间的延长，有兴趣得以提高的倾向。但仍有相当数量的医学生专业思想还不稳定，或始终不喜欢，甚至越来越不喜欢学习医学，并准备重新选择专业，一心想着改变自己的职业生涯，放弃从医。医学生专业兴趣缺失和专业认同度低已经是影响学生学习状态以及其长远发展的主要因素。据调查，在一些高校中，因不喜欢所学专业而厌学的学生比例达40%。许多大学新生在入学后才发现对自己所学专业并不感兴趣，甚至不认同，从而导致了失望、沮丧、压抑、自暴自弃等负面情绪，继而出现各种心理问题和学业问题，比如厌学、无所事事、沉溺于网络游戏或其他与专业知识无关的活动等，对所学专业完全缺乏兴趣，最后导致不能顺利完成学业。

二、学生专业兴趣缺乏的主要原因

（1）有许多学生在入学前由于高考没有发挥好，没有考上自己理想的专业而被迫接受专业调剂。

（2）有的学生从小习惯于听从父母或老师的意见，或者是在高考选择专业时盲目地选择了某个专业，上大学经过一段时间的学习后，感觉学医枯燥乏味、医学课程繁重，目前医学本科所需学习课程近 30 门，除了周末，每天上下午都排满了课，课余时间也必须用于复习当天的上课内容以及预习第二天的课程才能保证掌握所学知识。而医学上的很多课程，如人体解剖学、外科学、内科学、生物化学、病理学等学科，都是内容多、实践性强的学科，需要花大量的时间和精力去理解、记忆、熟悉，才能建立起属于自己的知识框架。即便如此，还是会经常出现背了忘和不理解的情况。因此，没有坚定的信念和浓厚的兴趣是难以支持这样过程长、任务重的学习的。

（3）有些学生即使如愿选择了自己理想的专业却并不了解所选专业的具体情况，进入大学学习后可能因为对该专业的教师上课风格、教学计划、教学设备、课程设置等因素不满意而对所学专业丧失兴趣。尤其是医学专业，课程量非常大，且课程学习内容比较难，临床医学专业涉及的课程从基础学科物理学、化学、生物学，一直学到解剖学、病理学、诊断学、内科学、外科学等很多课程，每一门课程都有大量的知识点需要记忆和理解，稍微哪一门没有学好，就可能导致后面的学习无法继续。

三、如何提高医学生的专业兴趣度

1. 医学教育工作者对医学生进行积极的思想引导

医学教育工作者要在医学生的整个学习过程中不断地给予学生积极的引导。因为医学生入学时思想还不十分成熟，有很多想法尚未固定。

（1）医学教育工作者应在各种教学活动中，在向学生传授各种知识的同时，注意对他们进行专业学习动机、学习目的、学习态度等方面的素质教育。医学生在选择自己的专业时对所学专业还仅仅停留在表面认识，对所学专业缺乏深度了解。为了让学生有稳定的专业思想，增强学生的专业荣誉感，同时用榜样的力量感染和激发学生树立崇高的职业理想，在医学生的整个学习过程中，医学教育工作者更应该以自身的人格魅力去影响和激发学生学医的激情和使命感，引导他们将社会需要、社会目标和医务工作崇高的职业责任与工作意义内化为个人的学习动力，迸发努力学习、乐于奉献、不畏艰难、勇于探索的学习热情，让学生能够坚持最初的理想，顺利地奔向行医的道路。

（2）不断改进教学方法和改善教学设备，用正确、新颖的教学方法吸引医学生，提高他们的学习兴趣。例如以临床问题为中心的教学，学生可主动参与教学过程；或者在学生见习前结合书本知识准备好典型病例，在教师的引导下，使学生形成自己的诊断意见以及治疗方案，使教学过程尽可能地生动、有趣，富有吸引力，同时，通过让学生多参与科研课题等途径，充分激发医学生“探索医学知识”的内在学习动机，使他们在医学学习过程中遇到困难、接受挑战时有更明确的目标，有更强大的动力，使内在学习动机得到充分的强化。

（3）教师在日常工作中和与同事、病人、学生的交往中表现出的价值观和乐于从事医学工作的态度将从正面激发学生的学习积极性，对学生进行积极正面的职业生涯规划引导，从多个方面稳定学生的专业思想。

（4）注意内部动机和外部动机的互补和结合。对于医学生来讲，表扬、鼓励多于批评、指责可以更好地激发学生的学习动机。还可以运用诸如“赢得父母欢心”“给老师好印象”“争取同学中的优越地位”“得到更多的锻炼机会”“获得奖励”这样一些外部动机。

2. 帮助学生认清自己，了解专业，激发专业兴趣

（1）运用科学的个性测试、心理辅导和职业咨询等手段来清楚地认识自己。

专业选择与个性心理特征息息相关，不同类型的专业对心理素质和个性能力特征都有不同的要求。医学教育工作者，要注重培养学生与之相适应的心理素质并帮助学生认识到自己个性的长处与短处。具体来讲，可以借用科学的个性测试、心理辅导和职业咨询等手段来了解学生并且帮助学生充分认识自己，明确自己的优势以及如何在本专业中发挥自己的优势，或者帮助学生培养具备本专业需要的一些基本条件。这些工作的完成可以充分激发学生对所选专业的兴趣。

（2）注重寻找缺乏专业兴趣的其他原因

一方面教育者可以对缺乏专业兴趣的学生及时予以辅导，帮助他们认清所在专业的发展现状与职业前景，发现专业优势与自身发展的目标所在，另一方面指导他们解决除此之外的其他问题诸如与同学或老师之间的人际交往问题。

（3）深入开展与专业课相关知识的介绍活动

大学新生在心理上尚未成熟，专业思想尚不稳固，具有极大的可塑性。教学管理干部、学生辅导员和专业课教师可以发挥较大作用，加强专业思想教育及医学专业介绍。

（4）使医学生尽早接触未来工作环境

可通过开展早期临床的活动，让医学生在没学习临床课程时即开始职业体验。

比如利用假期到社区进行卫生保健知识宣讲，到医院做义工，进行导医服务等，可以培养他们的职业自豪感和职业责任感，使学生的理论知识能更紧密地与临床实际相结合。可以增加见习时间及临床学习机会，在见习后期要求学生开医嘱、处方，锻炼学生分析问题、解决问题的能力；参加手术和疾病的诊治过程，增加学生的参与意识与动手机会从而提高其对医学的兴趣，产生学习的内在动机。

（5）加强关于医学生三年规范化培训的认识

医学生普遍认为三年规培时间过长。希望国家在动态发展过程中能够完善规培制度，在尽可能提高医者专业技能的同时让所有医学生都看到一个光明的未来。对此，教育工作者应当适时关注并指导学生关于此方面的问题探讨。

(6) 医学生的考研重视度

医学生对考研非常重视，可以从考研角度激发学生的学习兴趣，通过考研为学生树立长远的学习目标，激发学生的内在学习动机，提高学生对所学专业的兴趣。

第三节　不忘初心，回忆当时入学动机

一、医学生选择学医的动机

通过对川北医学院临床医学系 2013 级大三本科生的学医动机的调查问卷分析了解到：

(1) 希望掌握一技之长。(占 79.8%)

(2) 考虑将来就业机会。(占 48%)

(3) 仰慕医生的社会地位。(占 39.8%)

(4) 个性适合做医生。(占 39.7%)

(5) 父母的愿望。(占 32.8%)

(6) 对医学强烈的兴趣。(占 27.8%)

(7) 高考成绩限定。(占 20.8%)

(8) 其他。(占 20%)

统计结果显示：排在前几位的入学动机都与毕业后进入社会具备的生存竞争能力有关。医学生专业选择表现为以客观需要为主，内在动机和主观需要为辅的模式。同时，父母的意见也是重要的影响因素。

医学科学的性质和医学工作的特殊性决定了人们对医生这个职业角色的素质和能力的要求很高，以及对医生的培养训练之严格。因而，医学学习的过程、医生成长的过程也是相当艰苦的。在医学生的学习过程中，要始终保持积极进取的状态，不断克服各种困难和干扰，圆满完成学业，对于所学专业的认同感和兴趣至关重要。

二、医学生专业认同度的影响因素

影响大学生专业认同程度的因素，主要涉及两大方面：一是客观外部因素，二是主观内部因素。

1. 客观外部因素

(1) 就业前景

多数学者认为专业的就业前景是影响高校学生专业认同的主要因素。相关研究显示，就业率高的专业其专业认同程度显著高于就业率低的专业。近年来，由于国家对医疗卫生人才的大量需求，医学毕业生良好的就业形势以及就业前景便成了考生选择医学专业的主要原因。大学生非常关注所学专业能否实现自身价值、能否实现自己的理想、能否对自身能力提高有帮助、该专业是否吸引自己等相关问题。

（2）学校因素

医学生专业认同程度可能受到所在学校层次和专业学习条件的影响，专业学习条件较好自然容易使大学生产生更高的认同感，较差的专业学习条件则会使认同感降低。专业条件既包括学校的硬件设施，也包括软环境，比如学习氛围、师资力量、人际关系、教学方式、课程设置等。这些因素的好坏，都可能会对专业情感的好恶产生影响。

（3）专业志愿选择

研究发现，在专业志愿选择上，自主选择组的专业认同程度显著高于配合父母意愿和调剂组。可能自主选择专业志愿的医学生在情感上更喜欢该专业，或觉得自己更适合该专业，所以在行为上更努力；同时自主选择也可能使学生意识到责任感和选择的代价，所以更愿意在情感和行为上积极表现。

（4）学习成绩

学习成绩较好组的医学生的专业认同程度要高于成绩一般组，而成绩一般组要高于成绩较差组。成绩好的大学生在行为上更努力，自我评价更适合该专业，所以成绩与认同程度有关系。这是个多循环反复的过程，成绩差可能导致认同程度低，认同程度低导致行为上更加消极，从而导致成绩更差。

（5）医患关系紧张

随着当代媒体对医患关系不良事件的频繁报道，让医学生对自己未来的职业发展前景开始担忧甚至失去信心。认为学医职业风险高，容易迷失思想方向，不知道如何实现人生价值，也是导致医学生对所学专业逐渐失去专业认同感的原因之一。

2. 主观内部因素

影响大学生专业认同的内部因素主要包括性别、人格特质等。根据研究，对于医学类大学生，性别因素与专业认同之间不具有显著相关性。由于医学专业不像护理等专业对从业人员性别有明显的倾向性，当今社会对男医生或女医生的接受程度并无明显差别，因此医学生一般不会因为性别产生专业认同上的差异。人格会影响个体处理事物的方法，影响其在工作中与他人的沟通方式，并促进其形成个体独特的行为表现方式。因此人格类型的不同将会影响医学生对专业、工作性质的理解。国外的一些研究认为，某些人格特质或人格类型与某些工作之间存在着匹配关系，员工对工作的满意度和流动的倾向性，取决于个体的人格与职业环境的匹配程度。总体来说，在人格特质上，开放性高、宜人性高和严谨性高的学生群体的专业认同感显著地高于开放性低、宜人性低和严谨性低的学生群体。由于前者更易于把握学习机会，利用专业资源，并且这类学生多表现为人际关系融洽，易于获取专业信息，学习成绩和专业水平也更好。

三、提高医学生专业认同度的对策

1. 提高医学生对待所学专业的认知水平

树立正确的就业观，抛弃盲目的择业观。勿忘医学生的誓言：“我志愿献身医学，热爱祖国，忠于人民，恪守医德，尊师守纪，刻苦钻研，孜孜不倦，精益求精，全面发展。我决心竭尽全力除人类之病痛，助健康之完美，维护医术的圣洁和荣誉。救死扶伤，不辞艰辛，执着追求，为祖国医药卫生事业的发展和人类身心健康奋斗终生!”

2. 加强专业条件建设

专业的学习条件影响着学生专业认同程度，因此，必须从加强医学专业的硬件与软件方面同时着手。如加强专业设施建设，完善学生管理制度和质量监控制度，根据社会与专业发展的需求不断修订培养目标和培养方案，加强师资队伍建设，改善教学方式方法，优化课程设置，营造良好的医学教育氛围等。作为具有较强实践性的学科门类，学校还必须为医学生创造多样、充分的专业实践机会，为医学生的专业学习提供良好的学习条件和学习环境，通过改善专业学习条件，有效提高医学生对医学专业乃至医学院校的认同度。

3. 加强专业适应教育

医学生入学后，在学习的不同时期，可能对专业产生不良的情绪。如入学后与原想法出现不符时的失落，学习碰到困难时的疑惑，毕业前的迷惘等，都会影响专业认同度。入学初期，学校应针对部分新生可能会由于医学专业并非自己心目中的理想专业而产生的消极情绪，通过各种途径深入了解新生的具体情况，及时加强专业指导教育，科学合理地分析具体专业的发展前景，提高医学生对专业的认识；在教学过程中，针对医学专业知识容量大、学习压力大、学生容易出现学习倦怠的情况，教师应注意培养其专业情感，关注医学生的情绪变化，及时沟通、疏导；毕业前期，学校应该加强对医学生职业决策的指导，加强职业测评教育，引导学生正确认识自身特点，合理进行科学的职业决择。

4. 关注学生的发展特点

关注学生的发展特点，包括学生发展的共性特点和个性特点。根据学生不同的学习阶段的共性特点进行集中或普及性的辅导，重点在于提高专业学习行为的积极性和持续性，避免因为专业认同度低而导致学习倦怠和松懈。另外，教育家叶圣陶说：“教育是农业，不是工业。”每个学生的家庭背景、性格特点、学习能力都不一样，不可能用固定统一的方式方法进行教育，应根据学生的具体实际情况进行针对性的教育，培养其专业兴趣，增强其专业情感。针对医学生的专业认同的研究越来越受到学者的重视，通过社会、学校、学生家庭和学生本身的努力，可有效提高医学生的专业认同度，促进学生的学习积极性，从而有利于医学生的成长、成才。

参考文献：

[1] 徐琳，唐晨，钱静，等. 大学生专业兴趣度与转专业倾向及行为的关系 [J]. 心理研究，2011 (4).

[2] 陈艳. 对大学生改转专业行为的利弊分析和对策 [J]. 文教资料，2007 (14).

[3] 王珊珊，郑晓峰. 论大学生转专业原因利弊及改进 [J]. 企业家天地下半月刊 (理论版)，2008 (10).

[4] 殷晓丽，郭立，门寒隽，等. 医学生医学专业精神培养探析 [J]. 中国高等医学教育，2010 (1).

[5] 李红，方爱珍. 医学类专业大学生职业发展与就业指导［M］. 北京：高等教育出版社，2008.

[6] 罗曼莉，刘云波. 大学生专业承诺与生活满意度的研究［J］. 黑龙江高教研究，2008（1）.

第六章　群雄逐鹿——综合素质测评

第一节　综合素质测评的目的、原则和内容

一、综合素质及综合素质测评的概念

所谓综合素质，是指一个人同时具备相互协调、共同作用的能够满足自身和社会发展需要的多种素质的总称。大学生综合素质是指大学生的思想道德素质、专业素质、创新能力素质、人文素质和身心素质。这种素质是建立在自然特质的基础之上的，通过社会环境的影响、教育学习以及社会实践而形成的相对稳定的属性。大学生综合素质测评是指在马克思主义理论指导下运用科学的调查和研究方法对大学生在日常学习、生活、工作中的各种表现情况进行收集、整理和提炼，对照科学的参考值，得出的该生以五大基本素质为基础的综合素质的总体评价。

二、综合素质测评的目的

1. 直接目的

直接目的是提高大学生对自身综合素质表现出的综合能力的重视。大学生综合素质测评从大学生的思想道德素质、专业素质、创新能力素质、人文素质和身心素质五大素质出发，参考国家下发的各学科教学大纲要求，结合第二课堂实践内容，系统制定切合大学生实际能力的大学生综合素质测评标准。每个测评版块的标准下都有一系列的小项目标准，通过对比得出的相应分数其实就是对大学生各种素质在实际学习、生活、工作中表现出的各种能力的测评。把大学生的各种能力进行量化，使大学生能够对自身能力的长短处一目了然，势必提高大学生对提高自身综合能力的重视。

2. 根本目的

根本目的是提高大学生对社会发展所需人才的综合能力的重视。大学生综合测评的标准是与时俱进的，始终处于动态中。这一标准的制定的最终目标是培养出我国社会主义现代化建设所需的复合型人才。在制定综合测评标准的同时更参考了社会进步、国家发展所需人才具备的种种能力要求。因此，通过综合测评能够传递给大学生社会需要什么素质，需要具备何种能力的人才，即具备何种素质、何种能力的人才才能在社会中更

具竞争力。

三、综合素质测评的基本原则

1. 阶级性

在全球化的背景下，我国与世界各国在政治、经济、文化、外交等多方面的交往更加密切。但是，西方资本主义从未放弃过对中国这个社会主义核心稳定力量的东方大国的觊觎。他们用普世思想麻痹人们的头脑，特别是在我国进行社会主义市场经济建设取得举世瞩目成就的今天，很多人被“市场经济”这个源于西方经济学的名词吸引甚至迷惑，认为西方资本主义能带来种种利益。再加上网络迅猛发展，西方资本主义思想宣传更加方便自由，这导致人们放松了对资本主义的警惕。我们培养的大学生是未来社会主义事业的接班人和建设者，需要具备高度的政治觉悟和较强的政治分辨力。但是，大学生处于青春期，世界观、人生观、价值观尚不成熟，对事物真伪的判断力还很弱，这就需要对大学生综合素质测评这个涉及大学生表现的方方面面和广泛得到大学生认可的测评体系进行阶级定性。

2. 导向性

改革开放近四十年，我国社会主义市场经济飞速发展，人民生活水平、国际综合地位均有显著提高。鉴于此，我国适时提出“两个百年”的奋斗目标，在激励国人众志成城为国家发展做贡献的同时更对当代大学生的成长成才提出紧迫而切实的要求。即我国社会主义现代化建设急缺朝气蓬勃、奋发图强、专业过硬、道德高尚的优秀人才。因此，作为社会主义现代化建设人才的主要培养单位——大学，有责任、有义务以社会、国家、民族发展需要为导向培养高素质人才。这就需要大学生综合素质测评必须以社会、国家、民族发展的需要为原则制定综合测评的内容，让大学生通过综合素质测评的具体内容明确我们社会主义国家对人才需求的具体要求，引起大学生的广泛重视，理解大学生培养目标的制定原因，明确自身肩负的历史重任。

3. 客观性

实事求是、一切从大学生实际情况出发，是大学生综合素质测评必须遵循的基本原则之一。综合素质测评的内容源于大学生日常生活、学习、工作的具体内容，对大量的、种类纷繁的诸多活动内容进行分类，不能有超过大学生实际情况、实际能力的测评标准。同时，要确保大学生参与测评的成绩、奖项、活动记录等真实可信，杜绝以次充好、谎报名目、编造成果等违规造假现象。一切从大学生客观实际出发，以客观材料为依据，结合大学生专业特色、地域特点，制定综合测评具体细则，客观、公正地反映大学生各项素质、各项能力的现状。

4. 全面性

大学生综合素质测评的直接目的是提高大学生对自身综合素质表现出的综合能力的重视。“综合”二字是对大学生各种积极健康素质的高度概括。这要求在进行大学生综合素质测评内容制定时既要有全局观和总领性，又要兼顾大学生个性才能的发挥，即从大处着眼，小处落手，全面反映大学生学习、工作、生活的多方位素质。同时，这种测评内容的制定，并不是对大学生多种素质要事无巨细、一览无遗地收入，而是抓住重点，根据综合素质测评的导向性要求提炼制定综合素质测评的具体内容。

5. 前瞻性

社会在不断发展，综合测评的具体内容也在发展变化中，为了使大学培养的人才能够更好地适应社会，必须在对社会发展总体态势有正确理解的基础上，科学预测社会发展所需要的人才素质的方向，根据社会发展需要、大学生综合素质的现实制订综合素质测评的具体内容，使综合素质测评既忠于现实又能反映未来的发展需要。

四、综合素质测评的内容

1. 思想道德素质

思想道德素质是大学生综合素质的核心素质，具体包括思想素质和道德素质。思想素质是指人的思想境界和思想水平，主要体现于世界观、人生观、价值观的内容与取向。在思想素质的具体要求中，我们将思想政治素质的培养放在第一位。马克思在其人的全面发展理论中强调全面发展的人是精神和身体、个体性和社会性都得到普遍、充分而自由发展的人。党的十八大报告中也多次提到“促进人的全面发展”。马克思更预言，人类的全面发展只有在共产主义社会才能得以实现。人类发展的最终目的是实现人类自身的全面发展。因此，在大学生培养中必须把思想政治素质的培养放在首要位置，必须坚持共产主义理想。道德素质是人们的道德认识和道德行为水平的综合反映，包含一个人的道德修养和道德情操，体现一个人的道德水平和道德风貌。道德的强大精神力量对建设社会主义政治、精神文明和物质文明都有巨大的促进作用。

2. 专业素质

我国大学教育就是培养具备一定专业知识的，拥有一定综合能力的，具有思想道德素质的高级人才。专业素质是大学生顺利就业、报效国家、实现自身价值的最基本素质。这一素质包括扎实的理论知识、熟练的操作技能以及在此基础上表现出的专业负责的态度，在所学专业领域有自己的专业见解并能付之于行动，深入专业、发展专业。

3. 创新能力素质

创新能力素质是一种能够利用现有的知识和物质在特定的环境中为满足自身和社会的需求而改造或创造新事物的能力。著名教育家陶行知先生在其《第一流教育家》一文中提出要培养具有“创造精神”和“开辟精神”的人才。当前，创新能力已经成为一个国家国际竞争力和国际地位最重要的决定因素。特别是在当前大学生就业形势逐日严峻的情况下，对大学生创新能力的培养，激发大学生潜在的创业能力越来越成为大学教育内容的重中之重。而这一素质也是大学生进入社会后能够超越领域、有所成效的必然要求。

4. 人文素质

人文素质是指人们在人文方面所具有的综合品质或达到的发展程度，包括人文知识、人文思想、人文方法和人文精神，其中人文精神是核心。人文知识是指人们在人文社会科学领域，如历史、哲学、文学、艺术、宗教、政治、法律等领域获得的知识；人文思想是支撑人文知识的基本理论和内在逻辑，具有较强的民族色彩、个性色彩和阶级意识形态等特点；人文方法是指人们通过人文思想获得人文知识运用的认识和实践方法；人文精神是指人文思想、人文方法体现出人们的世界观、人生观和价值观。我们通常说的民族精神、国家精神、时代精神从根本上说都是人文精神的具体体现。在大学生培养中，人文素质的培养是不可缺少的，人文素质是大学生与外界进行沟通的重要基础，更对大学生人生发展起到重要导航作用。从人文素质包含的四个方面的内容来看，对大学生人文素质的培养不是一朝一夕就能看到成效的，也不仅仅是大学教育才应该重视的内容，也是从包括家庭教育在内的学前教育、中小学教育、社会教育等的全方位、多层次的协作教育共同完成的。

5. 身心素质

身心素质包括身体素质和心理素质。身体素质是指人体肌肉活动的基本能力，是人体各器官系统的机能在肌肉工作中的综合反映。较好的身体素质是大学生完成学业、就业发展的基本前提。心理素质是指人们在思想和行为上表现出来的比较稳定的心理倾向、特征和能动性。当前，大学生中心理健康问题频频出现，自私利己、人际交往差、学习吃紧、偷拿盗抢、悲观厌世等情况屡屡发生。这些都是大学生心理不健康、心理素质低下的表现。世界公认的健康定义是由世界卫生组织提出的，身体没有疾病以及有良好的心理状态和社会适应能力。因此，大学生身心素质任何一方面出现问题都是不健康的表现。

第二节　综合素质测评的重要意义

一、综合素质测评的现实需要

1. “我”为什么参加综合素质测评

这个问题往往使大学生特别是低年级大学生产生疑惑，这个问题解答得好将打开大学生的心结，会增强大学生前进的动力，为大学生发展指明方向。相反，这个问题解决得不好会造成大学生对综合素质测评的误解和在一定程度上引起大学生的不理解甚至是反感。升入大学之后，一些大学生还延续中学时代的思维模式，认为学习是一切的主宰，另一些大学生意识到学习只是生活的一部分，大学还有更宽广的领域和更多种素质需要拓展和提高，而出现将学习放在次要地位的现象。专注学习错了吗？不是说大学是培养多种素质、培养个性能力的平台吗？专注搞活动错了吗？参加综合测评就是为了找到答案。大学生只有通过综合素质测评才能对照自身情况发现学习成绩、多种能力在综合素质中的比重，判断自身对学习和课外活动的时间的分配是否合理。

2. 用人单位对综合素质测评的重视

用人单位求贤若渴的心理我们都懂，但是用人单位对人才的需求是很理智的，不可能仅仅通过短暂的笔试或者面试决定是否录用应聘者，或者听取老师、家长的单方面推荐，还要更多地参考大学生综合素质测评结果。在校大学生的综合素质测评一般是一年一次，这样经过三次或者四次的综合测评，大学生综合素质的测评结果就相对稳定，用人单位可通过测评结果把握大学生综合素质的发展曲线。部分用人单位会根据自己对人才的特殊需求请学校协助对大学生某些素质比如组织与协调素质等进行单独测评，以获得最需要的人才。可以说，用人单位对在校大学生综合素质的测评是非常重视的，只有年年通过综合素质测评检测的优秀大学生才是用人单位青睐的。

3. 学校对综合素质测评的重视

大学生都知道进入大学之后，无论是加入中国共产党、参与大学生干部的选拔，还是参与各种荣誉的评选，优秀人才的推荐都需要有一个客观的、服众的参考依据。大学生综合素质测评是在校大学生普遍参加的一项考核，在参与人员范围上保证了测评结果的公正性；在综合素质测评内容上涵盖了大学生德、智、体、美、劳多方面参评元素，在参与测评内容上保证了测评结果的全面性。在双重机制的保证下，综合测评结果基本上反映了大学生综合素质水平，为学校的各种筛选与考评提供了相对科学合理的依据。

二、影响大学生综合素质的原因

1. 家庭教育

常言说，父母是孩子最初的老师。家庭教育是大学生成长中最先也是最基础更是影响最深的教育，特别是在心理教育方面，对大学生的影响是伴随终身的。一些大学生的家庭氛围和谐，父母豁达，这样家庭的大学生往往乐观、善良；一些大学生的家庭不孝敬老人，邻里矛盾尖锐，这样家庭的大学生往往孤僻、自私。还有一些特殊情况，比如父母有重大疾病，甚至孤儿家庭对大学生的成长也有重要影响。因此，家庭教育是大学生综合素质培养的基础，我们呼吁给予大学生夫妻和睦、尊老爱幼、邻里相帮的家庭成长环境。

2. 学校教育

大学生在学校教育过程中经历了学前教育、小学教育、中学教育直至高等教育，伴随大学生从幼儿、少年、青年的成长并经历与之对应的不同年龄阶段的生理、心理变化。可以说，学校教育凭借十余年的跨度成为大学生综合素质培养的关键时期，特别是高等教育时期，正是大学生心理极速变化的时期，表现为对自身能力提高的愿望和与外界交流的渴望。学校教育抓住大学生的求知心理，将大学生发展需要的综合素质通过课程设置反复锻炼以期提升。因此，学校教育是大学生综合素质培养的关键，必须建立促进大学生综合素质不断提高的教育机制。

3. 个体差异

用“因材施教”来解释个体差异的发展最恰当了。大学生成长环境和对知识的理解各有不同。大学生根据自身情况、兴趣爱好选择自己偏好的事物，只要是健康向上的都是应该鼓励的，个体差异很容易产生不同的创新创造力。因此，个体差异是大学生综合素质培养的点睛之笔。

三、如何让大学生重视综合素质测评

1. 建立系统的综合素质测评制度

要让大学生重视综合素质测评不是一朝一夕就能实现的，需要制定从学前教育到高等教育一整套系统的综合素质测评制度。让综合素质的概念深入家长、社会、学生的心里，让综合素质测评成为一种大众喜闻乐见的人才评选方式。要让大学生懂得综合测评并不是通过测评来人为地将大学生分类，而是让大学生客观、明了地认清自己综合素质发展状况以及与同龄人的差距，意识到社会需要大学生具备哪些素质。通过这些与大学生切身利益关系最密切的问题的解决，进一步吸引大学生对综合素质测评的重视。

2. 一以贯之的爱国主义教育

爱国主义教育是时代前进和号召广大青年奋勇向前的动力。众所周知，我国的社会主义现代化建设急需具有较高综合素质的人才，特别是“两个百年”的目标提出后，社会主义现代化建设更加紧锣密鼓地开展起来，大幅增加了对综合素质优秀的高级人才的需求。当代大学生正是高质量的综合素质人才的储备军。身为中华儿女定当肩负历史重任，报效祖国，让中华民族永远屹立于世界的东方。

3. 用人单位与高校的密切合作

步入大学之后，需要根据用人单位的具体要求有重点地强化和提升某些素质，以进入用人单位后更好地投入工作，发挥效能。这就需要高校与用人单位密切合作，针对对口的用人单位，高校根据用人单位实际工作需要制订大学生综合素质培养方案，也可聘请用人单位人员对大学生进行用人素质宣讲，加强大学生对综合素质的重视。

四、综合素质测评的现实意义

1. 对大学生综合素质的评价有利于找到自身优势与弱点

大学生综合素质测评目的是让大学生通过科学的测评体系了解自身的优势与弱点，甚至通过综合测评挖掘出内心深处的潜在问题。优势如何发扬，弱点如何克服，对于内心埋藏最深的隐患如何排除，这些都是大学生成长过程中必须面对的现实问题。

2. 明确国家与社会对大学生综合素质的要求

当前国际的竞争实质就是经济与科技的竞争，而经济与科技的竞争源于人才的竞争。早在 1999 年，中共中央、国务院在《关于深化教育改革全面推进素质教育》中指出，素质教育是“以提高国民素质为根本宗旨，以培养学生的创新精神和实践能力为重点，造就有理想、有道德、有文化、有纪律的德智体美等全面发展的社会的建设者和接班人”。无论是国家的发展与社会的进步都需要高素质人才。在国家发展与社会进步的总目标下提出了对各行各业人才综合素质的具体要求，这些要求进一步在大学生第一课堂教育与第二课堂教育中纷纷体现，细化为包括思想道德素质在内的五大板块的综合素质。所以，大学生在进行综合素质测评的同时不仅仅是明确自身综合素质的现状，更应进一步评估自身素质与国家和社会需要的距离有多远。

3. 为学校教学改革提供重要参考

大学生进行综合素质测评的内容包含第一课堂与第二课堂的所学内容，特别是第一课堂与第二课堂所包含的测评元素的设置比例和具体细节的取舍都是在国家指导、社会需要、用人单位建议以及同学们的反馈下不断修订与完善的，力求制订的综合测评体系满足多方面需求。教师可通过测评结果反思教学，进行因时制宜的教学改革，从而制订更能促进大学生成长、社会进步的教学方案。所以大学生综合素质测评为学校教学改革提供了重要的参考依据。

第三节　如何在综合素质测评中取得好成绩

一、好的学习与生活习惯的养成

1. 勤奋当先

老话说“房顶不会掉馅饼”“永远没有免费的午餐”。说的就是不劳动永远没有收获的道理。很多大学生也深深知道这一真理，甚至把“天道酬勤”立为座右铭。可是，真的把勤奋由口头落到行动上的大学生有多少呢？“言语上的巨人，行动上的矮子”，很多大学生发誓早起学英语，一直坚持下去的又有多少呢？当期末考试或英语过级考试没通过时，又一阵扼腕痛惜，悔不当初，结果又三分钟热血，长此以往，结果可以想象。试想，期末考试还有下一次，英语过级也有下一次，而人生呢？不是所有的一切都可以重来。很多机会看似还有下一次，比如考研，比如就业，实则你错过的这次很可能就是你人生中最关键的一次。一定要勤奋，自己应该做的事情决不推脱，自己订下的计划一定要完成。当你按照自己的计划一次又一次地取得理想成绩的时候，你就会越来越相信自己，就会品尝到勤奋带给你的满满收获，连连惊喜。

2. 阳光生活

大学生不能为取得理想分数而秉烛夜读，不能为了综合测评加分特意跑去敬老院扫地。这些类似表演的做法势必让你的内心越来越迷茫和混乱。要获得真实的综合素质的提高必须拥有阳光的生活态度，对父母、对师长、对社会怀有感恩之心，用真心推动自己前行，用善良感动他人。有一句描写人生的话说得好“为爱而生，携爱而行”。

二、高效的课堂学习

1. 认真听讲

从小学到大学，同学们已经在课堂听讲十几年。很多同学特别是对学习成绩自信的同学几乎无一例外地认为自己在课堂上是认真听讲的。“认真听讲”的含义是什么？这里强调的“认真听讲”是指除了能在课堂听讲时理解老师的讲解意图，更多的是将课前“探索预习”的成果与老师的讲解思路进行认真比对，看是否与自己的思路一致。有很多同学看到这里可能很诧异，我只是大一新生，对专业知识知之甚少，授课教师可是实战经验丰富的教授呀！我岂不是班门弄斧自讨苦吃？其实不然！我们常说每个人的思维角度是千差万别的，更何况是在今天这个知识与网络大爆炸的时代，很可能你的灵感来源就是这位大专家不熟悉甚至不知道的。所以，课堂认真听讲不能只止步于授课教师传授的知识，而是应开拓进取，不断发散思维，不断创新。

2. 反复复习

很多大学生对所学知识不求甚解，认为老师讲的听懂了，配合课后习题或者实验操作顺利过关就自以为学懂了讲授内容，好一些的就是将此前学习的知识穿线成网。实则不然，看似理解了知识其实只停留在知识表面。当然，如果你只想期末考试混个及格应该没问题。但是，真正能挖掘你的潜能，激发你小宇宙的就是通过反复不断地复习，发现知识的另一面。最终，能否像牛顿一样发现苹果中的万有引力，就看你的日常积累与修为。

三、必须充分利用第二课堂的学习

1. 第一课堂知识在第二课堂得到复习和拓展

第一课堂的学习时间是非常有限的，任课教师要满足几十人甚至几百人的全部学习的要求似乎强人所难。这就需要第二课堂的弥补。一个形象的比喻，第一课堂是树干，必须通过在第二课堂的实验、社会调查和实习，增添第一课堂这棵大树的树枝和树叶。通过第二课堂，大学生对第一课堂知识有更立体的认识，懂得第一课堂知识在某一领域为人类发展带来的益处，达到巩固第一课堂知识的目的；同时通过第二课堂活动的开展，拓展了第一课堂所学知识。

2. 第二课堂推动第一课堂内容的丰富

第二课堂是第一课堂学习的绝佳帮手。在第二课堂中，大学生运用第一课堂所学，进行知识运用，同时在实践过程中，会遇到新情况、新问题。当问题通过实践顺利解决就是将第一课堂知识进行巩固；如果解决不了，这些问题又会返回到第一课堂，任课教师再次讲解就是针对性的讲解，大大丰富了第一课堂的教学内容。这样，知识在第一课堂和第二课堂之间反复回转，书本知识得到巩固和深化，实践能力又因为反复的操作而得到较快的提升。

四、榜样的力量

1. 校园先锋榜样

很多同学怕比赛，怕输。找个身边榜样做参照有利于修正自己、提升自我。都是同学，有的居然还是校运动会 800 米冠军，居然还是班长，居然还是国家奖学金获得者。他们就是校园先锋榜样。“过程才是最享受的”，在与榜样的较量中找出自身不足，努力改正，不断前行。

2. 专业领域榜样

如果你是医学生，诺贝尔医学奖获得者屠呦呦是最佳选择；如果你是播音主持专业的学生，著名主持人杨澜也是不错的选择。这些名人不仅在本专业是成功的典范，更以出众的人品和社会责任感赢得世人的尊重。我们不仅要学习这些名人的专业功底，更要学习他们对社会、对国家承担的责任和义务。

3. 社会楷模榜样

大多数同学有个人的兴趣爱好和偶像，或是体育明星如姚明，或是电影明星如成龙，或是学习明星如俞敏洪，又如商业明星马云、马化腾等等。这些公众人物在自己的领域中甚至是凭借跨界的超强影响力感染着自己的粉丝，将自身的正能量传递给周围的人。大学生年龄尚轻，好奇心强，喜欢关注新事物，特别是与自己学习和生活环境不同领域的杰出代表更能吸引其注意力。同学们可以寻找不同的能引导自己、给自己向上力量、鼓励自己不断前行的社会楷模作为自身榜样。

4. 历史人物榜样

中华民族几千年的文化灿烂悠远，是世界四大文明古国中唯一没有出现文化断裂的国家。中华文化得以绵延数千年正是因为有诸多英雄、名医大家、智者勇士的坚守和传承，同学们可以根据自己的兴趣了解一些历史人物的成长背景和人生经历，对其进行综合评价后选择一两位作为激励自己前进的榜样。

参考文献：

[1] 贲国栋. 榜样的力量：优秀大学生成长成才案例精选［M］. 北京：中国文史出版社，2015.

[2] 廖桂芳. 大学生综合素质评价体系构建［M］. 成都：西南交通大学出版社，2015.

[3] 彭苏勉. 大学生综合素质与能力测评体系研究及系统实现［M］. 北京：中国经济出版社，2012.

[4] 李文诠. 大学生成长成才之路［M］. 天津：天津大学出版社，2011.

[5] 宁佳英. 大学生综合素质提升［M］. 广州：华南理工大学出版社，2010.

[6] 傅进军. 大学生活动论：素质教育背景下的大学课外教育［M］. 北京：科学出版社，2008.

第七章　拓宽视野——必不可少的第二课堂

第一节　为什么参加第二课堂活动

一、第二课堂的含义与特征

1. 含义

关于第二课堂的准确定义，我国教育界尚没有统一标准。“第二课堂”的概念最早是由著名教育家朱九思于 1983 年在其所著《高等学校管理》中提出的。他指出：“第二课堂是在教学计划之外，引导和组织学生开展的各种有意义的健康的课外活动。”有学者认为第二课堂就是指在第一课堂外的全部学习活动；还有学者将第二课堂定义为学校课堂教学以外，吸引广大学生自愿参加的有目的、有计划、有组织的各种教育活动。可以说，关于第二课堂的定义，目前尚没有公认的统一标准，至于对大学生第二课堂的界定更少之又少。笔者看来大学生第二课堂是指大学生第一课堂教育之外，能够对课堂教育进行深化和拓展，提高大学生综合素质的全部健康有益活动的总称。

2. 主要特征

（1）紧紧围绕课堂教学

大学生第二课堂是课堂教学的延伸并对课堂教学内容进行深化和拓展，具有实践课堂教学内容，提升课堂教学效果的重要功能。因此，第二课堂教学最主要的特征就是紧紧围绕课堂教学开展教育活动。

（2）大学生是第二课堂的主体

在我国沿袭数千年的传统教育模式中，课堂教学以老师为主体，注重教师的讲授，学生只是听讲，单向地接受，由此也给世人留下“学生会不会，全凭教师讲得好不好”的印象，这在无形中给授课教师很大的压力。事实上，课堂教学效果是由多方面因素影响的，不能只从教师单方面来评价教学效果。第二课堂的教育以大学生兴趣爱好为基础，充分调动大学生的学习积极性和主动性，形成和传统教学模式相反的状态，即大学生成为第二课堂的主体，教师在第二课堂处于指导和配合地位。

（3）第二课堂教育内容能够提升大学生综合素质

大学生综合素质是指：“大学生的思想道德素质、专业素质、创新能力素质、人文素质和身心素质。”第二课堂教育内容丰富多彩，形式多种多样。同学们通过参加乃至组织第二课堂教育活动，锻炼多种能力的同时使自身综合素质不断提升。

二、第二课堂的内容

早在1999年党中央、国务院颁布了《关于深化教育改革全面推进素质教育的决定》，指出“实施素质教育，必须把德育、智育、体育、美育等有机统一在教学活动的各个环节中。学校教育不仅要抓好智育，更要重视德育，还要加强体育、美育、劳动技术教育和社会实践，使诸方面教育相互渗透、协调发展，促进学生的全面发展和健康”。2004年中共中央、国务院下发了《关于进一步加强和改进大学生思想政治教育的意见》即16号文件，强调“以大学生全面发展为目标，深入进行素质教育”。《国家中长期教育改革与发展规划纲要（2010—2020年）》进一步指出：“牢固确立人才在高校工作中的中心地位，着力培养信念执着、品德优良、知识丰富、本领过硬的高素质专门人才和拔尖创新人才。”这对大学生综合素质提出了现实要求。《教育部关于全面提高高等教育质量的若干意见》强调：“全面实施素质教育，把促进人的全面发展和适应社会需要作为衡量人才培养水平的根本标准。建立健全符合国情的人才培养标准体系，落实文化知识学习和思想品德修养、创新思维和社会实践、全面发展和个性发展紧密结合的人才培养要求。”这明确了现阶段我国社会主义现代化建设对所需人才的要求，对大学生综合素质提出了更高的要求。

国家发展需要人才培养，社会主义事业进步需要人才推动。通过第二课堂教育的贯彻实施能够有效提高大学生的综合素质，促进大学生全面发展，使其成为优秀的国家建设者和社会主义事业进步的推动者。因此，第二课堂教育内容的设计就是从提高大学生思想道德素质、专业素质、创新能力素质、人文素质、身心素质五大方面入手。

1. 思想道德教育（大学生社会实践志愿者系列活动等）

大学生社会实践系列活动：从1996年开始，由中央宣传部、教育部、共青团中央等部委联合开展大学生利用暑假进行“文化、科技、卫生”下乡活动，意在提高大学生综合素质的社会实践活动。活动成员以志愿者的身份深入农村，传播先进文化和科技，体验基层民众生活，调研基层社会现状。通过一系列实践活动，提高大学生的社会实践能力和思想认识，同时更多地为基层群众服务。时至今日，大学生“三下乡”活动已成为各大高校锻炼学生社会实践能力的一种重要的常规性活动，也是考核大学生综合素质的重要指标。每年团中央、教育部、各省教育厅、各大高校对“三下乡”活动进行评选，有优秀团队奖、优秀组织奖、优秀指导教师奖项等。2016年6月我校临床医学系2013级志愿者服务队获得“全国三下乡优秀团队奖”，同时我校因为在全国“三下乡”活动中的出色宣传和组织，获团中央颁发的“全国三下乡优秀组织奖”。

义务支教系列活动：这里说的支教活动分为大支教和小支教。大支教指的是大学生志愿服务西部计划，由共青团中央、教育部、财政部、人力资源和社会保障部共同组织实施，按照公开招募、自愿报名、组织选拔、集中派遣的方式，招募普通高等学校应届毕业生，到西部贫困县的乡镇从事为期1~3年的教育、卫生、农技、扶贫等方面的志愿服务工作。志愿者服务期满后，政府鼓励其扎根基层，或者自主择业和流动就业，享受考研和考公务员优先录取政策。小支教指的是大学生利用寒暑假、上课以外的业余时间到基层开展科教、文体、法律、卫生等宣传工作。可以开展主题讲座，为小朋友补课，看望孤寡老人等，可以选择定点支持一个学校或地区，也可以视情况更换支持对象。在全国各大高校支教活动中，有的学校已经连续十几年支教某一学校并取得很好的社会效果。

志愿者服务系列活动：志愿者秉承着“互相帮助、助人自助”的志愿者精神，凭借自己的双手、头脑、知识、爱心开展各种志愿服务活动，帮助那些处于困难和危机中的人们。志愿精神的核心即服务。因此，凡是有志愿精神，能够用爱心为他人服务并不求回报的行为都可以称为志愿者行为。学校内外、国家上下都需要志愿者的志愿服务，比如2008年的奥运会，比如每年秋季开学迎接新生，我们都会看到忙碌的志愿者。志愿者服务一般是有常规组织的，如志愿者协会，也有根据临时任务需要而招募的。志愿者一般都需要经过报名、筛选、培训等阶段后才能正式上岗。

2. 专业素质教育

大学生科研立项系列活动：为了扩展大学生专业思维，增加学习兴趣，培养科研苗子，各大高校普遍开展大学生科研立项系列活动。活动包括前期动员、组织申报、后期总结等部分。高校大学生科研立项分为自然科学类和社会科学类。因为申报对象针对的是在校大学生，考虑到大学生的知识构成和社会阅历等因素，高校学生科研立项一般是立项表而非立项书，大大降低了申报难度，目的是吸引更多的大学生投入申报工作。在动员大学生申报时一是提供详细的通知和申报指南，二是各个院系根据自己所学专业实际情况请专业老师召开课题申报讲解会，详细指导大学生如何申报、如何选题、如何邀请指导老师指导及如何结题。每年都有大学生立项后将课题发展、完善向上一级部门继续申报，获得更高级别的荣誉。科研立项活动是对大学生创新思维的培养，也在一定程度上奠定了大学生的科研基础。

3. 创新能力教育

创新创业教育课：创新能力是一种利用现有的知识和物质，在特定的环境中，本着理想化需要，或为满足社会需求而改进或创造新的事物，并能获得一定效果的行为能力。2016年开始所有高校都开设创新创业教育必修课和选修课，大学生可以从课堂和实践教学中培养创新能力和学习创业知识，通过入门的学习掌握一定创业信息，更重要的是激发自身潜在的创新能力。

创新创业俱乐部系列活动：创新创业教育实践基地。在创新创业课堂学习后，很多感兴趣的同学可以加入创新创业俱乐部。这里有专门的教师指导和师兄师姐帮助。通过俱乐部的平台，同学们可以结交全校、兄弟院校志趣相投、共同创新创业的伙伴，大家讨论项目，共同应对创新创业过程中遇到的困难。

挑战杯：挑战杯是全国大学生系列科技学术竞赛的简称，是由共青团中央、中国科协、教育部和全国学联、地方省级人民政府共同主办的全国性的大学生课外学术科技创业类竞赛，承办高校为国内著名大学。“挑战杯”竞赛在中国共有两个并列项目，一个是“挑战杯”中国大学生创业计划竞赛，另一个则是“挑战杯”全国大学生课外学术科技作品竞赛。这两个项目的全国竞赛轮流开展，每个项目每两年举办一届。“挑战杯”系列竞赛被誉为中国大学生科技创新创业的“奥林匹克”盛会，是目前国内大学生最关注、最热门的全国性竞赛，也是全国最具代表性、权威性、示范性、导向性的大学生竞赛。时至今日，“挑战杯”已经成功举行了十四届。大学生可以将作品上报到学校，学校组织评审择优后推荐参加省级和国家级比赛。

4. 人文素养教育

大学生艺术节：大学生艺术节是大学生展示自我才能才艺、精神风貌，展现当代大学生朝气蓬勃、奋发图强的精神面貌舞台。只要你的才艺向真、向善、向美、向上，弘扬中华民族传统美德，爱国、爱家、爱社会，就都可以报名参加。比赛有校级，有省级，也有国家级的，一般是从校级开始择优向上级部门推荐。大学生艺术节具体比赛项目根据实际需要有所调整但大体包括以下内容：声乐、器乐、舞蹈、戏剧、绘画、书法、篆刻、摄影、设计、微电影、诗歌、朗诵、武术、魔术、主持等。

红歌会：缅怀革命先烈，珍惜幸福生活的大学生爱国主义教育，通常是百人以上的集体大合唱，同时也是对大学生凝聚人心、团队协作的一次大检验。一般在新生入校或者重大节日时进行。

五四表彰：广大共青团员被称为“五月的花海”，每年“五四”青年节，校团委会对一年来全校在团工作表现突出的先进集体和个人进行表彰。在学校表彰的基础上还有团市委、团省委、团中央的表彰。

年终表彰：每年年终院系学生会、校学生会都会对一年来的工作进行总结，评选出优秀个人和部门，肯定大学生干部的同时鼓励大学生干部多为同学工作，树立为同学服务的思想，在工作中锻炼自身能力，提高自身综合素质。

5. 身心健康教育

大学生心理健康教育：2011年教育部下发《普通高等院校学生心理健康教育课程教学基本要求》，随后，高校普遍开展大学生心理健康教育课程，有必修课和选修课。此门课程内设心理健康普查、性格测试、情绪控制方法等多种贴近大学生生活又为大学生喜欢的内容。

心理咨询员培训：每年大学新生入校后，学校会组织、宣传，有兴趣的同学可自愿报名参加的免费培训，旨在培养心理健康义务宣传员和咨询员，培养为同学们服务、为广大群众服务的奉献精神。通过课余时间的短期培训，培训者可初步掌握心理咨询的基本方法，学会对广大同学心理健康的观测，及时掌握广大同学的心理健康状况。

大学生运动会：大学生运动会有别于中小学运动会，不只是运动项目的增多，运动成绩的提高，更是大学生对运动精神的深层领悟。“更快、更高、更强”的奥运精神其实就是大学生在参加体育比赛中超越自我、勇于拼搏的写照，更要将这种不服输、不气馁的顽强精神注入日常生活、学习中去。除校级大学生运动会外，还有市级、省级、国家级和世界大学生运动会。

广播体操比赛：一年一度的广播体操比赛是考验学生吃苦耐劳精神和集体主义精神

的大好时机。升入大学后，很多同学误以为大学是玩乐的世界、自由的天堂，从而放松对自己的要求，出现上课迟到、旷课种种不守纪律的现象。透过这些现象看到的本质是，大学生缺乏自我约束力，缺少集体荣誉感。广播操比赛就是大学生同自己的弱点做斗争，培养集体主义精神的有效方式之一。

三、第一课堂与第二课堂的关系

1. 第一课堂是理论基础，决定第二课堂的方向和内容

教师、书本、学生构成了传统的教学模式。教师通过第一课堂在有限的时间内将教学计划、教学大纲、书本规定的专业知识讲授给学生。而第一课堂的授课内容是经过本专业的专家、学者历经数十年、上百年甚至更久的历史验证的科学成果，是本专业最基础、最精华、最根本的理论知识总结。这些理论知识构成本学科的知识框架，决定了本学科的理论基础和发展方向，同时决定了第二课堂的方向和内容是为第一课堂服务，大学生第一课堂的理论与第二课堂的实践，以指导实践的开展。

2. 第二课堂是第一课堂的延伸和深化，提高第一课堂的效率

常言道："纸上得来终觉浅，觉知此事要躬行。"因为第一课堂时间紧张，授课内容过于紧凑，且纯粹理论的知识对于处于青少年时期的大学生而言过于单调，这就影响了课堂授课的效果，因此第一课堂需要通过第二课堂来延伸和深化。且传统的教育模式单一，表现形式是"一对众"的授课方式，授课教师是主导，无法关注到大学生的个性发展。而在第二课堂中，大学生是课堂主体，有更多机会来发挥主动性和创造性，打破了第一课堂教学的局限，使大学生更多地拓展思维、发挥想象力，将第一课堂所学灵活运用，使自身能力得到充分发挥，以实践行动增强第一课堂的学习效果，提高第一课堂的学习效率。

四、第二课堂的不足

1. 第二课堂规范性需要进一步加强

（1）制度规范性

大学生第二课堂内容丰富、形式多样，并随社会发展需要将会有更多的内容和形式出现，这需要对第二课堂从教学计划、教学内容、实施过程、教学效果验收等多方面制订切实可行的规章制度。这样不论是指导教师还是大学生都会有强烈的归属感、责任感，也有客观的约束力以督促指导教师的指导和大学生的学习。

（2）内容规范性

由于市场经济的影响，社会流行因素的驱动在一定程度上导致第二课堂内容发展不均衡。比如在大学生科研课题申报中创业项目的申报数量远远多于提高大学生道德修养项目的申报数量。这需要对大学生第二课堂内容进行引导和规范。

（3）宣传的规范性

大学生第二课堂的开展有系部层面、学校层面、省市层面、国家和国际层面。对第二课堂开展的宣传要规范，从中央到地方、从学校到系部，要保持宣传的及时和畅通，

同时要给大学生建立畅通的反馈渠道。比如有的大学生在开展第二课堂活动中遇到困难除了和指导教师沟通外没有第二渠道可反映情况，在一定程度上阻碍了第二课堂活动的有效开展。

2. 缺少责任心强的指导教师

第二课堂开展是在第一课堂之外，专业教师大多只顾及第一课堂教学，或者认为第二课堂不是分内之事，且需要占用自己更多的时间，就对学生的盛情邀请置之不理，或是流于形式，仅仅挂名没有实际的指导。这使得很多大学生将寻找指导教师的目光投向学工老师，而大量学生邀请也使学工老师应接不暇。因此，要使第二课堂有效开展需要大量责任心强的指导教师。

3. 缺少开展教第二课堂的保障机制

第二课堂教育的开展需要花费指导教师和学生的时间，需要必要的实践场地、设备，外出考察、交流等多种人力、物力、财力的消耗。这需要在制订第二课堂教学计划的同时，考虑到与第一课堂教学的时间和内容相协调；考虑到指导教师的课时计算和课时补贴；对大学生实践所需消耗的各种费用等都需要建立合理的保障机制。

第二节　第二课堂教育对“我”的重要意义

一、激发专业学习兴趣，拓展专业知识

传统的第一课堂教学模式单一：教师讲，学生听。在听的过程中教师既不知道自己是否讲清楚了，学生也不知道自己是否领会了教师讲授的意图，碍于课堂时间的有限和听讲人数的众多，学生即使对授课内容有不理解也不可能当场提出。而知识的学习都是环环相扣的，一旦学生对某一环节不理解，会直接影响接下来的学习效果。第一课堂教育是将专业理论知识在短时间内集中讲授给学生，学生得到的是本专业的“骨骼”，而专业知识的全面掌握需要覆盖“血肉之躯”，仅仅对理论知识的学习，学生无法对专业知识有立体的认识，长此以往，学生觉得学习枯燥无味，失去专业兴趣，教师也对自己的授课信心不足，至于学习的整体效果和在此基础上发展学科就无从谈起。第一课堂的种种缺憾在第二课堂中都可以得到弥补和延伸。在第二课堂中，学生就第一课堂不懂的知识可以向指导教师请教，对第一课堂感兴趣的问题可以发挥主观能动性深入探讨和研究，在指导老师的指导下，学生既复习了第一课堂所学，又将专业知识应用到实践。这样理论与实践紧密结合，学生懂得课堂理论在指导实践中的重要意义和实践对促进理论的理解和运用中的重要价值。理论的学习必须通过实践才能达到认识事物、改造事物的最终目的。大学生在实践中运用理论，以实践促进理论的学习，从而提高专业学习的兴趣。

二、增强动手能力，培养创新思维及促进个性发展

受到我国长期偏重理论应试教育模式的影响，从小学到中学十几年的应试教育导致

学生、家长、社会已经形成重理论轻实践的思想。步入大学后，大学生中仍然普遍存在只注重理论知识的学习，忽视动手能力的培养的现象。众所周知，理论与实践是不可分割的，理论学习得再好也是“纸上谈兵”，必须经过实践的检验才能真正吃透理论，达到对专业知识的理解和掌握。特别是随着市场经济的发展，社会主义现代化建设需要更多的实践能手，越来越多的用人单位更看重大学生的实践动手能力。因为，只有实践才能为公司的发展带来财富，为社会的进步带来推动力；只有实践才能在检验理论时发现理论的不足，弥补和拓展理论。这一过程也就是我们常说的大学生创新思维的发掘和培养的过程。我国传统教育受到教学条件、师资力量等种种因素的限制，缺少对大学创新思维、个性发展的培养。在第二课堂中大学生通过尽早实践，不断实践，反复实践，在实践过程中对发现的新情况、新问题，发散思维运用所学知识结合理性分析，探寻解决实际问题的新思路、新方案，在获得解决问题新方法和破解难题喜悦的同时，大学生提高了自己独立解决问题的能力，增强了专业自信，逐渐养成了独立思考问题、解决问题的能力。这正是大学生离开学校后成功谋生的必备条件。

三、提升以沟通、组织、协调能力为基础的综合素质

我国高等教育的目的在于通过对大学生专业技能和思想道德的培养实现其德、智、体、美、劳全面发展，使之成为社会主义事业的建设者。因此，大学生在学校学习的同时更要注重专业知识以外的，必备的沟通、组织、协调能力的培养。大学生第二课堂为大学生多种能力的锻炼提供了绝佳的平台。大学生是第二课堂活动的主体，为了把第二课堂建设得更好，内容更丰富，吸引更多的同伴来参与，需要从酝酿活动开始就寻找志同道合的同伴共同策划，寻求指导教师和学校的支持，在遇到学校无法提供的资源时，勇敢地走出校门，通过自荐、广告、网络等多种形式发动社会力量，这样与社会也有了初步的交流。接下来是对社会资源进行整合，在活动实施过程中，通过运用社会资源广泛宣传活动，引起社会共鸣，收获社会反响。大学生组织的活动也在社会资源的支持下走出校园，在社会大熔炉中与更多的兄弟院校、社会组织相互沟通、协作，拓宽视野，丰富思维。经过多次与社会沟通，大学生以沟通、组织、协调能力为基础的综合素质将得到显著提高。更重要的是，在此过程中大学生增强自信，为大学生毕业后顺利融入社会打下了良好基础。

四、增强团队凝聚力，收获志同道合的朋友

大学生通过开展第二课堂的实践活动，才能体会到：要想把活动开展好、工作做好，单靠个人力量是无法完成的，必须有为共同目标奋斗的团队力量。即个人的力量是微弱的，大家团结起来才会形成强大的力量。如何组织团队，如何协调好团队各位成员的工作让团队形成核心凝聚力并将这股力量保持下去甚至越来越强大，这都是大学生在第一课堂无法学到的知识和能力，而这些都是大学生步入社会后必须面对的挑战。第二课堂活动是按照大学生的兴趣爱好开设的，可由大学生直接提出方案召集具有相同目标的伙伴，相同的年纪、相同的经历、共同的理想让大学生走到一起，又有指导老师的专

业、物质、情感支持，大家团结协作，共同奋斗，通过努力最终完成任务。活动结束时，这些大学生也成了能够推心置腹、无话不谈的朋友，即大学生获得成功的同时也收获了纯真的友情。而大学生步入社会就会深刻感受到，自己当年的大学同学是自己从事专业发展的第一批坚实的人脉资源，也是在自己事业发展时随时能够提醒自己、鞭策自己前进的一面镜子。

五、提升思想道德修养，做道德高尚的大学生

我国进行改革开放以后，社会主义市场经济蓬勃发展，取得了巨大成就的同时，市场经济的弊端，特别是西方文化中崇尚个人主义的文化传统对大学生产生了极大的负面影响。大学生中产生一切向“钱”看的自私自利思想以及未做事先问回报的功利主义思想。当代大学生是我国社会主义事业的建设者，需要坚定社会主义方向，坚定共产主义信仰。全心全意为人民服务是社会主义现代化建设对大学生的基本要求，一个自私自利的人势必不能为他人服务，势必不会爱他人，就更不会热爱我们的国家和民族。所以，大学生在第二课堂中要想获得成功必须有较好的思想道德修养，通过反复的活动实践使自己的思想道德修养一步步提升，进而逐渐成为道德高尚的大学生。当前随着大学生就业压力的日益增大，具有一定专业技能的大学生数量的增加，用人单位更加看重的是大学生的道德品质。用人单位会对应聘人员进行心理测试，结合应聘人员的成长轨迹，判断应聘者的道德修养层次，以此来决定应聘人员的去留。大学生通过第二课堂的学习，不断提高思想道德修养，做道德高尚的大学生，为学业、事业、人生的成功奠定坚实的道德基础。

第三节　如何平衡第二课堂活动与专业学习

一、没有矛盾和冲突，只有智慧的权衡

很多大学生特别是低年级学生经常困惑一件事情就是如何平衡第二课堂活动和专业学习。大学新生入学后，专业课纷至沓来的同时第二课堂各种活动也纷纷展开，忙忙碌碌一学期下来才惊慌地发现，学习成绩不如中学时代，而第二课堂活动也没见有多大成效，甚至部分大学生埋怨起专业学习太难或是第二课堂占用了太多时间。于是，年轻气盛的大学生做出了冲动的选择：放弃第二课堂或者放弃部分公共课和专业课。这些冲动的决定显然都是不科学的，最终的结果或导致除了专业知识外对外界一无所知，或是造成专业基础薄弱无法顺利毕业。这些同学显然是将第二课堂和专业知识学习人为地对立起来。其实不然，第一课堂是理论基础，决定第二课堂的方向和内容；第二课堂是第一课堂的延伸和深化。第二课堂内容是从提高大学生的思想道德素质、专业素质、创新能力素质、人文素质和身心素质这五大素质出发而分门别类开展的。从第一课堂和第二课堂的关系就能看出，二者本质上是不冲突的，之所以低年级大学生会认为二者是对立

的，是因为只看到二者的表象，没有看到二者的本质联系，当意识到二者相同本质后，内心的疑惑自然会解开。

二、发自内心的兴趣爱好与专业学习所需的权衡

大学生第二课堂内容丰富多彩，特别是对大学新生而言，第二课堂极具吸引力。各种类别的比赛、多种主题的协会、多种目标的培训以及校外的各种招募，义务的、赚钱的种种活动蜂拥而至，刚刚脱离中学时代高压学习的大学生眼界大开，还没弄清楚各种活动的目的和意义，就迫不及待地参加。其实，大学专业学习是一切学习的基础，大学生必须在学好专业知识的基础上积极参加第二课堂活动巩固专业知识，开拓专业思想，锻炼五大基本素质。因此，大学新生入校后，可以通过对专业课程的设置内容和时间安排结合自身多年的兴趣对多种多样的第二课堂内容进行仔细筛选，以专业知识学习为基础，以发自内心的兴趣爱好为导向，听取老师的建议，选择适合自身专业学习又利于特长爱好发展的第二课堂内容。一旦选择了第二课堂方向，就要坚持到底，切忌虎头蛇尾，有头无尾，一定要有始有终，这样才能从第二课堂收获多多。

三、个人发展与团队、学校和社会需要的权衡

很多大学生入校后，面对种类繁多、主题各异的第二课堂，不知道如何选择。在选择第二课堂内容时，绝大多数同学是从自身兴趣爱好、选择内容发展现状、个人成长成才需要出发，很少有同学能站在全局的角度。社会在飞速进步，今天的大学生处在多媒体时代，特别是改革开放后，我国大力发展社会主义市场经济，西方资本主义通过东西方互通的市场经济将资本主义的种种弊端传入中国，影响着我国人民的生活方式甚至是价值观和信仰，以此来同化我们，诱惑我们。越是在这样的内外环境下，我们的大学生们越应将自己的个人发展和国家、社会的进步结合起来，用自身的努力和成绩为国家和社会的进步贡献力量。

参考文献：

[1] 龙希利. 大学生社团管理机制创新与实践探索［M］. 济南：山东人民出版社，2014.

[2] 谢相勋. 高校第二课堂活动研究［M］. 成都：四川大学出版社，2012.

[3] 伍德勤. 大学生社团活动的理论与实践［M］. 合肥：合肥工业大学出版社，2011.

[4] 贾匆匆. 高校第二课堂体系建设研究［J］. 青春岁月，2015（7）.

[5] 赵新宇. 高校第二课堂建设现状与发展对策研究［J］. 现代交际，2013（2）.

[6] 刘兵. 完善高校第二课堂培养模式研究［J］. 中国高等教育，2009（18）.

第八章　媒介运用——当代大学生媒介素养养成

随着我国三十余年改革开放进程的推进，经济社会得以迅速发展，人们生活水平得以大幅度提升。同时，由于世界经济全球化和区域经济一体化的发展，世界各个国家和地区日益成为联系紧密的整体。在这一系列过程中，互联网扮演着日益重要的角色。作为当代世界各个国家和地区日益重视的人才资源，大学生也成为各个国家和地区发展的中坚力量。这一群体的良好培育和发展影响着各个国家和地区的发展。随着互联网的快速普及，依托互联网作为介质的媒体也成为大学生密不可分的生活构成，影响着国家的方方面面。因而，在加强对当代大学生的培养过程中，务必要重视对当代大学生媒介素养的培养和教育，确保大学生良好发展，助推一个国家和地区的发展。

第一节　媒介素养和媒体素养的基本概念

媒介素养和媒体素养是当代大学生基本素养的重要构成。为了更好地了解媒介素养，首先务必对媒体素养有着整体把握和认识，确保在媒介素养的培养和教育上不出差错，不出问题。接下来，我们从媒介素养和媒体素养的概念上做概述，为更好地对大学生进行媒介素养培养教育做好准备。

一、媒介素养内涵

在对媒介素养内涵进行了解和学习之前，我们有必要对其中相关概念进行把握和理解。其一，“媒”。在人们日常接触且使用较多的两层含义当中，一层意思是指“撮合男女婚事的具体人”，例如媒妁、媒人、媒婆等；另一层意思是指“使双方发生关系的事情或者事物”，例如媒介、媒体、传媒、触媒。其二，“介”。介在《说文解字》上也有相关的解说，在作动词时，强调位于两者之间，在作名词时也可以做姓。在人们日常接触中，它指两者之中的较多，例如媒介、介词等。其三，“媒介”。通过对于上面“媒”和“介”的单独解释，我们在对“媒”和“介”的学习过程中发现，“媒介”是与二者任何一方面的意思都割舍不开的，涵盖着媒和介的共同之处，可以说“媒”中有“介”，“介”中有“媒”，但更多侧重在解释物与物、人与人以及人与物相互之间产生的必要关系和联系。这也是媒介的真正作用。

因而，在对“媒”“介”和“媒介”三个词进行详细的认识后，我们对于媒介素养的掌握和学习就相对简单一些了。当然，基于上面的认识还是不能完完整整理解媒介素养的真实内涵。在此，我们有必要熟悉一下“素养”这个词语。“素养”作为人具备的一种构成部分，强调了人在处事和生活的过程中应该具备的一种素质，它是一个逐渐养成的过程，后天的培养和教育起着巨大的作用，引导着人们更好地按照自然规律去发展。因此，我们可以清晰得出媒介素养是人们所具备全部素养的一个重要构成。媒介素养更加强调人们的素养侧重在“媒”“介”和“媒介”上，凸显人们在获取信息上具备的能力，以及在对于信息、资料的分析、判断和整合上所具备的一种能力。同时，媒介素养还要求我们在理解使用信息的过程中强调对于信息的产生、出现、发展以及消失这一过程的理解。此外，我们还必须要清楚的是，媒介素养还要求我们在使用信息的过程中必须明白，一国经济、政治、文化、社会、生态在信息产生、流通过程中的重要影响和制约作用。20 世纪末期，美国媒介素养研究中心在对媒介素养进行研究的过程中，对其所下的定义强调了人们在面对不同媒体所涵盖的所有信息中应具备的“选择、甄别、质疑、评估和创造以及反思等方面的能力”。

二、媒体素养内涵

在学习认识了媒介素养概念之后，我们对于媒体素养的学习掌握就稍微容易一些。首先，将“媒”和“体”连在一起组词，这其中“体”更多地是强调“载体”，是事物的承担、承载以及依托形式，也是传播学上所要依托的形式。媒介素养，在英语的译文是“Media Literacy”。Media 比较易于理解，指的是媒体；Literacy 则是指有教养、有文化以及具备读写的一种能力。因而，我们对于媒体素养的具体内涵就能很好地理解和把握了，它是指人们使用媒体时，强调对于媒体各方面信息的学习，在这一过程中将个体所需的信息内化为自身的一种能力，这就必然要求人们亲自去选择、甄别、评估甚至批判，从中很好地汲取有益的信息，形成一种良好的应对媒体的自我能力。

良好的媒体素养不是个人先天具备的，而是建立在自身学习上的，依托后天的有效培养和教育，确保媒体素养在个体工作和生活中得以提升。同时，在对其内涵的掌握过程中要清晰地明白，媒体素养教育和知识获得是有别于专业媒体从业人员教育的，在此所谈及的媒体素养更多强调人们在日常生活中对待媒体的一种态度和认知程度，不能等同于专业媒体人员知识的获得。因而我们可以得出，具备良好媒体素养的人是能够理性分析媒体所传播的信息的，有着正确的价值导向，对于媒体传播的信息能做出有效的判别和分析。

近年来，世界各个国家和地区对媒体素养的培养和教育日益重视。英国、澳大利亚、加拿大等国早已将媒体素养作为一门课程纳入教育体系当中。我国台湾地区也专门印发了媒体素养白皮书。21 世纪以来，尤其是课程体系改革之后，我国日益重视媒体素养的培养和教育，不断将媒体素养纳入正规的课程体系，并且在不断修订完善相关的体系，确保媒体素养的教育有效实施。

第二节 媒介素养的主要内容

媒介素养是经济社会迅速发展的一个学科分支，它以自身的极大价值和生命力影响着人们的生产生活。在对媒介素养和媒体素养整体概念做了深刻把握和认识的基础上，我们有必要对其具体的内容进行全面系统的了解，从而更好地加强自身媒介素养的自我教育和学习。大学生群体作为国家经济社会发展的后续力量，在掌握基础理论的学习之后，有必要加强自身媒介素养的培养，从而全面地提升自我，为今后的工作和学习奠定坚实基础。

下面结合媒介素养内涵解析、媒介传播特征和媒介传播网络规范几个方面对于媒介素养主要内容进行全面阐释，从而更好促进当代大学生媒介素养的提升。

一、媒介素养内涵解析

在通过第一节的学习了解之后，我们对于媒介素养和媒体素养的区别有了较为清晰的认识。现从大众传媒认识、大众传媒使用和大众传媒评判几个方面来对媒介素养进行内涵解析，这是媒介素养最为关键和核心的三个构成要件。下面就大众传媒认识、大众传媒使用和大众传媒批判进行一一分析学习。

1. 大众传媒认识

何为大众传媒？大众传媒又包括哪些？如何才能正确认识大众传媒？这是我们首先需要回答的问题。首先，大众媒体强调了大众，也就是使用人群的普遍性。其次，大众媒体作为人们日常听到和用到的词语，是一个涵盖内容较广的媒体概念。它包含与人们日常生活紧密联系的七大主要内容：一是便捷的网络，二是传统的报纸，三是日常生活中的电视，四是种类繁多的杂志，五是广播，六是售点，七是户外。最后，如其他事物一样，大众传媒作为媒介内容，具备信息、文化、社会、商品和技术属性。在这五种主要属性中，信息属性是其根本，是比较核心的属性，它也是其他四种属性的承载和依托。正确认识大众传媒，就是要求我们在建立自身需求基础上，不断深化挖掘媒体的信息对于个体和群体的价值，用良好的、有益的、积极的信息引领自己的生活、学习和工作，这是我们要秉承的一个重要原则。

2. 大众传媒使用

在传播学上，传播学认为人们在接触传媒时，所接触的传媒方式和受众群体的学历层次和受教育程度有着极大关联。受教育水平较高的人群倾向于接触印刷类媒介形式，受教育水平偏低的人群倾向于网络等媒体。在有关调查中，青少年群体对于手机等便捷的传播媒介有较大的需求，而对传统诸如广播、录音带和影碟机等媒介表现出较低兴趣，当然不排除个别追随传统媒介的青年群体。近年来“低头族”和“拇指族”遍布公共场合和学校成为一个值得人们重视的现象，这样发展下去必定影响到人们的社交和学习。同时，我们必须重视和承认的是，青年一代和有着较高学历的青年群体对于媒介、媒体的接触形式和心态是多样的、开放的，他们对于新生事物和技术有着超过其他群体的期待和渴望，使这一群体能够较快、较多地获取信息。随着网络的普及，除了上面群体之外的一些人也在不断学习使用新媒体，从而强化了信息的传播力度，有效缩短了信息传播的时间差。例如，在现实生活中，农民工也在不断适应社会化大发展，在寻找工作的过程中积极利用新的媒介方式，更便捷地搜集到就业信息。当然，我们必须明确，无论哪一群体在过多、过度接触和使用新媒体的过程中，难免会影响到生活、工作和学习。因而，在使用大众媒体的受众当中，务必要加强引导，确保正确价值观念的弘扬和负面效应的规避。

3. 大众传媒批判

谈及大众传媒的思辨和批判，首先必须承认的一个事实就是网络的发展给人们带来了极大的便利，但是媒体传播的信息量之大、之多，涵盖了各种各样的内容，表现出参差不齐的现状也必须引起重视。近年来，一些网上群体事件的爆发就是较为典型的例子。例如网民在网上为所谓的弱势群体争取权利。当然，人们同情弱者是可以理解的，但是盲目同情弱者有可能会干涉司法的公正，影响到司法的判断和评判。这也是近年来值得反思的一个问题。随着大众传媒走进千家万户，人人都是传媒生产链条上的参与者和关注者。但是，在积极参与传媒传播信息的过程中，务必要保持较高和较强的思辨和批判能力，针对已经发生的事件要秉承客观、理性心态，否则必将导致一些严重的后果。近年来，我国高等院校也在不断强化关于主流意识形态的教育，不断深化学生批判性思维的教育和培养，这是大众传播道路上必须坚持的价值导向，确保更好、更准确地向青年群体传播正能量。另外，也必须重视对社会人群予以合理的引导，确保正确和思辨地选择利用媒介、媒体，更好地确保国家、社会良性发展，从而助推大众媒体按照传播规范向前迈进。

二、媒介传播特征

1. 个体在新闻生产传播中的特有地位

在日常生活中，互联网的迅猛发展以及智能手机的普及，使遥远的新闻事件仿佛就发生在身边。事实上，在对人们所谓的第一代传播媒介时代进行回想时，我们能够发现人们是很少参与相关的互动的，甚至参与不到具体互动当中去。因为那时主要是播放式的传播方式，大众只能被动去接收消息。然而，人们在走入“第二媒介时代”时，所有的信息变得更加便捷可得，信息、新闻的传播和扩散速度十分快、十分通达，每一个人都成了新闻的制造者和传播者。新闻从产生、制造、传播和后续影响，无不凸显个体在新闻生产传播中的重要地位。随着信息网络高速公路的发展，我们也真正承认信息生产和销售以及消费早已不再是泾渭分明的事情，而是多方相互参与互动的一个过程，每一个人都可能成为新闻的制造者、销售者和消费者。

2. 个体主客观因素对新闻消息的认知判别，增加对其的互动交流

囿于每个人所受教育层次和教育内容以及生活环境的不同，每个个体对新闻的主客观的认知和判断是不同的。加之新闻出版和言论自由的现实政策，人们在自我认知新闻

消息过程中呈现了这样那样的问题。这主要表现在，一部分人能够较为理性和客观地认识新闻消息。但是，另一部分人确实存有断章取义的主观判断，抓住言论自由的“自由”不放，认为自由就是不受任何约束和惩罚，对于已发生的事件可以大胆，甚至夸大性地批判和反驳，从而增加了新闻消息传播的主观臆断性。

3. 媒体个人化导致媒体新闻消息生产过程把关要求降低

随着互联网的迅猛发展，对新闻消息的管控工作量巨大，导致人们使用便捷的网络散布未经证实的新闻消息。这不是互联网发展过快的结果，而是大众对于便捷网络的利用采取了不严谨的态度致使的。一部分人不认真调查和理性分析媒体传播的真正内涵，私自改变、篡改事实，以致洋相百出。例如，利用新媒体的便捷优势，随意转发恐慌、疾病、战争以及群体事件的消息，导致人们生活缺少安宁；利用国外一些随意改编的报道，如日本将《西游记》中唐僧改变为女性后，大肆进行不同经典著作的随意娱乐化改编；利用子虚乌有的消息和别人的主观判断和臆造，发布不实言论；等等。如此，建立在新媒体和网络高速公路上的媒体，人人成了参与者和互动者，导致了弘扬正确价值观的素材被忽视和忽略，搞笑、丑化和娱乐化的新闻甚嚣尘上，严重阻碍了人们正确价值观的形成和社会的发展。

三、媒介传播的网络规范

网络成为与人们生活、工作和学习关系紧密的一个平台。随着经济社会发展，网络的普及率会更高，网民数量还在不断增加。伴随着国家“互联网+”战略实施，大数据时代早已深入人心。然而，不禁要问“什么是网络？网络的作用是什么？”事实上，《世界是平的》一书就很好地说明了网络将世界融为一体的事实，网络借助于网页、客户端以及数据平台等技术，将人们紧密联系在一起，融入一个网上交流沟通的平台。强调媒介传播的网络规范，一是加强网络知识的学习和掌握。只有真正掌握了媒介传播在网络上的责任和义务，才可能认识到网络作为虚拟的空间也是有序的，也有着具体的规范和要求，而不能随意发表建议、意见而忽视责任。二是加强网络法律法规的立法。随着我国依法治国战略的实施，任何人都要受到法律的约束。媒介传播作为近年来与人们联系紧密的传播手段，务必加强网络立法，从法制上强化人们在媒介传播过程中的责任意识。三是加强主旋律网络媒介传播建设。在强调自律的同时，媒介传播在网络建设上要加强主旋律网站的建设和弘扬，让人们在接触网络的时候，能够很容易地接受相关正能量和正确价值观的信息。

第三节　大学生媒介素养教育和塑造

一、大学生媒介素养教育和塑造的重要意义

随着国家“互联网+”战略的实施，网络发展又迎来新的发展机遇，全媒体和新媒

体日益走进千家万户，日益成为人们生活中的重要构成。同时，随着国家人才大国战略的实施，推进国家由人才大国向人才强国转变也是新阶段和今后我国发展的重要战略举措。作为人才大国实施重要环节上的高等院校，承担着我国高等和高学历人才的培养和教育工作。大学生是高等院校重要的培养和教育主体，是我国未来发展的中坚力量和脊梁。因此，加强当代大学生媒介素养教育和塑造有着重要的意义。一是有利于青年学生群体很好地把握党和政府的政策、方针、路线。青年作为具有灵活和创新思维的群体，对于媒体的传播有着群体性的优势，对其进行媒介素养教育和塑造，能够确保其很好地学习党和政府的大政方针，确保沿着社会主义发展道路的正确方向迈进。二是有利于青年学生更好地提升个人综合素质。加强当代大学生媒介素养教育和塑造能够很好地提升学生的综合素质，对于其毕业后走向社会、走向工作岗位有着很大的帮助。三是有利于我国高等教育教学质量的提升和发展。高等教育自身发展本来就是要及时适应国家社会发展，及时调整和完善教学内容，从而确保学生能够适应社会发展而拥有具体实用的知识和能力，从而确保我国高等教育朝更好、更高的层次发展。

二、大学生媒介素养教育和塑造的途径

现阶段，随着国家不断深化教育综合改革以及全媒体、新媒体的迅速发展，加强当代大学生媒介素养教育和塑造有着重大的现实意义。但是，新时期大学生媒介素养的教育和塑造面临诸多问题。因而，务必从多方面重视培养大学生新媒介素养，以确保大学生综合素质的提升。

1. 深化高等教育改革，完善教育课程体系设置

随着现阶段我国经济社会升级转型，国家发展对于人才教育和培养有着更加严格和全面的要求。随着改革开放三十余年的发展，高等教育在我国发展的过程中也取得了令人瞩目的成就，一批批人才逐步走向工作岗位。然而，为了更好提升学生的媒介素养，完善学生培养教育体系，国家务必加强和深化高等教育改革，全面综合完善教育课程体系设置。一是教育改革要分情况进行。高等教育改革是一个系统的工程，针对不同地区和不同现实，要循序渐进地实施高等教育改革，有序推动媒介素养教育和塑造。二是合理布局媒介素养综合课程体系设置。媒介素养作为大学生日益重要的一种能力和素质要求，在深化高等教育改革的过程中，要不断完善课程体系设置，针对不同专业、不同学科的学生实施结合其专业特点的媒介素养教育，确保在未来的学习和工作过程中有所运用。

2. 重视高校自身改革，建立媒介素养培育体系

高等院校作为我国教育体系的重要构成，肩负着为我国未来发展提供人才支撑的使命，必须重视高校自身改革。在强调大学生媒介素养教育和塑造过程中，针对高校自身发展和人才培养，必须建立有效的高校媒介素养培育体系。一是深化高校自身改革。二是建立媒介素养培育体系。

3. 加强学生学习能力培养，全面提高学生的综合素质

高等院校作为承担我国教育发展的重要阵地，毕业学生是我国后续发展的中坚力

量。学生学习和教育以及综合素质提升至关重要。重视学生自身学习能力的提升，重视有关媒介素养教育和塑造，是学生综合素质全面提升的关键。一是媒介素养教育和塑造要及时和专业知识结合起来。二是重视学生综合素养和能力的提升。

参考文献：

[1] 美特. 媒介素养 [M]. 4版. 北京：清华大学出版社，2012.

[2] 于翠玲，刘斌. 大学生媒介素养概论 [M]. 北京：北京师范大学出版社，2010.

[3] 黄晴珊. 全媒体时代的医学信息素养与信息检索 [M]. 广州：中山大学出版社，2014.

[4] 石国亮，李培晓. 领导干部新视野：现代领导媒体素养 [M]. 北京：国家行政学院出版社，2013.

[5] 张成良. 新媒体素养论——理念　范畴　途径 [M]. 北京：人民出版社，2015.

[6] 斯坦利·J. 巴兰. 大众传播概论——媒体素养与文化 [M]. 8版. 何朝阳，译. 北京：中国人民大学出版社，2016.

生活篇

第九章　性格决定命运——我要拥有暖阳般的性格

第一节　认识性格　把握命运

一、性格的含义

1. 定义

性格指的是一个人经常性的行为特征，以及因适应环境而产生的惯性行为倾向，它表现出个人对现实的态度和行为方式中的较为稳定而有核心意义的心理特征。因此性格包括显性的行为特征和隐性的心理倾向，是一个人心理面貌本质属性的反映。

2. 范畴

心理学认为性格是由能力、气质和个性三方面组成的。个性只是性格的一部分，因此个性的不同只是表现出性格差异中的一部分；气质是与人的脾气有关的性格组成部分，是依赖于生理素质，或与身体特点相联系的人格特征，也可以称之为“天性”；此外，还有能力上的差异。例如，有的人能歌善舞、多才多艺，有的人热情好动，而有的人则显得冷静、少言寡语。

二、性格的结构特征

1. 完整性

性格特征之间彼此联系，相互依存，构成了一个在机能上相互适应、相互影响、相辅相成的有机系统。这种联系使得对性格的推测具有现实可能性。

2. 复杂性

性格的完整和统一不是绝对的，这是因为客观现实中存在着种种矛盾，这些矛盾反映到人的性格内部，就构成了人的各种态度或各种性格特性之间的矛盾。这些矛盾必然会通过人的行为表现出来。但行为方式和态度之间并不一一对应，性格结构的完善和完整程度存在着个体差异。

3. 稳定性

在某种程度上，性格的稳定性取决于人对现实的态度以及有关态度与人们核心价值观之间的联系。

4. 可塑性

一个人要想很好地适应社会与环境，保持自己对于外界的最佳适应状态，就必须对性格进行必要的调整。如果性格中某些部分不适应特定环境，这种性格调整的可变性就是性格的可塑性。

三、影响性格形成和发展的因素

人的性格形成与发展要受到多种因素的影响，包括遗传、家庭、社会、自然、教育等方面的因素。一个人从小开始，经受什么样的风雨洗礼，经受什么样的磨难历练，经受什么样的环境熏陶，就会形成什么样的性格和品格。

1. 遗传因素

有很多人认为，人的性格是天生的，甚至是不可改变的。一般理论都倾向认为，遗传因素通过气质和智力而影响人的性格。

遗传因素对智力的影响，早已在 1969 年被美国心理学家亚瑟・詹森（Arthur R. Jensen）在《哈佛教育评论》上发表的关于种族与智商差异一文证明了。文中提到，不论儿童是由生身父母还是由收养或寄养家庭抚养，他们和生身父母之间在智商上总有着显著的相关性。詹森把此归因于遗传对智力的影响。进言之，智力和性格都受高级神经活动的特性和类型的影响，而智力对人性格形成是有作用的。这一作用在人的成长过程中显示出来。人们运用自己的聪明才智，掌握相应的知识和技能，审时度势，使自己的行为符合客观规律，这样就会促使自己勇于克服困难，在艰难险阻中表现出自觉、大胆、果断和坚毅等良好的性格特征。因此大凡政治家、发明家、作家、艺术家等，虽然从事不同的职业，但他们都兼有高度发达的智力、创造力和优良的性格特征。

2. 环境因素

环境是性格发展形成的决定性因素。人的性格与生理基础有一定关系，但与人所生活的社会环境关系更大。环境包括自然、社会、家庭因素。人的体态、成熟程度和气质是性格形成的生理条件，而家庭、学校和社会环境是性格形成的社会条件。这些生理条件和社会条件因个体内在心理活动的差异而对性格形成发挥着不同的功效，致使人们形成独特的性格特征。

（1）自然因素

南北方因为气候不同，地势不同等，对人的性格形成也有很大的影响。北方人往往粗犷、豪迈、外向，南方人往往细腻、含蓄、内向；高山地带的人意志坚毅，海岸地带的人胸襟开阔，平原地带的人理性克制。自然因素对人性格的影响带有普遍性，人们在现实生活、社会交往中也会感觉到这种影响。但是，这是就一般情况而言的，并不是绝对的。比如，不论是高原、平原、海岸、北方、南方都有意志坚毅、善于克制、含蓄内向、粗犷豪爽的人。否定自然因素对人性格的影响和自然决定论都是不对的。任何事物都有普遍性和特殊性、一般与个别。自然因素对人性格的影响也是这样，既有普遍性，也有特殊性，既有一般也有个别。

（2）社会因素

不同国家和地区有具体的文化特征，比如不同的语言、不同的道德理想、不同的价值观念、不同的生活方式。这些都会在人的性格上打上不同的烙印。比如，中国人沉静，三思而后行，节制，含蓄、内向的偏多；西方人好动，情绪波动强烈，容易冲动，直率、外向的偏多。不同国家也有各自民族的性格特征。比如，俄罗斯人的坚韧与淡淡的忧郁情调，英国人的绅士风度、聪明、保守，法国人的浪漫、激情澎湃，美国人的求实、幽默，德国人的严谨、深沉，等等。每个民族的性格都与其文化传统、生活方式、生活环境有一定的关系。

（3）家庭因素

影响人性格的家庭因素有很多方面，比如父母的观念、思想、职业、性格、文化水平，父母对子女的态度，即对子女哪些行为给予鼓励，哪些予以批评，希望子女成为怎样的人，等等，集中地表现为父母的养育态度、方式。不同养育态度会直接影响子女不同性格特征的形成。父母对子女采取严厉型态度，子女容易形成执拗、冷淡、粗暴、依赖、自卑等不良性格特征；父母对子女采取放任型的态度，子女容易形成冷酷、攻击、情绪不安或消极、与世无争和玩世不恭的性格特征；父母对子女采取溺爱型的态度，子女容易形成任性、幼稚、以自我为中心、撒娇放肆、缺乏独立性、胆小怕事、对人没有礼貌等消极的性格特征；父母对子女采取民主型的态度，子女容易形成独立、直率、积极、协作、社会适应性强等积极的性格特征。由此可见，父母的态度如何对子女性格形成至关重要。

3. 教育因素

学校教育对人性格的形成，具有重要的作用。学校对人的影响不同于家庭和一般社会环境，不是偶然的、零碎的，而是系统的、有目的、有计划的。学校德育的主要任务是培养学生良好的道德品质，使学生形成良好的品德，而品德包含在性格之中，是性格的有机组成部分，与性格的其他部分紧密相连。品德不可能离开其他性格成分而单独发挥作用，因而学校也不可能离开良好性格的培养而孤立地培养品德。因此，学校要培养学生良好的品德，就要培养学生良好的性格。

第二节　性格万变　不离其宗

一、为什么要认识性格

性格稳定但又不是一成不变，它在主客观的相互作用中形成，又在主客观的相互作用中发生变化。性格不仅影响大学生的学习态度、生活态度和行为方式，而且影响着他们今后对职业的选择。性格与职业是彼此制约、相互促进的。一旦了解了自己的性格特点，就可以在学习、生活和工作中正确认识自己。大学生正处于生理和心理形成的关键阶段，这一阶段也是人格塑造的定型期。青年人的心理和思维都处于活跃可塑状态，对事物的看法具有很强的独立性和一定的叛逆性。乐观积极的生活态度是人格健康的前提条件，和谐的人际关系即是性格健康的反映。一个性格特征良好的大学生能够拥有许多亲密的同学朋友，积极参加各项活动，并能正确感知自己和他人的情绪，营造和谐的集体氛围 。作为心理和生理正处于成长过程中的大学生，良好性格的塑造对其一生都至关重要。

每个人都有不同的性格，不同性格又决定每个人不同的做事风格和擅长领域。当一个人做了与性格相宜的事情时，往往能够成功，因为他的性格给他这样的能力；当一个人蔑视他的性格和天赋，执意做不擅长、不适合的事情时，往往容易失败。因此，一个人在人生路上的失败往往从他违背他的性格时就开始了。

二、性格类型

性格是个性心理特征中的核心部分，人与人个性差别首先表现在性格上。性格是在社会生活实践过程中逐步形成的。个人由于所处的客观环境不一样，先天的素质不同，因而形成了各种各样类型的性格。

人的性格分为很多类型，不同心理学家有不同的分类。下面介绍一种典型的性格分类，即以内向外向、理智和情感来建立性格的坐标纬度（也有说法是优柔和率直、理性和感性），把人的性格分为四种：活泼型、完美型、能力型、平和型。

1. 活泼型

活泼型的人能很容易地从人群中被发现，因为这种人往往是人群中说话最多的人，旁人越表现得爱听，他们越讲得眉飞色舞。而与此同时，活泼型人的注意力也很容易转移，喜欢新鲜的事物，乐于冒险，静下来处理事情比较难，并且偏好不断地换环境。

（1）风趣幽默，交友甚广

活泼型性格的人通常总是笑声朗朗，笑容如同一朵含苞待放的花儿一样随时准备开放。这类人的周围总是充满着欢乐，有他们在的场合气氛总会比较轻松且活跃；这类人特别容易交朋友，刚认识几分钟的人就好像是认识了几年的朋友。

（2）言多必失，容易犯错

活泼型性格的人属于先张嘴后思考的类型，他们往往在话说出口之后才开始思考，所以很容易犯“言多必失”的禁忌。与此相对应的是，他们的优点在于知道错了就会赶快道歉，可是他们犯错误的速度总是远远快于他们道歉的速度，所以刚道完歉可能又犯错误了。

（3）表现欲强，期待赞赏

活泼型性格的人在穿着打扮方面，总乐于选择比较明艳一点的色调，便于他们在人群中突显自己。同时，在人多的公共场合说话大声以惹人注意的也往往是这类性格的人。他们感兴趣的是人而不是事物本身。因此，他们通常都很需要得到赞扬。

（4）马马虎虎，杂乱无章

在日常工作生活中，活泼型性格的人往往不修边幅，马马虎虎，住所、办公桌上乱七八糟就是他们最好的写照。不注重事物的细节，做事情也没有什么条理，凡事完全依据自己的心情而定。

（5）多愁善感，溢于言表

活泼型性格的人通常是一群艺术爱好者，并且是很感性的情感表达者。在看完一部感人至深的电影之后，他们往往会因为其中的某个浪漫情节而感动得痛哭流涕，而只要接触到欢快的东西，他们又能够很快地转换情绪，一下子笑得前仰后合。

综上所述，活泼型性格的人属于外向、多言、乐观的群体，他们的存在给世界带来了无穷的欢乐，而当他们对生命抱以宽容和接受的态度时，生命所带给他们的意义就更加丰富。

2. 完美型

完美型的人文静，随和，喜欢独处。完美型的成年人是个思想家，他们对待目标严肃认真，崇尚美学和智慧。如果这世界少了完美型的人，我们会少了诗歌、文学、哲学和音乐，埋藏于我们性格深处的教养、品位、才干便会失去；世界可能少了很多工程师、发明家、科学家，我们的经济和信息都会失去平衡。完美型的人是人类的灵魂、智慧、精神、核心。

（1）追求完美，为人严谨

完美型性格的人眼中没有完美的东西，因此他们在处理事情，或者与人交往中总是抱着审慎的态度以及挑剔的眼光，通常表情都会相对严肃或者冷漠，不会像活泼型性格的人那样容易让人接近。

与活泼型性格的人不同，完美型性格的人随时在监督自己，“一日三省吾身”，所以他们不能做出任何超出他们规范的事情。不仅如此，完美型性格的人一般都是深思熟虑后才会发表意见，而且善于分析，往往将事物剖析得非常深刻，于是通常表现出来的解决问题的能力都特别强。凡事都按照计划按部就班地来进行，有组织，有条理，善始善终，并且在过程中注意对细节的把握。

（2）思想强大，行动缺乏

对于完美型性格的人而言，“要么不做，要做就做到最好”是其座右铭，因此，他们往往考虑事情非常周全详细，凡事三思而后行。也正因为如此，谨言慎行的他们通常都会觉得与活泼型性格的人在一起很别扭，比较反感他们那种“马虎、缺乏条理以及口无遮拦”的处事态度和风格。

完美型性格的人在谨言慎行方面往往还会走向另一个极端，即总是停留在思考的阶段而迟迟不行动。他们任何事情都可以做到最好，但是遗憾的是他们大多数时候都是反复地做着评估却行动迟缓。他们可能成为这个世界上任何行业顶尖的人物，但前提是他们最需要将自己的行动力提升起来，把计划与行动紧密地结合在一起。

（3）矛盾重重，紧张兮兮

在公开场合中，完美型性格的人既害怕别人太在意，又担心别人丝毫不在意，他们是非常矛盾的一个群体。如果在公开场合中，所有人的眼光全部集中在他们身上时，他们往往会很紧张，感觉太扎眼；而如果没有一个人关注他们，他们又会觉得很不舒服。

（4）消极悲观，很少赞美

正因为完美型性格的人总是在追求完美，看问题透彻明晰，所以他们又往往会走向吹毛求疵的极端。因此，他们一般情况下是不会像活泼型性格的人那样轻易地赞美别人的，再好的事情能得到他们“还不错”的评价就已经相当难得了。

（5）忠诚可托，以事为重

完美型性格的人通常是甘愿留在幕后的人，不愿意抛头露面，心甘情愿做配角。也因此，他们往往能够结交到在关键时刻能够提供有实际帮助的真心朋友，虚头巴脑的承诺很少，在朋友之间都是真诚相待、相互欣赏的。

他们在一些原则问题上绝对不会马虎，不会为了维系良好的人际关系而违背原则地追求一团和气，往往会尖锐地指出问题的所在而根本不留情面。

综上所述，完美型性格的人是对别人要求严格，对自己也要求严格。总体来讲，他们是内向的思考者，属于悲观的一群人。但他们不会因为悲观就失去积极的意义，由于敏感，他们往往会提早发现一些危机。对于完美型性格的人而言，其生命意义就是贡献牺牲，这是非常难能可贵的生命意义。

3. 能力型

能力型的人，永远充满动力，他们会充满理想，勇于攀登高不可攀的顶峰，总是对准目标前进。当活泼型的人在说话，完美型的人在思考，能力型的人会行动。

（1）热情奔放，自信十足

能力型性格的人总是在实现目标、完成任务，永远都不能停下来，属于典型的工作狂。而在工作的过程中，他们往往又表现出热情奔放、精力充沛的特点。

能力型性格的人无论是外形还是仪表仪态都显示出非同寻常的自信，并且通常喜欢穿深色的、显示权威的衣服，从气质上来看就是天生的领导人。

（2）独立行事，永争第一

能力型性格的人通常都具有很强的意志力，在各种事情中都以“第一”为目标，在过程中绝对不会轻言放弃，勇于接受来自对手的挑战。

独立性非常强，对与自己无益的社交，他们都觉得是浪费时间。做任何事情他们自己的感觉永远是对的，因此态度通常会很强硬，更别说主动道歉了。然而，尽管他们从来不承认自己有什么明显的错误，口头上也不会有任何的表示，但一旦发现问题他们通常会用实际行动予以解决。

（3）喜欢辩论，固执己见

能力型性格的人由于总是坚持己见，通常都喜欢与人争论、讲道理。但值得注意的是，他们有时就容易陷入“为争论而争论，忽视结果”的陷阱之中，忘记了争论的目的究竟是什么。实际上，处理事情“有效果”比“有道理”更为重要，有效果的道理才是真正的道理。因此，对于能力型性格的人而言，一定要避免犯所谓的“比别人更正确的错误”。

（4）处事偏于理性果断

能力型性格的人一般都是非常有主见的人，能够在关键时刻当机立断做出决定。能力型性格的人都是理性的，一般不容易动情。面对困境时，他们强调的是迎难而上，敢于冒险和挑战，绝对不相信眼泪能够解决问题。因此，他们往往在亲情方面容易被人误解。

综上所述，健康的能力型人格不会被内省的默想分心，相反，他们神采奕奕地随时准备投入新领域。

4. 平和型

平和型的性格，是情感的缓冲器。平和型缓和色彩斑斓的活泼型，拒绝像能力型一样过分追求优秀，对完美型的复杂计划也不过分认真，平和型性格的人是我们中间伟大的平等促进者。

（1）平和稳定，仁慈善良

平和型性格的人脸上总是带着微微的笑容，既不矜持勉强，也不夸张虚浮；穿着打扮也十分随和，不抢人风头，也不落后于时尚。与人相处相对害羞和腼腆，非常保守，不愿意引人注意。

与活泼型性格的人拥有大量欣赏他们的簇拥者不同，平和型性格的人是全世界最好的聆听者，他们可以静下心来，面带微笑听别人诉说，并基于聆听的结果对别人表示关心和体谅，因此，他们也容易结识真心朋友。

（2）面面俱到，好好先生

平和型性格的人通常对人际关系都处理得非常到位。一般情况下，这类人尽管心里有其自己的想法，但是出于避免破坏和谐的考虑，他们都会表现得任劳任怨，没有借口。这种隐忍顺从的个性特点，使得他们容易成为能力型性格的人所支配的对象。同时，他们也善于调节不同人之间的矛盾，并且能够处理很多沉闷的、重复的工作。

（3）笼络人心，成就大事

平和型性格的人虽然表面上不起眼、不突出，但一旦他们愿意承担责任之后，就往往能够成为了不起的领袖，相当多杰出的社团领袖、国家元首以及企业家都具有这样的性格特征。这是因为平和型性格的人具备发掘并笼络很多有才能的人士为之工作的能力，他们乐于为人才提供资源和空间，搭建他们施展才能的舞台，并在其中平衡好各种关系，促使大家同心同德、齐心协力地把事情做好。

（4）心态平和，泰然处事

平和型性格的人在生活中通常都很随和，能够适应一成不变的生活，处事冷静且有耐心。

（5）情感丰富，不露声色

平和型性格的人的情感不容易表现出来，会令别人感觉比较轻松。作为父母，他们通常是孩子们眼中最好的父母，不会以任何标准来苛求孩子；作为领导，也会让员工觉得没有压力，反而容易让员工自觉付出而努力工作。

综上所述，平和型性格的人对别人不要求，对自己不苛求。他们普遍内向，乐做旁观者，属于悲观类型。平和型性格的人的写照是：自制、自律、实践、平静、满足、感受深刻敏锐、不忸怩、情绪稳定、温和、乐观、让人安心；他们支持别人，有耐性、好脾气、不自夸是个真好人。也正因为他们的存在，这个世界才称得上“和平”。

三、如何认识性格——性格测试

中国古语有云：“江山易改，本性难移。”理论家们在不断寻找能够定义个人行为模式的方法。“人之善恶，其相必露。”意思是说，一个人的好与坏，善与恶，以及他的性格特质，在其面相上必然有所显示。我们可以通过聊天或者观察他人的行为来判断其性格类型。这是一种外部切入的间接方法，具有一定的模糊性。那么，如何更准确地从内部把握一个人的性格类型，从而更好地进行人际交往？性格测试回答了这一问题，性格测试用来测试一个人对现实稳定的态度并从个人习惯的行为方式中归纳其所表现出来的性格特征。可以说，性格认知这门学科历史悠久且从未离开我们的生活。

在每行中挑选一个与您最相近的形容词（每题必须选一个并且只能选一个）若您在某一题上实在无法判断，请考虑 3 年前自己的特征作答。

1. A. 活泼生动　B. 富于冒险　C. 善于分析　D. 适应性强
2. A. 喜好娱乐　B. 善于说服　C. 坚持不懈　D. 平和
3. A. 善于社交　B. 意志坚定　C. 自我牺牲　D. 较少争辩
4. A. 使人认同　B. 喜竞争胜　C. 体贴　D. 自控性好
5. A. 使人振作　B. 善于应变　C. 令人尊敬　D. 含蓄
6. A. 生机勃勃　B. 自立　C. 敏感　D. 满足
7. A. 推动者　B. 积极　C. 计划者　D. 耐性
8. A. 无拘无束　B. 肯定　C. 时间性　D. 羞涩
9. A. 乐观　B. 坦率　C. 井井有条　D. 迁就
10. A. 有趣　B. 强迫性　C. 忠诚　D. 友善
11. A. 可爱　B. 勇敢　C. 注意细节　D. 外交手腕
12. A. 让人高兴　B. 自信　C. 文化修养　D. 贯彻始终
13. A. 富激励性　B. 独立　C. 理想主义　D. 无攻击性
14. A. 情感外露　B. 果断　C. 深沉　D. 淡然幽默
15. A. 喜交朋友　B. 发起者　C. 音乐性　D. 调解者
16. A. 多言　B. 执着　C. 考虑周到　D. 容忍
17. A. 活力充沛　B. 领导者　C. 忠心　D. 聆听着
18. A. 让人喜爱　B. 首领　C. 制图者　D. 知足
19. A. 受欢迎　B. 勤劳　C. 完美主义者　D. 和气
20. A. 跳跃型　B. 无畏　C. 规范型　D. 平衡
21. A. 露骨　B. 专横　C. 乏味　D. 扭捏
22. A. 散漫　B. 缺乏同情心　C. 不宽恕　D. 缺乏热情
23. A. 唠叨　B. 逆反　C. 怨恨　D. 保留
24. A. 健忘　B. 率直　C. 挑剔　D. 胆小
25. A. 好插口　B. 没耐性　C. 优柔寡断　D. 无安全感

26. A. 难预测 B. 直截了当 C. 过于严肃 D. 不参与
27. A. 即兴 B. 固执 C. 难于取悦 D. 犹豫不决
28. A. 放任 B. 自负 C. 悲观 D. 平淡
29. A. 易怒 B. 好争吵 C. 孤芳自赏 D. 无目标
30. A. 天真 B. 鲁莽 C. 消极 D. 冷漠
31. A. 喜获认同 B. 工作狂 C. 不善交际 D. 担忧
32. A. 喋喋不休 B. 不圆滑老练 C. 过分敏感 D. 胆怯
33. A. 杂乱无章 B. 跋扈 C. 抑郁 D. 腼腆
34. A. 缺乏毅力 B. 不容忍 C. 内向 D. 无异议
35. A. 零乱 B. 喜操纵 C. 情绪化 D. 喃喃自语
36. A. 好表现 B. 顽固 C. 有戒心 D. 缓慢
37. A. 大嗓门 B. 统治欲 C. 孤僻 D. 懒惰
38. A. 不专注 B. 易怒 C. 多疑 D. 拖延
39. A. 烦躁 B. 轻率 C. 报复型 D. 勉强
40. A. 善变 B. 狡猾 C. 好批评 D. 妥协

按每道题一分分别计算出 A、B、C、D 的得分，得分最多的为主要性格，次多的为辅助型性格。

第三节 暖阳性格 成就人生

一、当代医学新生的性格特点

新入学的医学生，除了需要适应新的学习环境外，还要面临相对高昂的学费和高强度、高压力的医学学习任务，往往比其他同年级的非医类学生要应对更多的应激源，因此需要对其给予更多的关注。

1. 医学新生性别间的性格特点

医学新生的个性特点存在着性别差异。男生的性格特点表现为情绪稳定、自信心强、成熟、适应能力强。女生的性格特点普遍表现为忧郁、敏感、易幻想和紧张。

由于生理上的差别，女生较男生的心理承受能力弱，她们对外界刺激较敏感，情绪波动较大，情感比较细腻、丰富、强烈，但很脆弱。因此在进行心理素质教育和健康维护时，应注意性别差异，加强对女生良好性格的培养。

2. 医学新生与非医学新生的性格特点

2006 年《中国校医》杂志上发表的《473 名医学新生人格特征分析》一文中提到，医学男生更倾向于敏感、灵活、合群、成熟、现实、适应良好和兴趣广泛。这可能与当前医学生就业、社会舆论以及教育制度的改革等对医学生的综合素质和人格的要求提高有很大的关系。医学男生性别指数显著低于非医学男生，又显著低于医学女生，反映出医学男生可能表现出冲动、冒险及粗心大意等性格特点。另外，医学女生的精神状况显著优于非医学女生，而她们社会内向值虽高于非医学女生，但显著低于普遍水平，表现为外向而又任性、做作、冲动。这些可能与当前女性社会角色改变、女性地位提高、社会竞争力增强等有关。医学新生个性的整体一致性，可能是当前医学生就业压力、社会变革及经济发展对于医学生综合素质的提高要求作用的结果。所以，在医学生的培养中应正确引导，培养他们的综合能力，完善他们的人格，这也正是当前素质教育的要点。

医疗行业不同于其他行业，要求从业者不仅要有高超的医疗技术而且还要具有良好的性格、健康的心理素质和高尚的医德，因此，要维护医学生的心理健康，提高医学生的心理素质，必须从新生入学时就注意其优良性格的培养和塑造。这样才能培养出具有市场竞争力的优秀医学生。健全人格的培养依赖于学校、社会、家庭的共同努力，在新生入学阶段对其进行良好性格培养有极其重要的意义。

二、医学新生如何拥有暖阳般的性格

优良的性格特征如诚实、宽容、助人、勤奋、坚韧、自信、谦虚、独立、果断、勇敢、热情、开朗等是心理健康的重要标识；而不良的性格特征如虚伪、狭隘、嫉妒、敌对、自私、懒惰、自卑、孤僻等，一方面有损于个人的人际交往和社会适应能力，另一方面也是各种人格障碍和身心疾病的潜在温床。

医学生是未来的医务工作者，肩负着治病救人、救死扶伤、除人类之病痛、助身心之健康等神圣使命，其性格优良程度不容忽视，如何塑造和培养优良性格便显得尤为重要。

1. 培养自信乐观型性格

缺乏自信的人比较容易自卑，看到别人比自己强就会消极地评价自己。由于受到消极意识的控制，很难打破这种精神上的枷锁，在这种束缚下各方面的潜力都会受到抑制。

人无完人，在每个人的人生经历中，总会有让自己感到不如意之事。当自卑感来临时，不妨想一想，我们没有必要过分掩饰自己的不足，也没必要处处学习他人。

拥有自信不是多么困难的事，但也不是那么简单。自信和一切外在事物无关，如果因为美貌、金钱、权利而自信，那么年老色衰、钱财耗尽、权利转移的时候又当如何？真正的自信是一种心境，需要内在的东西支撑，比如拥有渊博的知识和坚忍的意志。

一个自信的人往往会把握住让自己快乐的钥匙。他们不期待他人给予，而是自己创造快乐和幸福，并与他人分享。快乐与烦恼常常容易受外界因素影响，当我们允许别人掌控我们的情绪时，便开始责怪他人，此时我们便把让自己快乐的权利推给了其他人。问题的症结就在于我们如何对外界刺激进行评价和选择，我们往往忽略了面对外界刺激人们自己的头脑加工才是关键因素。由此可见，外界的刺激并不能成为我们快乐或不快乐的前提条件，而是取决于我们以什么样的方式看待它。

人生态度无非表现为两种：乐观的和悲观的。我们必须控制自己的意识，保存乐观的信息，删除悲观的因素。在生命的长河中，挫折、困难甚至厄运，都可能降临。在我们想得到的东西变为现实之前，必须在头脑中得到，那就是乐观的想象。

2. 培养积极行动型性格

积极行动的进取心来自内心深处，是人们抗争命运的力量源泉，是创造伟大成就和完成崇高使命的动力。

被动的等待，本质上就是在浪费时间，就是在错失良机，无异于把自己的命运交付给不可知的未来。许多人终其一生都在等待一个属于他的成功机会，而事实上，机会无处不在，重要的是当机会出现时，我们是否做好了准备，是否准备行动起来。机会永远只会留给做好准备的人，也许我们偶尔会得到一个意外的机会，但要相信好运不会从天而降。守株待兔的想法，让人啼笑皆非，在竞争激烈的现实生活中，只有行动起来才会创造更多的机会，才能将自己的梦想变为现实。

3. 培养坚韧刚毅型性格

刚毅是一种人们为了实现目标表现出来的坚持不懈的精神，往往会给我们的人生创造不朽的奇迹。一个人的成功离不开智力因素，但坚强的毅力对于人们的成功更为重要。

英国物理学家霍金即使失去了行动能力，不能写字，不能说话，但他仅凭一个小书架和一个助手就登上了科学之巅。正是坚强的毅力让他战胜了成功路上巨大的困难，从而取得了常人无法取得的成就。

勇敢地面对挫折需要百折不挠的韧性，坚韧的品质也是人们取得成功的重要秘籍。直面生命旅程中的不幸，需要坚韧的耐挫能力，追求的层次越高，往往遇到的艰难越大，挫折也就越大。然而，失败在多数时候并不代表结果，而是新的开始，成功者并非不失败，而是屡跌屡起。俗话说："在哪里跌倒，就在哪里爬起来。"在人生道路上，我们每个人都会遇到很多困难，有时候难免会被困难绊倒，但是在跌倒后一定要爬起来。人生无法顺风顺水，总有磕磕绊绊，当我们受到打击爬起来的那一刻，就已经拥有了承受打击的决心和韧性。

巨大的成功靠的不是力量而是韧性。诸多成功的经历告诉我们，坚韧是实现目标过程中发挥潜能不可缺少的必要条件。曹雪芹创作《红楼梦》用了十年之久，司马光编纂《资治通鉴》耗去了十九年光阴，哥白尼著《论天体的行动》用了三十年，马克思的《资本论》历经四十年艰辛创作。取得不朽成就的都是拥有坚强韧性和顽强毅力的人，纵观历史，一个个大家的成名，就是刚毅铸就的丰碑，一次次丰收的喜悦，都是坚韧造就的奇迹。

4. 培养友善社交型性格

每个人都生活在一定的社会圈子里，都离不开人际交往，人们的成功与人际关系及为人处事密切相关。得到友善的最佳途径就是先将友善给予出去，友善地对待身边的人。

根据美国心理学家马斯洛的需要层次理论，社交需要是人们的重要心理需要。我们希望别人能够发现自己的优点，并对我们怀有尊重与崇敬的态度，那么我们就要学会先发现别人的优点并加以赞扬，学会发自内心地赞美他人。

友善的人际交往需要摒弃唯我独尊的观念，对人、对事不要咄咄逼人。现实生活中我们总会看到一些人，滔滔不绝地表达自己不容他人辩驳的观点，趾高气扬地表明自己的态度让别人无条件服从。事实上，这样不但得不到自己预想的结果，反而会在人际交往中把自己孤立起来，难以与人相处。真正蜚声于世的伟人或领袖，往往具备亲和友善的品质，而非唯我独尊。他们从不说太过自信的语言，恰恰是在尊重自己的同时也尊重别人，正是这种态度成就了他们伟人的称号。我们应该清楚地知晓，自己越是盲目自信，就越容易导致武断和自以为是。一个理智的人，首先要懂得以理服人。无论用什么方式指责别人，都很难改变对方的主意，即使对方改了也是不情愿的。更何况，用温和的态度去改变别人的想法都不容易，别说更激烈的方式了。

友善的人际交往需要培养良好的风度举止，言谈举止、风度仪表是展现一个人外在魅力的主要方式之一。我们的一言一行、一举一动都与自己的仪表相关联，注意这些细节会给我们的生活增光添彩。现实生活中，总会发现一些举止粗鲁、缺少修养的人，他们不会尊重他人，只会一味放纵自己的言行，不懂得收敛。这些人在生活中会经常碰壁，令人生厌。毋庸置疑的是，良好的风度、优雅的行为举止能使人们在社交中更加轻松愉悦，这些优秀品质都是走进他人心灵的通行证。

外在的风度举止反映出一个人的内在品性，反过来，真正的良好风度必然出自友善的内在。心存友善的人必然乐于助人，不愿意看到别人的痛苦和烦恼，正如友好和善意一样，谦恭有礼自然让人感到愉快，谦恭有礼与友善的行为总是紧密联系的。

5. 培养温和沉静型性格

自古以来，以少胜多、以柔胜刚的例子不胜枚举。老子在《道德经》中写道：“上善若水，水善利万物而不争。”这里的柔并不是软弱，而是一种温和的品质。

人们总有被别人喜欢和欣赏的渴望，调查显示，人最强烈的欲望就是得到大家的认可和喜爱。但是，与人相处并不是一件容易的事。让一个人去喜欢自己的对手，更不容易做到。这就要求我们具备温和的品质，像水一样“心善渊，居善地，与善仁”。

有时候，生活往往要求我们做一个温和的聆听者，沉静的听众意味着对讲述者的尊重和关注，意味着对他人的理解和认同。一个善于倾听的人，能使人产生好感，给人留下好印象，因为人们不会拒绝一名乐于倾听他说话的人。人们都有被尊重的欲望，这是我们在生活中应该注意的，只有尊重别人，别人才会尊重自己，我们要让别人感到我们在重视他。聆听是在给别人一个表现的机会，会让他们产生优越感和自豪感，很容易被他们视作一种友好。学会聆听，我们才会说得更好，没有当过观众的演员怎么知道观众想看什么，没有当过听众又怎么可能在说话时抓住听众的心。做一个聆听者，我们会从中获取有价值的信息，吸收精华充实自己，在聆听的过程中还可以培养自己的耐心，使自己更有涵养，不知不觉中也锻炼了自己的分析能力。

6. 培养独立冒险型性格

独立倾向是性格成熟的标志之一，作为一个成熟的人应该用自己的视角去观察事物，从新的角度去分析问题。

具有独立精神的人不会为自己的利益去做驾驭他人的事，不以自己的意志去束缚任何人，虽然以自我为中心，但却能尊重他人的思想和意志，在与他人的交往中保持自身的独立性，并以个体的独立价值参与社会活动。

具有独立人格精神的人有宽广的胸怀，能海纳百川，不因生活中的琐事而与他人斤斤计较，不过多地计较个人得失，能宽容那些反对自己、歧视自己的人；不与人记仇蓄恨，能把敌人当作朋友来看待；能以平和的心态看待事物的发展，无视功、名、利、财、色、权等的诱惑，身处浊尘之中而能保持高洁的灵魂。

具有冒险精神的人倾向于独立面对严峻形势的挑战，并且为了达到目的能够承受重大的挫折和打击，能够在逆境中给人强大的激励。

冒险是成功的开始，对于一个勇敢的人来说，生活就是一项光荣的冒险事业。冒险并不等于鲁莽，行动要有明确的目的，清楚地知道自己在做什么，并愿意承担责任，面对竞争不是惧怕而是感到兴奋。

7. 培养创新学习型性格

每个人只有具有了创新精神，才能有所建树。创新学习是一种以求真务实为基础，采取创造性方法，积极追求创造性成果的学习。当今时代，知识更新周期大大缩短，各种新知识、新情况、新事物层出不穷，作为未来社会建设的人才和各行业的骨干，大学生不仅要认真学习，善于思考、掌握、加工、消化已有知识，还要敢于突破陈旧的思维定式，不断激发自己的创新意识，培养创新精神和创造性思维，不断提高和拓展自己的创新能力，力求有所发现、有所发明，为将来的创造性工作打下良好的基础。

三、远离几种不良性格

世间万物都具有两面性，人的性格也不例外，性格在给你带来优点的同时，也给你带来了缺点。认识性格上的负面影响，可以将自己的精神状态向好的方面引导，了解性格的误区有利于走出迷雾，成就自我。

1. 多疑

多疑常常使人陷入迷茫，混淆敌友，从而破坏自己的人际关系。多疑的人整天戒备他人，身心时刻承受巨大压力。如果把大把的时间和精力都耗费在无谓的猜疑上，就不能发挥自己的能力，结果往往是碌碌无为。

多疑的人，因为一切都采取不信任的态度，所以很难与别人合作，从而也就得不到他人的帮助。

2. 优柔寡断

优柔寡断的人常常对自己的决断产生怀疑，不敢决定事情，不敢担负应负的责任。因为犹豫不决，他们往往会失去一些本该拥有的东西。这种性格可能会破坏一个人的自信心、决断力和毅力，并且浪费精力。其实在日常生活中，只有少数相对重大和复杂的事情，需要在决定之前全面考虑和权衡，充分运用自己的知识进行综后判断，而大部分事情，在进行筹划和分析后就可以做出判断和决定。

3. 忌妒

忌妒源于自私。忌妒往往会把道德和情趣引向低级和庸俗，把聪明引向邪路。忌妒的人在哀怨自己无能的同时喜欢仇视和诋毁他人的成功，终日自寻烦恼。当他们顺利或成功时，容易得意忘形，失意遇挫时又萎靡不振。过强的忌妒心总是抱着宁为玉碎不为瓦全的心态，不仅会给他人带来痛苦和损害，而且让自己深受其害。

忌妒是一种被扭曲的心态，对人和事常常持有一种排斥和否定的态度，以偏概全，在贬低和批评他人的前提下来提高自己，而不是靠自己的努力来获得大家的尊重。

4. 冲动

冲动是每个人都有的一种情绪，在某种情况下冲动会使人失去对自我的准确把握，使得行为有一定的盲目性。

能够控制冲动的人，社会适应能力强，人际关系较好，也比较能够承受挫折和压力。而控制冲动能力差的人，会使人觉得难以接触，遭受挫折时容易丧志，遇到压力会习惯性地退缩，容易怀疑，甚至嫉妒他人，因易怒常与人发生争斗。

伴随冲动而来的便是愤怒，如果愤怒的情绪占了主导，往往就不能自制，常常会破坏正常的人际关系，轻则伤了和气，重则导致一些不该发生的事。当然，愤怒也是可以控制的。当面临使自己愤怒的人或事的时候，可设法拖延愤怒，拖延也是一种控制；也可以向自己信赖的人寻求帮助，亦或愤怒之后及时向别人道歉。

在日常生活中，也许同样的付出，别人却比你得到的更多，不要认为这是不可改变的宿命，其实命运掌握在自己的手中。虽然每个人的性格各不相同，但只要我们真正认识到自己性格的优缺点，并设法发挥优点改变缺点，就可以产生强大的力量，积极影响自己生活，成就辉煌的人生，培养和塑造暖阳般的性格是十分必要的。

参考文献：

[1] 刘建峰，范博．“90后”大学新生性格特征及入学教育工作对策分析［J］．时代教育，2014（5）．

[2] 黄赞松．对如何塑造医学生良好性格的思考［J］．右江民族医学院学报，2002（24）．

[3] 郑一群．性格影响力［M］．北京：北京工业大学出版社，2015．

[4] 唐莹，张静平，余小波．医学生人格及其相关因素的研究进展［J］．解放军护理杂志，2005（22）．

[5] 王近．注重实践教学活动塑造大学生良好性格［J］．郑州牧业工程高等专科学校学报，2013（33）．

[6] 赵瑛，郑建中．医学院校大学新生角色适应和人际关系研究［D］．太原：山西医科大学，2014（3）．

第十章　能力拓展——我要竞选学生干部

你是否真正地了解什么是学生干部？你是否清楚地知道学生干部在大学校园里的重要性？需要做哪些准备才能成功地竞选学生干部？一名优秀的学生干部应该具备怎么样的品质和能力？如果你当选为学生干部，你将怎样开展工作？本章所写内容应该能够为你带来清晰立体的认识和理性的思考，也希望能够激励你鼓起勇气竞选学生干部。

第一节　正确认识高校学生干部

想要竞选成为一名高校学生干部，不仅要正确清晰地了解什么是高校学生干部，学生干部在高校中有何重要意义，还要能够大致了解高校学生干部的各种类型、学生干部的素质结构体系以及学生干部工作内容等。

一、高校学生干部的定义

通常认为：高校学生干部是指在学生正式群体或组织中担任领导工作或管理工作的学生，包括校内各级党团组织、学生会、班委会以及各类正式学生团体的学生管理者。高校学生干部是学生中的骨干分子，是学校思想教育和管理工作的重要依靠力量，是学校党团组织、学校政工人员、教师、同学沟通的桥梁和联系的纽带。换言之，高校学生干部就是利用自身影响力去充分调动同学们的积极性和创造性的人。学生干部通过服务同学、服务学校的行动实现知识扩充、能力提高、思想提升的个体价值和维护稳定、促进发展、提供服务的社会价值。

共青团中央、全国学联在《高校学生干部培养规划》文件中指出：高校学生干部是学校教育、管理、服务等各项工作在学生中的组织者、协调者和执行者，是学生工作队伍的重要组成部分，是促进学校改革、发展、稳定的一支重要力量。

一方面，高校学生干部具有双重身份，既是受教育者或受管理者，又是教育者或者管理者，其身份具有显著的双重性。另一方面，学生干部又具有角色的多样性。学生干部既是学生又兼具了模范、服务、管理、桥梁、领袖等多种角色定位，他们是学校教育管理中最基层组织的具体实施者，是学校做好各项工作的重要力量。

二、高校学生干部的地位和作用

高等学校担负着培养社会主义建设者和接班人的重任，在学校的各项活动中，学生干部的参与是顺利落实各项工作、全面促进学校育人工作的重要保证。正确认识高校学生干部的地位和作用，是发展成为一名优秀学生干部的重要前提；正确认识学生干部的地位和作用对学生摆正自己位置，处理好工作与学习的关系，端正工作态度，树立和增强服务意识，提高工作的积极性、主动性、创造性，切实有效地发挥应有的作用，有着非常重要的意义。

1. 学生干部是学校思想教育和行政管理的主力军

在高校中，多数学生的自我教育、自我管理、自我服务主要是通过学生干部进行的。这种自我教育、自我管理、自我服务是教育与管理的最好形式，符合大学生的心理特征，有利于学生个性的培养和发展。学生干部在教育管理过程中的这种特殊作用，决定了学生干部在学生工作中的重要地位。

2. 学生干部既是学校活动的组织者又是参与者

在学校开展的各项活动中，学生干部一方面要参与前期的讨论和策划；另一方面，学生干部又能够调动广大同学参与活动的积极性和热情。可以说没有学生干部，学校活动就不能顺利开展，更不能达到学校组织者所预期的教育目的。

3. 高校学生干部是在校园中影响面广、影响力大的学生代表

由于工作关系，学生干部活动面比普通学生广，影响面自然也比较大；同时，学生干部多数是通过学生民主选举选拔上来的，具有较高的号召力。

4. 高校学生干部体现了当代大学生的精神文明面貌，在校风建设中具有表率作用

学生干部在各方面的优秀表现充分体现了当代大学生的精神面貌，体现了学校建设的有益成果。学生干部在班风建设中具有至关重要的作用，尤其是学生会主席、大班长、团支书等重要的学生干部更应该发挥示范带头作用。他们的言行举止会直接影响身边的同学，影响整个班集体。因此，学生干部在班风、学风、校风建设中具有重要的表率作用。

中共中央、国务院在《关于进一步加强和改进大学生思想道德建设的意见》中明确指出：高校的学生干部是“思想政治教育工作队伍中的重要组成部分”。

第一，高校学生干部在老师和学生之间发挥着纽带作用。

一方面，学生干部是老师和学生之间的信息传递者，发挥着上传下达的重要作用；另一方面，学生干部维护广大同学的利益，反映学生意见、建议和要求，及时宣传学校的工作情况，降低了工作难度，促进了同学与学校之间的沟通和理解。

第二，高校学生干部在各项活动中发挥着骨干带头作用。

高校学生干部是大学生中的优秀分子，他们最鲜明的特点是能在同学中建立良好的人际关系，具有较高的人格魅力和威信，是同学们的学习榜样。学生干部的先进性主要体现在：团队意识较强，能够做到严于律己、以身作则；思想上遵章守纪，觉悟高；有自愿为同学们排忧解难的自觉服务精神，能够切实地用自己的行动影响带动身边同学，在学生中发挥榜样示范作用。

第三，高校学生干部在学生的自我教育中发挥着组织领导作用。

学生干部既是学校组织和开展教育活动的得力助手，同时又是实施自我教育的组织

者和领导者。他们在自我教育活动中的作用，主要表现在能够积极主动抓好班级集体建设，努力营造良好的校风、学风、班风，为同学们自我教育创造良好的环境和条件。另外，学生干部通过组织开展丰富的第二课堂活动、参加社会实践活动等，带领同学逐步实现自我教育。

第四，高校学生干部是先进思想的传播者，发挥着积极的宣传作用。

大多数的高校学生干部相比普通学生思想觉悟要高一些，对接受先进思想的自觉性要高一些。先进思想可以提高广大学生的思想觉悟，先进思想的宣传工作是学校工作的重要组成部分。学生干部是学校行政管理中的得力助手，是大学生思想教育工作方面的重要力量。学生干部在先进思想的宣传工作中起到了以点带面的作用。

三、学生干部的类型

学生干部通常有以下两种分类方法：

1. 按学生组织的层次分类

依据学生组织层次的不同，可将学生干部群体分为班级、院系和校级学生干部等类别。①班级学生干部包括班级班委会和团支部，如班长、团支部书记以及学习委员等。②院系学生干部包括院系学生党支部、团委（团总支）、学生会和研究生会的学生干部，如院系学生党支部书记、院系团委（团总支）学生兼职副书记、院系学生会主席、院系助理辅导员等。③校级学生干部包括校团委、校学生会、研究生会以及学生宿管会的学生干部，如校团委学生兼职副书记、校学生会主席、社团联合会主席以及学生宿管会主任等。

2. 按学生组织的功能分类

每个学生组织都有其特定的功能。根据学生干部所属学生组织功能的不同，可将学生干部群体分为以下几类：①班干部，特指班委会干部，如班长、学习委员、组织委员、心理委员、纪律委员、文娱委员、宣传委员等。②党团学生干部，包括班级、院系和学校党团组织的学生干部，如班级党支部书记、院系学生会主席、校团委学生兼职副书记、校学生会主席、校团委组织部部长、校党委宣传统战部学生干部等。③学生社团干部，包括各类正式的学生社团的干部，如青年志愿者协会会长、爱心社社长、创新创业俱乐部理事长等。④学生宿舍干部，包括参与学生宿舍管理的所有学生干部，如学生宿管会主任、某学生宿舍楼楼长、宿舍长等。⑤学生兼职干部，一般是由学校学生工作相关部门根据某些岗位的重要性和特殊性而设立的，如学生兼职辅导员、学生兼职班主任等，通常是由经历比较丰富的高年级本科生或研究生担任。

四、高校学生干部的素质结构体系

高校学生干部应具备的素质结构体系是指他们在一定的组织思想、纲领和宗旨的规范下，包括生理、心理、品质、管理、知识、能力等各种要素的综合，是一个由诸多要素组成的相互联系、相互作用、相互影响的复杂系统，是个人综合素质的形成与体现。在这些素质体现中，生理素质和心理素质是基础和前提，政治素质、道德素质是核心和方向，文化素质和能力素质是关键。针对高校学生干部工作的实际素质需要，学生干部素质结构主要强调后天形成的社会素质，包括政治素质、道德素质、文化素质、能力素质，也包括先天和后天共同形成的心理素质。

1. 政治素质

政治素质，是指政治主体在政治社会化过程中所获得的对其政治心理和政治行为发生长期稳定的内在作用的基本品质，是社会的政治理想、政治信念、政治态度和政治立场等在人的心理上形成的并通过言行举止表现出来的内在品质。高校学生干部作为学生群体的组织者和领导者，必须具有较高的政治觉悟、政治品质、政治理论水平，它决定着高校学生干部工作的方向。政治素质是高校学生干部的政治方向、政治立场、政治观念、政治态度、政治信仰、政治技能的综合表现，更是高校学生干部成才的政治保证。

高校学生干部的政治素质主要包括以下几个方面：第一，较高的政治理论和政治知识。政治理论和政治知识是学生干部政治素质的基础，统称为政治理论知识，是人们对政治制度、社会政治活动及其规律的系统的理论化的反映。作为高校学生干部要自觉地学习马克思列宁主义、毛泽东思想、邓小平理论、“三个代表”的重要思想以及习近平总书记提出的加快实现四个现代化的正确方针，努力学习习近平总书记系列重要讲话精神，了解、掌握科学的世界观、方法论，努力把自己培养成为一名优秀的青年马克思主义者。第二，坚定的政治方向和政治立场。政治方向是政治素质的核心，坚持正确的政治方向是指坚持中国特色社会主义政治发展道路，坚持党的领导、人民当家做主、依法治国的有机统一，积极稳妥推进政治体制改革，不断推进社会主义制度自我完善和发展。政治立场是指个人在观察和处理政治问题时所处的地位和所持的态度。高校学生干部的角色定位决定了他们必须坚定不移地坚持党的基本路线不动摇，必须自觉地在政治上、思想上和党中央保持一致，必须坚决地同一切损害人民利益，破坏社会主义发展的错误、反动倾向做斗争。第三，正确的政治理想和政治信念。政治理想和政治信念是指人们对未来事物有根据、合理的想象或期盼，对现存的或有可能的事物、观念的正确性和正义性的确认和笃信。这是人们世界观、人生观、价值观在人生奋斗目标上的集中体现。高校学生干部只有树立了正确的、科学的、崇高的、进步的政治理想和政治信念，才能在日常生活中进行正确的行为选择、意志调节，才能百折不挠、执着持久地对社会、对他人履行职责和义务，才能为社会的远大理想和终极目标的实现奋斗不止。第四，敏锐的政治意识。政治意识，是指政治主体所具有的政治认识、政治观点和政治信仰，以及对于政治现象的态度和评价。随着当前经济全球化、格局多极化、政治国际化的趋势，高校学生干部势必要锻炼和提高自己的政治敏锐性和洞察力，善于从政治的高度观察、分析和处理各种复杂问题，能够正确地分析形势，能够敏锐地识别各种危害中国特色社会主义事业的思想和行为，在错综复杂的矛盾和各种干扰面前，始终保持清醒的头脑，形成正确的政治判断，从而针对性地做出科学有效的决策。

2. 道德素质

道德素质是指人经过后天的环境和教育的作用而形成的道德认知、道德情感以及道德行为。一名优秀的学生干部要德才兼备，以德为先。高校学生干部依靠自身优良的道德品质在同学之中树立威信，主要体现在其公正无私、谦虚律己、宽容豁达、乐于奉献、敢于承担责任等品质中。

高校学生干部的道德素质主要有以下几点要求：第一，高校学生干部要为人光明正大，不弄虚作假，对上级组织或领导既要尊重，又不阿谀奉承，不讲假话、套话，不卑不亢，有自己独立的人格；同时要对同学一视同仁，热情关怀，坚持原则，不徇私情，处处从大局着想，求真务实。第二，高校学生干部应具备谦虚的品格，能够接受他人的意见，能够虚心向他人学习。要始终牢记自己的职责，严格要求自己，自觉遵守校规、校纪，谨言慎行，以身作则。第三，作为高校学生干部，要顾全大局，自觉抛弃个人间的纠纷瓜葛，忍人所不能忍，容人所不能容，处人所不能处。要具有宽容豁达的胸怀和气度，尊重团结同学，不嫉贤妒能，对同学取得的成绩要表示由衷的高兴和敬佩，调动一切可以调动的积极因素，使组织内部关系融洽，使成员之间更加团结。第四，高校学生干部要有强烈的责任意识，遇到困难时要积极主动地寻找解决克服的办法，勇于承担责任，从而真正做到在同学中有担当。第五，学生干部要具有奉献和敬业精神，能够牺牲个人的利益处理好工作、学习和生活的矛盾，从而实现自己的人生价值。

3. 文化素质

文化素质是个人素质的一个重要方面，是其他一切素质的基础。对高校学生干部文化素质要求包括以下几点内容：第一，完善的政治理论知识。这个前面已经叙述了具体内容，学生干部要与时俱进，将政治理论知识同具体的工作实际紧密结合，把党的事业和马克思主义中国化的理论体系向前推进。第二，合理的知识文化结构。高校学生干部所从事的工作和活动是相对具有一定综合性、复杂性的社会实践活动，要求学生干部必须具有相对合理的知识文化结构，也就意味着高校学生干部既要有丰富的文化知识，又要有精深的专业技能。学生干部一方面要扎实学好专业知识，另一方面要有意识地拓宽自己的知识面，广泛学习国内外优秀文化成果，以此提高自身文化品位、审美情趣、人文素养，进而全面提高自身文化素质和专业技能。第三，较强的创新创造能力。在学习和工作中，高校学生干部要不断锻炼自己的创造性思维和创新意识、理论研究能力、实践应用能力和文化创作能力，必须坚持努力学习与深入实践、勤于思索与勇于创新的统一，用自己的才能带领广大同学创造出新的社会主义成果。

4. 能力素质

高校学生干部的能力素质是由学生干部在组织中特殊的职责需要决定的，是指高校学生干部为了有效实施领导、完成组织目标必须具备的知识、才能条件的有机组合。高校学生干部既要具备良好的学习能力，如观察力、记忆力、自学能力、阅读能力、科研能力等，又要具备良好的工作能力，如组织管理能力、分析判断能力、策划执行能力等。这里主要论述的是工作能力，包括以下几个方面：第一，组织能力和协调能力。组织能力是干部工作能力构成的核心，任何工作活动的开展都离不开组织能力，能力的高低直接影响到干部工作的成败。协调能力是指善于处理上下、左右、内外之间各种关系的能力。第二，表达能力和社交能力。表达能力是高校学生干部必须具备的基本功，通常是指口头表达能力和文字表达能力。高校学生干部在组织活动、开展工作时，需要制订工作计划、宣传鼓励、报告演讲、总结材料等，这就要求高校学生干部能说会写，能够通过口头或文字的表达和宣传把上级的精神和工作要求传达给同学。第三，开拓创新能力。开拓创新能力，是指人们运用创新激情、创新思维、科技素质发现问题、分析问题、解决问题以及在解决问题过程中进一步发现问题从而不断推动事物发展的能力。第四，思想方式方法。科学的思维方式是高校学生干部能力素质的重要组成部分，其科学与否决定学生干部能否对某些具体情况做出正确的、快速的判断和推理，从而把握事物的本质。高校学生干部应该具备系统性思维、多维性思维、扩展性思维、动态性思维、创造性思维这五种科学的思维方式。在实际工作中，高校学生干部在复杂多变的情况下，应该全面的、联系地看待问题，从不同的角度辩证地分析问题、讨论问题、解决问题。学生干部要能够通过系统性思维，多角度地看待问题，从而创造性地处理问题，要不断提高思维的敏捷性、广阔性、独立性和批判性，要树立正确的世界观、人生观、价值观，将小我融入大我，拥有宽广的胸怀和开阔的思路。

5. 心理素质

心理素质是先天性遗传生理素质和后天教育训练相结合的产物，是人的一种本质特征的反映和表现，以心理与精神的状态表现出来。高校学生干部必须具备良好的心理素质，主要包括以下四个方面：第一，良好的认知能力，包括正确的自我认知和对事物认知的把握能力。高校学生干部只有正确客观地了解自己的强项和局限，对自身有正确的自我评估，才能在工作中拥有自信心，才能够充分发挥和挖掘自身的潜力；学生干部只有通过对事物的客观、全面、深刻的观察，才能够认清事物的本质，使工作和活动朝着更好的方向发展。第二，良好的情绪情感，换句话说就是较高的情商和管理自我情绪的能力。它主要体现在具有稳定、愉快的心境。高校学生干部应该学会管理自我情绪，在面对失败或者挫折的时候能够宠辱不惊，遇事要头脑冷静，不断提升自我管理能力。第三，坚强的意志品质，主要是指高校学生干部能够明确目标，并采取各种行动实现预定目标的过程中的心理品质。坚强的意志品质主要表现为能够驾驭自我，在遇到困惑、恐惧、慌张、厌倦、懒惰等消极情绪时表现出的坚韧不拔、百折不挠、锐意进取的心理品质。第四，健全的人格。健全的人格是各种个性特征的完备结合，是经常出现的、比较稳定的心理倾向性和非倾向性的总和，具有特殊性，是一个人区别于他人的特质。科学的世界观、人生观、价值观是健全人格的核心因素。健全的人格还包括良好的个性，表现为兴趣广泛、较强的能力、独特高雅的气质以及良好的性格脾气。因此，优秀的高校学生干部应该不断修炼自己的品格，培养自己的兴趣爱好，不断完善自身，塑造更加健全的人格，从而更好地安排好自己的工作、学习和生活。

第二节　如何竞选学生干部

作为一名医学院校的新生，是否要参加学生干部的竞选需要深思熟虑。面对沉重的专业学习压力，你是否有十足的信心一定能够成功竞选？如果当选，你是否做好面对各种压力和困难的准备？你是否能够合理有效地分配好学习和工作的时间？除此之外，医学院校的学生干部的现状如何？如果你曾经在高中时期担任过班长或者其他学生干部，你应该能够很快做出决定；如果你是从零开始，希望在大学期间丰富自己的人生阅历，以求全面发展和提升自身就该从以下三个方面入手：

一、认清现状，理性思考

如同所有高等院校一样，医学院校学生干部的发展整体上呈现出良好趋势，学生干部队伍建设逐步完善，广大学生干部在学校的教育和管理工作中都起到了显著的作用，他们以身作则，引领了广大学生向好的方向发展。但是医学院校，因为其专业的特殊性，在学生干部工作能力发展和学生干部专业发展上始终不能得到有效的平衡。问题主要表现在：一方面，医学院校专业学习任务重，实验课和基础理论课占据学生干部较多时间，多数学生干部不能够做到工作和学习两不误，出现一边倒的现象。成绩好的学生在干部工作上效果平平，工作不上心；而有些工作成绩突出的学生干部，学习成绩平平。另一方面，医学生普遍是理科生出身，与文科生在方案撰写、活动议程拟订以及沟通领导能力等方面有明显的差距。具体可以划分为以下几个问题：

1. 不能正确处理学习与工作的关系

在高校学生干部工作中最突出的问题就是不能正确处理学习与工作的关系。有的学生干部工作十分积极，认真负责，花费大部分时间和精力组织和参加各类活动，有的甚至请假去工作，更有甚者，私自逃课去完成工作任务。这类学生干部应做到：

第一，注意培养自己正确的工作观，积极参加各种理论学习活动，通过学习，明辨是非。

第二，正确处理学习与工作的关系，合理分配时间，使工作和学习相互促进，把握有效的学习时间，提高效率。

2. 缺乏良好的思想道德修养

有些学生干部缺乏政治理论学习，缺乏对国情、社情、民情、校情的认识和了解，对国家的改革和政策以及社会热点问题不过问、不关心，不参加群众路线专题学习会，不参加学生干部骨干培训大会等。还有些学生干部表现为不注重个人行为，恶习不改，在公众场合抽烟、喝酒，考试作弊，违反校规，在一些重要的场合发表不正当言论等。

3. 缺乏沟通协调能力

学生干部由于工作的特殊性，需要接触较多人群，需要协调和沟通的事情较多。有些学生干部说话过于专制武断，不听取他人意见，在处理问题时不够周全，喜欢独当一面，缺乏良好的沟通协调能力。这类学生干部应该做到：

第一，培养团结精神，提高合作意识。

第二，扩展人脉资源，提高人际交往能力。

第三，学会自我反省，严于律己，宽以待人。

4. 知识面窄，应加强学习

在高校学生干部队伍中，专业知识、专业技能优秀的学生干部比重较低。学习成绩好更容易赢得同学的尊敬，在同学之间形成好的示范带头作用。学生干部首要任务就是学习，身为班干部多少会耽误一些自己的学习时间，所以应该加强自身专业知识和专业技能的学习和钻研，通过学习知识提高自身分析问题和解决问题的能力，增强对同学的吸引力和感染力，从而提高学生干部领导行为的有效性。这类学生干部应该做到：

第一，加强医学专业知识和专业技能的学习，发挥榜样示范作用。

第二，加强课外知识的拓展，扩充自身知识面。

第三，加强管理知识的学习，科学有序地开展学生工作。

二、充分准备，从容选择

作为初来乍到的大学新生，如何成功地竞选成为一名学生干部，应该掌握哪些技巧，要提前了解哪些方面的信息，需要做哪些准备工作都是需要思考的问题。

竞选学生干部，首要任务就是要做好充足的心理准备，想清楚，搞明白。明确自己的竞选动机，即愿不愿意成为一名要以“服务同学”为中心任务的学生干部？首先，你要明确自己竞选学生干部的动机。竞选学生干部有很多种动机，最常见的是喜欢担任学生干部，喜欢学生干部工作，因为有当学生干部的经验，所以敢于在同学和老师面前推荐自己，希望得到大家的关注和信任，有信心能够胜任。还有的学生竞选学生干部是希望接受挑战，认为这是一件很刺激的事情。其次，你要对自己有个准确清晰的自我评估。你要梳理清楚自己擅长的事情，自身有哪些不足，并对自己的性格做一个大致明确的分类。这很关键，因为可能会直接影响你接下来的行为。比如这样几个关键词：外向、活泼、喜欢和人打交道、心地宽容等。但是，如果你敏感、内向、胆怯，去竞选学生干部或许会给你带来一种挫败感，当然也许会从此改变你的性格。再次，选择一个适合自己的职位竞选，并提前了解竞选职位的工作职责、工作范围、工作组织。这一点至关重要，要结合自身的兴趣、实际能力、特长等去选择。最后，准备一个自信、真诚、能够打动人的自我介绍。学生干部推选的方式有很多种，有民主选举、学生自荐、教师选拔等多种形式，但准备一份清晰完整的自我介绍必不可少。

三、预见未来，未雨绸缪

竞选学生干部在整个大学生涯中是一件不小的事情。如果竞选顺利，应是大学生涯一个不错的开始；如果竞选不成功，可能会沮丧一时，爱面子或者心理承受能力差一些的同学可能会灰心丧气，所以这也是一件考验自己承受能力的事情。但是不管最后的结果怎样，作为大一新生的你都应该努力做到预见未来，未雨绸缪。竞选成功固然开心，接下来的大学生活可能就要热闹起来，你会认识很多的新同学，你会参加所在组织的会议，然后留下很多电话和微信号码，大学生活的朋友圈一下子就广阔起来。竞选不成功也不要灰心，更不要掉眼泪。大学生活才刚刚开始，后面还有很多精彩的内容，还有很多的挑战和机遇。你可以参加很多的社团，即便不是学生干部，你也依然会有丰富的课余生活，依然会认识很多朋友。

第三节　我要成为一名优秀的学生干部

俗话说，不想当将军的士兵不是好士兵，不想成为一名优秀的学生干部的学生干部也不是好干部。每一名学生干部都希望能够得到老师和同学的认可、学校的表彰、就业单位的认同，那么究竟如何才能成为一名优秀的学生干部呢？

一、坚定的理想信念

作为一名优秀的学生干部，最重要的是要有坚定的理想信念。要坚定不移地坚持社会主义道路，树立正确、科学、崇高、进步的政治理想和政治信念，坚定不移地贯彻党的路线、方针、政策；树立科学的世界观、人生观、价值观，坚信共产主义必定会实现。学生干部要用自身的实际行动践行社会主义核心价值观，将社会主义核心价值观的精神内化于心，外化于行。学生干部要不断加强政治理论知识学习，树立公仆意识、民主意识、开拓意识和参与意识。

二、过硬的心理素质

作为一名优秀的学生干部，要具备良好的心理素质，心理承受能力要强，能够做到胜不骄，败不馁。良好的心理素质是指具有良好的认知能力，即敏锐的观察力、良好的记忆力、较强的分析力、丰富的想象力和一定的创造力。简单说，就是首先要有较高的智商；其次要有较高的情商，要能够很好地调节和控制自己的情绪、情感，遇事能够头脑冷静；最后就是要具备能吃苦、坐得住的意志力，在想要放弃工作的时刻能够咬牙坚持住，在困难面前总能想出解决的办法。

三、踏实的工作态度

第一，求真务实，拒绝浮躁。一名优秀的学生干部要能够从我做起、从小事做起，踏实肯干，吃苦耐劳，自觉培养良好的工作作风。学生干部要在工作中稳扎稳打，不断提升各项水平，拒绝浮躁。

第二，注重细节，步步为“赢”。每一个优秀的学生干部都十分注重细节，都是抱着一种对事情高度负责的态度，认真做好每件小事，处理好每一个细节。他们不仅具有敏锐的洞察力，更可贵的是不怕为小事所累的敬业精神。

第三，重视积累，水滴石穿。学生干部应重视每一次活动的积累，在积累的过程中应做到拥有毅力和恒心，养成良好的习惯。

第四，明确责任，勇于担当。责任感是大学生成才过程中稳定而持久的内在动力源泉。一个有责任感的学生干部应把个人成才看作个人发展与社会要求的统一，把自己的成才和个人发展建立在对国家、对社会、对人民有所贡献的基础之上。优秀的学生干部不仅要具有勇于担当责任的意识，更要用实际行动去承担责任，争取做学习上的楷模、工作上的表率、合作中的纽带以及生活上的榜样。

第五，努力学习，志存高远。学生干部要做到知行结合、勤读善学，要善于学习新知识，学会用科学的管理方法，促进学生工作的开展。要做到锐意进取、志存高远，树立远大的理想，明确人生的奋斗目标。还要拥有强烈的事业心和责任感，以锐意进取、不懈奋斗的信心和勇气朝着目标努力。学生干部要做到积极思考，稳中求变。高校学生干部要不断强化创新意识、特色意识，把握时代发展的脉搏和学生发展的现状，逐步形成现代学生干部的新意识、新理念，努力做到工作思想“欣欣向荣”、工作形式“新颖独特”、工作实质“深入人心”。

四、科学的工作方法

工作方法是指为了达到一定的工作目标所采取的手段和途径。科学的工作办法不仅能够提高工作效率，而且能够达到事半功倍的效果。高校学生干部工作方法有很多种，最常用的是问题法和任务法。

问题法是指学生干部自己发现问题，自己提出问题，自己解决问题。问题法的主要实施程序是发现问题、提出问题、寻求问题的实际解决办法、总结这四个步骤。在学生干部的工作中，问题法的运用一方面可以使学生干部在达到工作目标时，明确各自的职责和任务，合理配置资源；另一方面，有利于正确分析总体目标，保证合理分工，有效促进协调沟通。

任务法是指将职务工作进行细分，然后分析在完成任务的过程中所需的知识和技能的方法。这种工作方法目的明确、步骤清晰、结果显著，不仅有利于工作开展更有利于培养学生的合作意识。它主要分为五个步骤实施：采用问卷调查法、访谈法或小组讨论法制订工作任务；明确工作人员在正确履行各种任务时应具备的技术和能力；评估任务实施的可行性；工作任务的具体实施以及最后的总结成效。

学生干部是高校学生管理工作的重要组成部分，要做好学生工作，学生干部不仅要有较高的个人素质，而且要掌握科学的工作方法和技巧。

五、完善的工作技能

一名出色的学生干部顺利地完成各项工作任务，除了需要培养自身的领导力、掌握科学的工作方法外，还要具备完善的工作技能。工作技能首先要介绍的就是文书写作。文书写作要求是明确目的、认清对象，符合实际、真实可靠，遵守范式、规范语言。根据工作需要，最常用的就是事务文书，即日常工作事物所用文书。如策划、总结、调查报告、案例、讲话稿、简报、会议记录、慰问信、感谢信、述职报告、启事、新闻稿件等。生活文书以及凭证文书也较为常用，如聘书、申请书、倡议书、海报、介绍信、证明、协议书、申请书等。掌握基本的文书写作要领是每一名学生干部都应该具备的技能。

动员组织能力是第二个重要的工作技能，主要是指学生干部构造组织体制的能力、整体规划的能力、科学决策的能力、组织实施的能力、激励诱导能力。

第三个重要的工作技能就是沟通协调能力。这里的沟通主要是指口头沟通，如倾听、说话、交谈、演讲等；还有书面沟通，主要是指阅读和写作。学生干部要注意三种沟通关系：老师、共事同学和普通同学。与老师沟通要文明礼貌，任务要主动完成，及时反馈汇报工作；学生干部之间要平等相待，相互尊重，相互理解；要贴近同学，关心同学，为同学们服务。学生干部在与人沟通时要掌握因人制宜、因时制宜、因地制宜的三大沟通原则，根据沟通对象的不同采用不同的沟通方式。与人交谈要学会倾听，尽量面对面去交流，利用网络进行沟通时要注意保护个人信息，尊重他人隐私。学生干部要学会利用缓冲法、暗示法控制自身和沟通对象的情绪，达到沟通顺畅的良好效果。

六、精干的工作实务

高校学生干部的工作实务主要包括突发事件处置、学生活动策划组织以及事务咨询服务等。

首先，学生干部要熟悉突发事件的五大特征：突发性、危害性、潜在性、敏感性、群体性与扩散性。其次要熟悉突发事件的各种常见形式，以及突发事件的处置的三种阶段：事故预防阶段、事发处理阶段、事后总结完善阶段。在突发事件的处置过程中，学生干部要扮演好老师的得力助手、广大学生的带头人。学生干部要利用 QQ、微信等新媒体交流平台，建立起一套高效的信息沟通网络，协助老师做好信息的发布与宣传以及相关教育活动的工作。

其次，熟练地掌握学生活动的策划与组织实施，也是学生干部切实履行职能、发挥表率与服务作用的关键能力。一般活动策划按照策划书名称、活动背景、活动时间、活动目的、资源需求、活动开展、经费预算、活动中问题与细节、活动负责人及主要参与者的范式进行撰写。在活动策划过程中应首先获得学校的认可与支持，在落实活动经费时找准要点，掌握技巧，巧拉赞助；落实好工作分工，并做好人员培训以及物资准备及联系工作。除此之外，要做好活动开展过程中突发情况的应对及方案的及时调整，活动结束后要及时进行总结反思，并对成员进行一定的表彰与激励。

最后，事务咨询服务，是指向同学就学习、生活中遇到的各类问题提供咨询服务。在事务咨询服务中，学生干部应主动与相关职能部门建立联系，建立系统的信息收集渠道，如收藏各职能部门的信息发布网页，每天定期点击网页查看信息。在事务办理中学生干部要坚持公平公正的原则，规范服务流程，提高服务效率，协助老师更好地完成各项工作。

一名优秀的学生干部看似要掌握很多的技能、技巧才能顺利地完成各项工作，实际上，只要你放轻松，摆正心态，持有不断学习的激情和信心，最终一定会成为一名优秀的学生干部。

参考文献：

[1] 李焱. 高校学生干部培训教程 [M]. 重庆：重庆大学出版社，2014.
[2] 张蕾，西荣超. 大学生素质成长丛书：学生干部指导手册 [M]. 北京：清华大

学出版社，2013.

［3］王伯军. 干部素养是如何练成的［M］. 上海：复旦大学出版社，2013.

［4］丁小球. 高校学生干部工作手册［M］. 广州：中山大学出版社，2011.

［5］乔纳森·蒂施. 团队的力量［M］. 李慧波，译. 北京：清华大学出版社，2010.

［6］卡耐基. 沟通的艺术［M］. 刘祜，译. 北京：中国城市出版社，2007.

第十一章　温馨与和谐——寝室是我的港湾

第一节　爱我小家

一、缘分天空

在中国如此辽阔的土地上，我们来到了同一个城市；在众多的高校里，我们选择了同一所大学；千千万万的人，我们相聚于同一个寝室，成为彼此最亲密的室友。这便是缘分。因此，我们要珍惜这妙不可言的缘分，在寝室这个小家里互帮互助，成为相亲相爱的一家人。

融入大学生活的一个重要标志便是融入大学的交往圈，而寝室圈是大学生活最基本、最重要的交往圈。寝室不仅是我们生活和休息的场所、学习的园地、信息获取的窗口，也是思想交流的场所、娱乐的天地，更是学会如何与他人和睦相处、感受爱、学会包容、懂得付出的重要课堂，是我们从家庭到高校再到社会的一个缓冲地带。寝室是我们的小家，是爱的避风港。

二、打造温馨家园

1. 营造和谐的物理环境

寝室是高校最小的群体单位，是大学生彼此接触最多、交流最多的场所。据调查，大学生有近三分之二的时间是在集体宿舍里度过的。寝室是我们学习和生活的重要场所，其环境直接影响到我们的学习和休息质量；同时，寝室环境也是校园文明程度的重要标志。拥有安全舒适、干净温馨的寝室环境也是我们共同的愿望和追求。

一间小小的寝室，如果空间布局合理，收拾得干净整洁，便会让人心情舒畅，反之，则让人心烦意乱。不要忽视寝室卫生的重要性，不要以为自己打扮得帅气靓丽就行，不要做外表光鲜、内务邋遢的“乱室佳人”。属于室友们的小家，需要靠大家共同努力来规划布置。寝室的整理维护，刚开始比较困难，但在室友们的齐心协力下，一旦养成定时打扫、自觉维护的好习惯，寝室便成为休息放松、休闲娱乐的好场所。寝室布局的基本要求是尽量简洁，将多余不常用的物品放进柜子里，物品摆放可参照军训内务整理要求来执行，无论是公共领域，还是私人空间，都应尽量整洁一致。公共区域大家一起打扫，私人领域，如书架、床等自行收拾整理，确保看书、写作时不束手束脚，要用某物时不翻箱倒柜，费时费力地到处寻找。寝室成员都收捡好自己的鞋袜，摆放好桌凳，保持地面干净、过道畅通无阻；另外还要善于利用角落等空间，用来摆放扫帚、簸箕、纸篓等清洁卫生物品。这样，便使得有限的空间看起来更加宽敞明亮、整洁舒适，同学们生活在其中，也会更加舒服自在。

2. 建设丰富的寝室文化

寝室文化是寝室成员在一起共同生活、学习的过程中相互作用形成的一种群体文化，主要以寝室及周围场所为主要活动空间，以健康向上的课外活动为主要内容。寝室文化主要包括三方面内容：一是寝室区域内的整体布局、装饰打扮、绿化美化等，这是寝室文化的硬件和最直观的外在表现形式。这是在把寝室打扫干净、收拾整洁的基础上提出的进一步要求，即装饰美化寝室，主要利用一些勉励学习的字画、充满生机活力的绿色植物、自制手工装饰品等来体现寝室温馨和谐的文化氛围。各校、各院系的寝室文化节在寝室装饰这一块都有较高的要求。二是室友共同制定的、起规范保证作用的各项规章条例，以及在寝室生活中约定俗成的各种生活方式，主要指学习制度、生活制度、行为规范等。现实生活中，最常见的便是各寝室制定的室规，其中主要包括作息时间和卫生值日安排。这一层次的寝室文化用来保证室友的正常作息和维护寝室的卫生环境，使得整个寝室有序运行，减少寝室内部的冲突。三是深层次的寝室文化，是寝室成员在长期的教育实践过程中，所形成的为寝室成员所认同和遵守的精神成果与文化观念，主要包括价值观念、精神面貌、寝室氛围等，集中体现为寝室的“室风”。寝室文化具有感染力，室友间会相互影响，这也是学霸寝室、学渣寝室出现的重要原因。

三、良好习惯不可少

1. 培养生活自理能力

中学时代，我们将绝大部分的时间和精力都用在了学习备考上，父母无微不至地照料我们，承担了如洗衣、做饭、收拾房间、端茶倒水等一切生活琐事。这也导致了个别学生除了读书考试，什么都不会，连生活都无法自理。据新闻报道，有大学新生不洗衣服，将脏衣服打包寄回家，还有因不能天天洗澡、不适应住校生活、离开妈妈不能生活等理由而被迫退学的。这都是大学生无法独立生活、缺乏自理能力的表现。进入大学，意味着独立生活的开始，无论是衣食住行，还是其他方面都必须学会自己打理，培养自理生活能力是迈入大学生活的第一步。大学新生必须要学会自己铺床叠被子，收拾寝室，自己洗衣服，缝补衣物，根据天气变化适当增减衣物，一日三餐按时吃饭等。所以，安排好自己的日常生活是大学新生重要的第一课。

2. 培养良好的生活习惯

为确保个人的身心健康，大学新生入校后，就应该重视培养良好的生活习惯。首先是要合理安排作息时间，养成早睡早起的好习惯。有的寝室习惯晚上天马行空地卧谈到深夜；有的喜欢夜深人静时挑灯夜读，从而导致白天起不来，呼呼大睡。这都是不健康的作息习惯，造成疲劳，影响睡眠，降低人体免疫力，还可能影响到室友的休息，导致寝室矛盾。因此，需要保障充足的睡眠和有规律的作息，才利于身心健康和室友间的交往。其次是要按时吃饭，均衡饮食。不能因为睡懒觉而不吃早餐，或者边走边吃，不能以零食代替正餐，不要挑食偏食，肉食、蔬菜、主食、水果、豆类等都要吃。切忌酗酒、抽烟、沉溺于游戏，这样不仅伤身，还会上瘾，浪费时间，荒废学业。另外还应进行适当的体育锻炼和文娱活动，强身健体，陶冶情操。

3. 培养合理的消费习惯

第一次远离父母的管制和监督，开始自己支配生活费，如何使自己的花销做到科学合理又节俭成了重要的课题。首先，要对生活费进行合理的规划和分配。吃饭、添置衣物、购买学习资料、通信费用等必要的生活支出不可少，一般来说饮食花销约占总支出的一半，另外还须留下部分备用资金，以备不时之需。同时，还要树立正确的消费观，走出消费误区：切勿盲目跟风追风，崇尚名牌；切勿盲目攀比，爱慕虚荣；切勿超前消费，入不敷出。日常花销要根据家庭的经济状况量力而行，我们毕竟是靠父母供养的学生，是消费群体，即使家庭富裕，也不应铺张浪费、追求奢侈与享受，要克制虚荣心，抑制冲动消费。每月的开支都做到心中有数，减少不必要的花销，把钱花在刀刃上，做到物有所值。切忌超前消费，寅吃卯粮，在月前或者开学初期大手大脚，而到月底或期末就口袋空空，四处求助。另外，还可以通过获取奖学金、勤工助学、兼职等方式获得收入，减轻家庭负担。

四、寝室安全不容小视

1. 防火

校园火灾严重威胁着大学生的生命安全，给学生、家庭、学校带来的损失巨大，因此，一定要遵守防火安全规定，防止火灾的发生。防止寝室的火灾隐患要做到：不购买和使用“三无”产品和劣质电器；不在寝室内炒菜做饭；不使用电饭锅、电磁炉、电热杯、电热毯等违规大功率电器；不私接、乱拉电线；不在床上吸烟、点蜡烛；不在寝室内焚烧杂物；人离开即拔掉电器电源。另外，要认真了解宿舍的结构和设施装备，熟悉安全通道出口，掌握基本的灭火和逃生知识，防患于未然。

2. 防盗

大学生虽然文化知识水平较高，但因社会经验不足、缺乏安全防范意识，从而导致一些盗窃案件屡屡发生。窃贼可能是外来社会人员，也可能是自己学校的同学。寝室防盗要注意：养成随手关门的好习惯；休息时关好门窗；电脑、手机等贵重物品锁在柜子里；不将大量现金放在寝室；寝室钥匙不外借；不随意留宿外来人员；多留意常在寝室门口出现的陌生人。

3. 防骗

大学校园诈骗案件的发生，主要是作案人利用个别学生恻隐、怜悯之心，或是贪图小利、爱慕虚荣之心，达到骗取财物的目的。寝室常见的是推销商品诈骗。骗子利用大学生不识货或苛求物美价廉的特点，向其推销各种以次充好的商品。诈骗手段主要包括：混入学生宿舍，推销“世界名牌”化妆品，实际上都是伪劣产品；进入寝室推销，趁寝室无人或大家未注意时，顺手牵羊，溜之大吉；推销学习资料，约定稍后或每期按时送达，收了钱后，并未如期将资料送到；低价向学生出售大量学习、生活用品，让他们二次出售赚钱，事后才发现物品绝大多数都是次品，根本无法销售。除此之外，还有冒充他系学生或老乡，利用借物借贷诈骗。因此，我们一定要提高警惕，学会防盗，戒除贪念。

第二节　从磨合走向和谐

一、大学生寝室人际关系发展

1. 初识期

初识期，顾名思义就是认识的初期，是寝室成员首次见面及认识还不长的时间。大学新生在报到后，来到由学校统一安排的固定寝室入住，在陌生的环境中，初次接触到来自不同地方、素不相识的室友，由于相互之间不熟悉，交往较少，个体之间的矛盾还未暴露。认识初期，每个人都希望给他人留下好印象，尽量展现自己好的一面，因此，寝室成员之间交往比较拘谨，显得客气且彬彬有礼。在此期间，室友间少有摩擦冲突，相处较为愉快，寝室成员一起参加活动，增进了解和友谊。寝室成员之间团结友爱，彼此相互帮助，处处温暖，人人心情舒畅，每个人都在这样的温馨氛围下，畅想着自己大学生活的美好图景。

2. 磨合期

随着时间的流逝，室友之间对彼此的了解增多，各自缺点开始显现，加上脾气性格、生活习惯、价值观念、成长环境、经济状况等因素的差异和利益竞争的出现，室友关系进入持续时间较长的磨合期。此阶段，寝室成员之间由于进一步的熟悉，交流互动增多，谈及话题更加广泛，自我暴露程度加深，行为表现也更加随意，不像初始阶段那样拘束客气。由于生活在一起，相处时间长，交往过于频繁，伴随个体之间行为表现的随意性增加，寝室成员之间开始出现相互看不顺眼，对室友的态度行为不满等问题，寝室成员间开始出现一些小摩擦，但这都属于正常现象。

3. 深入期

这一时期，室友间的关系进一步发展，寝室成员间通过对他人行为表现的观察感触，深入了解对方，形成了对室友个人总体认识的稳定看法。根据个人喜恶，室友间沟通的频率和强度出现差异，在寝室内部形成几个小群体，室友相处模式也基本稳定。现实生活中，室友相处有和谐友爱，也有不满抱怨，摩擦冲突不可避免。如果能够恰当处理问题，顺利渡过磨合期，则会结下相互理解、相互信任、相互包容的深厚友谊；反之则会因相互猜疑、相互误解导致寝室气氛压抑，室友感情冷漠，关系疏远。对于良好的寝室人际关系，出现问题时会比较容易解决；而对于紧张疏远的室友关系，问题出现时则容易恶化。

4. 升华期

毕业离校之际，寝室成员坐在寝室里，看着房间里的一切。曾经的纷争，一切的恩怨，都会随着分别的伤感而消失。在进入社会，走上工作岗位后，才渐渐发现，大学的室友之情多么简单、可贵，曾经和室友的那点小别扭和不愉快，根本微不足道。从毕业到走上工作岗位后的很多年，我们都可能会怀念那份纯真的室友之情，盼望着毕业若干年后的再次相聚。

二、寝室交往中不受欢迎的典型

1. 大爷女王型

此类型的人有优越感，觉得一切都应以自己为中心，所有人都要为自己让道，打心眼里瞧不起室友，看什么都不顺眼，总是带着一副傲娇又挑剔的表情，指手画脚。大家都在做事时，自己却在一旁观摩，还埋怨这也不对那也不对，他人有什么意见提出来，就自动屏蔽，不予理睬。

2. 为爱而生型

恋爱中的男女，你侬我侬，经常形影不离，上课、吃饭、自习、逛街都在一起，要么总是两人单独行动，不与其他同学交往，要么就是任何集体活动都叫上另一半，不分时间场合，让他人感觉别扭。还有的人，平时不见踪影，寝室任何事情都不参与，该睡觉的时候才回来；为解相思之苦，要么视频语音，要么躺在被窝里煲电话粥，一聊就是一两个小时，有时还说着肉麻露骨的情话，影响室友休息，着实让人受不了。

3. 一毛不拔型

寝室本是一个温馨和睦的小家庭，好东西应该大家一起分享，可有的人每次别人拿东西出来的时候，总是最积极的一个，而自己有好吃的、好玩的都藏着掖着，零食等室友走了自己偷偷吃，或者藏在床上吃。

4. 极度邋遢型

生活在集体宿舍，更应注意个人卫生。可有类人外表帅气亮丽，表面利索，自己的柜子、床上却十分混乱，满床都堆着杂物，连睡觉的地儿都没了。更有甚者，不爱洗脸刷牙，洗澡、洗头次数都寥寥可数，寝室里弥漫着脚臭味、汗臭味，脏衣服堆成山，换了不洗，过几天又拿出来穿，衣服穿得发黄、发臭。

5. 好奇宝宝型

有一类同学总是对他人的事情好奇，时刻关注着他人的一举一动。当室友在上网、聊天、打游戏、看电视或干其他什么事的时候，他就默不作声地走到别人身后，时不时来一句：你在做什么啊？这不仅可能让人吓一跳，而且长此以往，还会给人一种隐私被窥探的不舒服感觉。

6. 评优争先型

奖助学金、入党积极分子、优秀个人等评助、评奖、评优名额有限，同一班级的成员存在着竞争关系，同一寝室室友也可能在暗中比拼。有一类同学总是与室友相较，认为所有的荣誉、好处都应该是自己的，任何评选一旦室友获得了而自己没有，就心里不平衡，背后说三道四，到辅导员处检举揭发，甚至捏造事实。

7. 不拘小节型

有一类室友大大咧咧的，把室友当亲友，认为分享就是我用你的，你用我的。好朋友的吃的、玩的自己可以随时随地享用，也不事先告知对方，用完了还四处乱放。这让人感觉不舒服。还有一类人趁室友不在时，偷用室友的物品，尤其是消耗品，时间久了一旦被发现便很尴尬。

三、寝室人际交往误区

1. 不以耿直为借口去伤害室友（耿直与虚伪）

关于耿直与虚伪，很多人可能在认识上存在误区。有人认为说话做事没有过多考虑，心直口快，喜形于色的就叫耿直，叫真性情；而语气缓慢，说话委婉，做事思前想后的就叫虚伪。想想与那些“耿直”“爽快”的朋友的相处，我们是不是也会有不舒服、抓狂的感觉？而他们却没有认识到自身问题，在伤害了别人之后，还一笑而过。他们这是打着“直率”的旗号对自己的言行不负责任，以所谓的“直”为借口，信口开河、口无遮拦、为所欲为，认为自己的措辞不当、言行唐突冒失都应该因为“直”而被原谅。

事实上，“直肠子”并不是率性而为，而是自私，说话不经过大脑，口无遮拦，不懂得克制情绪，无视他人感受，不考虑后果，肆无忌惮地只图自己痛快。真正的直爽和率性是以尊重和善意为前提的；而那些“虚伪”，只要不是满口谎言、言行不一，只要不伤害他人，都是一种善意，是沟通交往技巧。室友相处时间长，交往密切，说话做事更应该考虑周全，不要轻易伤害他人，破坏室友感情。我们应该在和室友相处的过程中，学习人际交往艺术，提高自己的情商。

2. 形影不离才是好室友（独立生活与融入寝室）

相信每个准大学生，入学前都想过，要分到一间好的寝室，遇到志同道合的室友，融洽相处，建立深厚的友谊，愉快地度过大学时光。不要误以为，融入寝室，和室友们打成一片，建立深厚的室友之情，就是随时随地腻在一起，彼此没有任何秘密，任何事都共同参与。其实不然，我们不能将融入寝室与集体行动画等号，要学会独立生活，处理好私人生活与宿舍生活的关系。入校初期，大家相互不认识，对环境陌生，也没有课业压力和活动可参与，空闲时间较多，整个寝室常常一起出动。但随着时间的推移，交往面的扩大，大家对大学生活有着不同的期望与追求，寝室渐渐分化，室友们开始单独活动，更多地与他人接触交往，参与各种学生工作和活动。

当寝室形成几个人一起较为固定的出行交往局面时，如两人中的某一人开始有忙不完的事，如兼职、担任学生干部、参加各种活动，没有时间与之同行为伴，而自己又不好介入本身已经很固定的其他群体，这个时候落单的人，就会觉得自己被遗弃了。然而，室友是相互关心帮助的，而非整天在一起，并不是形影不离才是好室友。每个人都是独立的个人，有自己的事，独立生活是常态，我们需要正视这个问题，并且积极参与活动，主动与人交流，扩大交往范围，锻炼各种能力。

3. 好室友始终站在统一战线上（集体上进与堕落）

或许会有人认为，一个有凝聚力、同心同力的寝室，室友们始终站在同一阵营里，总是积极地参与寝室内部的活动，当有利益竞争或冲突时总是维护室友的利益，一致对外。事实上并非如此。在一个学习氛围不好的寝室，个别想要学习、追求上进的同学，很容易受到不良环境的影响，有来自室友共同玩乐邀请的诱惑，甚至是对热爱学习的室友的打击挖苦。最后可能失去了自己的坚持，跟着室友一起堕落，抑或是受不了吵闹无序的生活环境而和其他同学发生冲突，受到孤立，最后闹得不愉快。

凝聚力是寝室风气、寝室文化的体现，其主旋律应该是积极进取、健康向上的。寝室同学集体逃课，上课时集体在寝室睡觉，沉迷于网络游戏，热衷于棋牌、小说、肥皂剧，集体挂科……这属于室友间相互影响而产生的一致的负面行为。这种集体堕落并不能称为凝聚力。另外，还需要认识清楚的是，寝室内部团结并非任何情况都不分是非黑白。深厚的友谊、真正的团结、高度的凝聚力是寝室成员都能明辨是非，客观公正，是真心为室友着想，相互关心，相互帮助，着眼于未来，共同成长进步。

第三节　让友谊之花绽放

一、我的可爱室友

1. 贤妻良母室友

或许每个寝室都有那么一个较为成熟、心思细密的大哥或大姐，他们就是寝室的管家，像闹钟一样，早起呼叫大家起床、吃饭、上课，随时提醒大家倒垃圾，出门切断电源，关灯关门，记得按时选课等。同时，他们生活自理能力很强，缝补衣物、挑选新鲜水果、买衣服砍价等样样在行，教给大家很多生活小窍门。

2. 小迷糊室友

有成熟懂事的室友，也就有幼稚糊涂的室友。总有那么一类马大哈室友，很粗心，总是丢三落四，记忆不好，说过的话、做过的事老是忘记，有时说话做事很不靠谱，着实让人生气。可是他们懂事的时候又特别惹人喜爱，因为幼稚不成熟，室友们都让着惯着，因为思维独特，常语出惊人，特别逗，成为大家的开心果。

3. 美食家室友

大学生喜欢美食的不在少数，可是精通美食的却不多。有一类室友，对吃情有独钟，抽屉里囤积了各种美味的零食。有室友饿的时候，总能去讨点充饥。他们是吃货，同样也是美食通，大街小巷的美味都知晓，请朋友吃个饭，总可以让他推荐个美味又划算的地方。

4. 烦恼包室友

生活中难免有不顺心、不如意的时候，心情不好，我们可以给父母、朋友打电话倾诉，可他们没有身处同一环境，解释起来很费力。这时当然是和室友说说比较舒服，善解人意的室友总是充当烦恼包、倾诉垃圾桶，学习、生活、感情等方面，有任何烦恼都可以向他们吐露。

5. 学生干部室友

学生干部室友，总是充满了正能量，自己一身正气不说，当室友要犯错误的关键时刻，他们便会第一时间站出来复述老师的要求和警告——“老师说了……”。一个寝室有班级主要学生干部，那么他们的消息就会很灵通，其他寝室的同学也常到这个寝室来上交、领取资料，或者询问事情。

6. 学霸室友

有一类特别励志的室友，作息很有规律，早睡早起，上课认真听课，笔记记得一字不漏，从不缺席旷课，课余时间上自习、做作业、看书。平日里，大家可能会觉得他们的生活很无聊，除了吃饭、睡觉，就是学习，但是期末考试时，其重要性便显现出来了，是大家的救星。

7. 恋爱专家室友

总有一类室友喜欢星座，爱看恋爱秘籍、言情小说，可能有一段暗恋或恋爱经历，十分关注同学的感情生活。他人的情感世界是他们八卦的话题，时常为寝室的同学追求异性出谋划策，为室友感情问题答疑解惑。

二、室友相处之道

1. 承认与接纳人与人的不同

大学是一个亚社会，寝室是社会的一个缩影，室友都来自不同的家庭，有着不同的性格、经历、观念、处事方式。这些差异都是客观存在的，也不可避免，且很多都无对错之分。我们必须学会去承认和接受他人的独特性，求同存异。

2. 学会尊重

尊重室友的价值和尊严，勿侵犯他人隐私，言行举止也不能过分随意。要学会换位思考，不能将自己的价值标准和处事方式强加于人，不以个人好恶干涉他人，不以居高临下的姿态批评教育他人，不在背后数落嘲笑他人。和室友相处，要注意平等，相互尊重，留给对方一些独立自由的空间。

3. 为人真诚热情

对待室友不要虚伪做作，当面一套，背地里一套，言行不一。一旦谎言被识破，就会失去室友的信任。当你以一颗真诚的心善待他人时，别人自然也会以真诚来回报你，少了猜忌的友谊更加简单纯洁。对待室友还要大方热情，主动关心帮助，不能冷漠麻木，随时一副事不关己的高傲样子。这样只能被他人疏远。

4. 有一颗宽容的心

金无足赤，人无完人，要抱着一颗理解包容的心，宽以待人。面对生活习惯上的差异，不要苛责他人迁就自己，多一些理解、信任和包容，彼此坦诚相待，及时交换意见，积极化解矛盾。要宽容大度，不斤斤计较，这样自己会少一些烦恼，活得更洒脱，与他人相处也会更加融洽。

5. 破解封闭心理

有的同学或许因性格内向、自卑、对他人心存戒心等原因，封闭自我，独来独往。但我们是社会人，需要与人沟通交流，那么就需要放下成见，克服面子思想，以积极乐观的心态去接纳他人，大胆勇敢地走出自我封闭状态。对于不善交际的室友，我们需要更加热情地关心和帮助他们，让他们感受到真诚与温暖，通过学习和活动，与人交流，来打开封闭之门。

6. 不乱动他人物品

都说寝室似小家，室友似家人。但不要因为亲近，就过分随意，没了距离。并不是所有的好朋友对待好友都愿意一切共享。其实，很多人并不喜欢别人动自己的物品，尤其是女生，分得比较清楚。特别是他人未经自己允许，偷偷动了自己的东西，察觉后会有领地被侵犯的感觉，同时也会担心自己的隐私被他人知道。所以，最好不要随意乱动室友的物品，使用时要先经过同意，使用完后要道谢并放回原处。

7. 不搞小团体

身处同一寝室，应该用平等的态度对待每一个人，不要厚此薄彼，和其中一部分人走得很近，而对另一部分人不理睬。如果总是和一个室友打得火热，进进出出都在一起，长此以往，这种交往模式形成，你将和其他室友疏远，失去和他人深入了解交往的机会，失去更多的朋友。寝室交往，切忌拉帮结派，不同团体之间还彼此看不顺眼，给对方难看。

8. 寝室活动积极参加

集体活动是室友间联络感情的重要途径，不要将其视为费时、费力、费财的无聊之举。当室友们共同决定一起做什么事时，如无特殊情况，都尽量参与，确实有事情，将自己的想法说出来，寝室可再行商议。如果总是缺席寝室集体活动，久而久之，室友便不再考虑你，邀请你，你也会慢慢和室友疏离，变得不合群。

9. 合理解决日常矛盾

室友间发生摩擦不可避免，关键在于出现矛盾如何化解。双方发生冲突，可能彼此相互不理睬，也可能激烈争吵。首先是要抑制冲动，切勿口出恶言，大打出手，加深误解，一定要冷静处理，防止冲突扩大。如果双方因为一点小事，彼此心存芥蒂，互不搭理，时间一久，就可能会演化为嫉恨，加剧矛盾。其次出现问题，主动开口体现的是担当与勇气，主动认错不是示弱，而是以和为贵，是成熟与大气的表现。“忍一时风平浪静，退一步海阔天空。”一定要克服面子思想，主动示好，双方再针对问题及时沟通，了解对方想法，解决冲突。

三、寝室沟通交流技巧

1. 倾听

倾听是有效沟通的重要部分，以求双方相互理解，思想达成一致和感情交流顺畅。和室友沟通，要学会聆听，切勿自己一直不停地说，而他人插不进话。室友跟你讲话时，首先是要专注，表现出你对这个话题的兴趣，切勿一副心不在焉的样子，即使你已经知道了答案或对话题不感兴趣，出于礼貌，也不能随意打断他人讲话，要耐心听完。倾听时使用开放性的动作，时不时地用动作和表情给予回应，不是很清楚的地方，要适时、适度地提问。

2. 赞美

适当赞美，能给他人带来美好愉悦的情绪体验，每个人都有得到他人尊重和肯定的需要。赞美要选择恰当的时机，用适当的方式表达对对方的赞许，这是增进亲密情感的催化剂。赞美他人并不是虚伪，虽然室友间很熟悉，但也不能因此而吝惜赞美，不要害怕当面的称赞。赞美的时候要以事实为依据，不要胡编乱造地拍马屁，要态度诚恳，从小事、细微处着手，这样才能让室友觉得舒服。

3. 微笑

想要人际关系好，还要学会微笑。经常保持微笑，会让人感到舒服，并且愿意和你交往，这样你才会成为人缘好的人。总是板着脸，让人觉得严肃，自然也没有人愿意亲近。没有一个人会拒绝一个善意的问候、一脸灿烂的笑容。

4. 幽默

人际交往中，有幽默感的人更受欢迎。说话幽默是很重要的，生动、形象、幽默风趣的语言，能打破陌生感，迅速拉近彼此的距离。特别是室友间有点不愉快时，一两句幽默的玩笑话，便可缓和紧张的气氛，让大家破涕为笑，化解尴尬。幽默是一种智慧，是学识渊博、思维敏捷的表现。

5. 换位思考

寝室交往中的冲突，往往是由于误解造成的。由于沟通不畅，双方都只考虑自己，而无法理解就容易造成误会。沟通交流时，要尽量站在对方的立场思考问题，这样更容易发现自己的不足，理解对方的难处，了解对方此时此刻的心理需求。只有善于理解别人的处境或感受，才会想别人所想，急别人所急，帮别人所需。学会换位思考，可以让我们正确认识问题，避免冲突，赢得朋友。

6. 学会拒绝

面对室友的邀请或请求，很多同学因怕对方失望、怕得罪人、怕影响友谊、怕丢面子等因素，不好意思拒绝，最后只能让自己为难，要么自己吃亏，要么承诺未实现，失信于他人，反而得不偿失。所以我们要学会拒绝，但是要注意拒绝的方式方法。拒绝邀请时，语气平缓，略带歉意，向对方解释原因，取得对方的谅解，为下次留有余地。如果对方的要求强人所难，就有礼貌地直接拒绝。性格软弱、逆来顺受只会让人误以为你好欺负。

参考文献：

[1] 郑雨欣，贯龙宇，邓培林. 宿舍环境对大学生学习的影响研究［M］. 成都：西南财经大学出版社，2014.

[2] 周学晴. 徽商职业学院在校大学生宿舍关系状况调查报告［D］. 合肥：安徽大学，2013.

[3] 衣庆泳. 对话大学生寝室人际交往问题［M］. 北京：中央文献出版社，2014.
[4] 杨一心. 我的大学宿舍生活［M］. 苏州：苏州大学出版社，2014.
[5] 陈革，秦雪峰. 大学新生导航［M］. 北京：现代教育出版社，2011.
[6] 程必荣."复旦投毒案"的惨痛教训［J］. 家庭科技，2014（5）.

第十二章　面对突然处之泰然——突发事件的处理

第一节　突发事件与校园突发事件概述

一、什么是突发事件

突发事件泛指一切突然发生的危害人民生命财产安全、直接给社会造成严重后果和影响的事件。《中华人民共和国突发事件应对法》把“突发事件”定义为突然发生，造成或者可能造成严重社会危害，需要采取应急处置措施予以应对的自然灾害、事故灾难、公共卫生事件和社会安全事件。突发事件的四个要素为：“突然发生”“危害严重”“应急处理”“影响重大”。

突发事件，常常又称紧急事件或者危机事件，但它们的侧重不同。突发事件侧重强调事件的突发性、偶然性，紧急事件更侧重强调处理事件的紧迫性和时间性，危机事件则侧重强调事件的规模和影响程度。

二、突发事件的一般特征

1. 突发性和紧急性

即事件的演变达到了一个临界值，要求管理者快速做出决策，但往往缺少必要的训练有素的人员、物质资源和时间。

2. 高度不确定性

即事件的开端无法用常规性规则进行判断，而且其后的衍生和可能的影响也没有经验性知识可供指导，一切似乎都处在瞬息万变之中，并且极可能产生各种“涟漪效应”。

3. 影响的社会性

突发事件会对一个社会系统的基本价值和行为准则架构产生严重威胁，其影响和涉及的人具有广泛性。

4. 决策的非程序化

管理者必须在有限的信息、资源和时间条件下寻求“满意”的处理方案，迅速地从正常情况转换到紧急情况的能力是危机管理的核心能力。

三、什么是突发事件管理

突发事件管理指为避免或减少危机所造成的损害而采取的危机预防、事件识别、紧急反应、应急决策、处理以及应对评估等管理行为，目的是提高对危机发生前的预见能力、危机发生后的救治能力以及之后的恢复能力。一般而言，危机管理需要面对三个事实要素：①事件的发生、发展具有突发性和破坏性；②可供管理者利用的时间、信息等资源非常有限；③事态发展的后果很难预料。

四、什么是校园突发事件

校园突发事件是指由社会的、自然的或人为因素导致的，在校园及周边环境突然发生的，对学校正常的教学秩序、师生员工的学习生活造成一定影响与损害的，不以学校意志为转移的，必须要采取应对措施进行及时解决的各类危害事件。它属于公共危机的一种。

五、校园突发事件的特征

1. 突发性强，传播速度快，影响范围广

高校学生人数多、人员密集，出现突发事件的概率较高，时间上难以预测，情势紧急，必须立即应对。高校学生具有较高的媒介使用技术，突发事件产生的任何一点涟漪，都能迅速波及、辐射至社会各个角落。

2. 集中度高，非理性情绪较强，局部放大效应明显

一方面，由于学生思想不够成熟或自身面临不少生活、学习的压力，看问题存在片面化、主观化、情绪化的不足，对突发事件往往容易捕风捉影，过度夸大。另一方面，个别学生喜欢在新媒体上进行个性化的观点表达和交流，加上盲目从众和法不责众的侥幸心理，网民易受非理性情绪的感染而发布不实言论和错误信息，扩大事件负面影响。

3. 网上网下互动，现实与虚拟冲突交替发生

当学生在虚拟或现实生活中所遇到的问题无法求得答案时，往往通过虚拟的互联网表达心中复杂情绪，在此过程中又容易受非理性情绪的感染，使已有的冲突激化，潜在的问题爆发，负面影响呈几何式增加。

4. 不可预见性强，事态难以掌控

新媒体的开放性与自由性使人们从新媒体获得的信息可能具有不客观性、不确定性和难以控制性。事件在新媒体的传播过程中，人们在网上相互发泄，加之网民身份的虚拟性和多元性，非理性情绪相互感染、蔓延，使事件往更严重的态势发展，最终难以控制。

六、校园突发事件的类型

校园突发事件的类型有多种划分方式，按事件性质和诱因可以分为以下七类：

（1）政治类突发事件，指由国际关系和国际政治中涉及我国国家利益诱发的突发事件。

（2）卫生类突发事件，指由传染性疾病或食品卫生问题诱发的突发事件。

（3）治安安全类突发事件，指由于打架、火灾、车祸、被骗等造成的人身财产伤害损失等突发事件。

（4）自然灾害类突发事件，指地震、洪水、台风、暴雪等自然灾害诱发的突发事件。

（5）学校管理类突发事件，指由于学校内部管理存在的各方面问题得不到及时、有效解决而诱发的突发事件。如因后勤管理问题引发的罢课、具有对抗性过激行为的舍区闹事、破坏公物等事件。

（6）非正常死亡事件，包括自杀、他杀和意外死亡。这是高校遇到比较多并且难以处理的事件。可以说每一起非正常死亡都是突发事件，都必须妥善应对和处置。

（7）教育考试安全事件，指在国家考试或者学校考试中，在命题管理、试卷印刷、运送、保管、评卷组织管理等环节出现的试卷（答卷）安全保密事件，考试实施中出现的舞弊（群体舞弊）、阻碍考试等突发事件，以及网络有害信息等影响考试及社会稳定的其他突发事件。

七、高校突发事件的现状

近年来，受国内外政治经济形势以及高校管理体制改革的影响，高校内不稳定因素也更加复杂化和多元化。因重大政治事件、校内管理体制不完善、校园安全措施不到位、学生心理问题等因素造成的突发事件时有发生。这些事件的主要表现形式有：罢课、罢餐、游行示威、自杀、他杀、校园火灾、中毒等。

1. 复杂的政治性原因诱发了高校群体性事件

西方敌对势力始终没有放弃对我国实施“和平演变”战略，反华势力也在不断渗透，不断制造麻烦。大学生对涉及国家前途和民族感情的问题高度敏感，一些突发性政治事件极易诱发学生的强烈反感，做出过激的反应。学生想通过集体游行示威这种形式来表达自己对国家和民族的热爱之情，出发点是好的，但一定要控制好情绪，不要做出破坏性的过激行为。

2. 未顺利毕业引起的学生与学校间冲突的突发事件增多

由于学校管理制度等不完善或其他情况造成了学生不能顺利拿到相应的学历学位证书而造成学生和学校之间的纠纷时有发生，甚至出现大规模学生闹事等突发事件。

3. 校园安全事故类突发事件防不胜防

校园安全事故主要是指校园宿舍、实验室等发生火灾，学生食堂发生的集体食物中毒等事件。这类安全事故类事件一直是高校不稳定的因素之一，预防不当或处理不及时就会直接危害师生的财产和生命安全。

八、高校学生突发事件发生的原因

1. 危机忧患意识不强

大多数学校相应的日常预警、教育培训、突发事件演练等工作做得不到位，有的学校甚至没有做过相应工作。突发事件一旦发生，管理部门只能匆匆应对，加之大部分学生缺乏相应的生活常识、危机应对能力和自救能力，因此事件一旦发生，学校和学生将付出沉重的代价。

2. 突发事件管理制度不健全

高校基本都建立了应急管理机制，但大多是套用国家公共政治危机管理的模式，绝大部分高校都没能根据自己学校的实际情况去制定切实有效的危机管理机制，也没能够建立一套由政府、学校、社区、家长、新闻媒体共同组成的联动机制。

3. 信息沟通渠道不畅通

高校媒体应当在突发事件管理中及时准确发布信息，但是仍有不少高校在突发事件发生后封闭消息或者发布不准确的信息，这样就造成了相关信息不对称。师生和社会公众无法得到真实消息，从而造成人心惶惶的局面，不利于对危机的及时处理。

4. 心理问题干预不足

据统计，在校生中15%~20%的人存在不同程度的心理障碍或心理问题，如果不能及时疏导，可能诱发或导致违纪、犯罪活动。目前多数高校设有心理健康咨询机构，但是配备的专业人员却不足，加上学生对心理咨询的认识存在误区而没有主动寻求帮助，因而学校对学生的心理干预效果不明显因此而可能发生的突发事件概率并未减小。

5. 学生自身及家庭因素的影响

大学生的世界观、人生观和价值观尚未成熟，判断是非的能力较弱，思考方法片面，情绪容易偏激，行为容易冲动且不计后果；加之他们有类似的生活环境、相近的年龄、相投的兴趣爱好、相似的思维模式、相仿的行为方式。当一部分学生为某个社会问题聚集在一起时，他们会表现出某些有别于平时，甚至平时不敢想象的偶集行为，和破坏性的过激行为。除此之外，由于家庭不和睦以及家庭教育有问题而出现的突发事件也不在少数。

6. 网络媒体的影响

部分大学生沉溺于黄色信息，反动宣传，暴力游戏以及虚拟、刺激的网络。长此以往，大学生的世界观会受到很大影响，很多学生在暴力文化、黄色录像等引诱下犯罪或者自毁。同时，网上炒作的热点问题出现的一些不实、有害的信息，如果没有及时引导，在媒体的一些负面报道下，就会造成一些不明真相的学生在互联网上炒作、串联，导致学生上街游行的突发事件。

第二节　高校常见突发事件应对与处置的基本原则与措施

一、高校应对突发事件应当遵循的基本原则

正确应对和处置高校发生的突发事件，务必要遵循一定的原则规范，讲究方式方法。

1. 以人为本，积极预防

把保障师生员工的健康和生命财产安全作为首要任务，无论遇到什么样的突发事件，都要本着最大限度地减少人员伤亡和危害的最高原则；同时要坚持预防和应急相结合、常态与非常态相结合，切实做好应对各项突发事件的准备工作。

2. 统一领导，分级负责

对于学校外部发生的突发事件，学校应在当地党委政府的统一领导和指挥下，按职能职责分工分级负责；对于学校内部的突发事件，应在学校的统一领导下，各相关部门按职能职责分工负责。

3. 部门联动，快速反应

应对突发事件需要各有关部门的参与、配合、支持和帮助，处置的各个环节、各个方面、各个层级都要有专人积极负责，快速反应。

4. 科学规范，依法处置

高校突发事件的防范和处置，必须依法依规，科学合理，必要时可以咨询法律顾问。

5. 把握主动权，正确引导

掌握舆论引导的主动权，增强工作的预见性和主动性，加强与新闻媒体的联系和沟通，及时、准确、客观地发布突发事件的事态发展及处置工作情况等权威信息，正确引导社会舆论。

二、突发事件发生后，高校应采取的主要应对措施

1. 自然灾害、事故灾难或公共卫生事件发生后，应采取的主要应对措施

（1）配合有关部门组织营救和救治受害人员，疏散、撤离并妥善安置受到威胁的人员，必要时组织医疗卫生专业队伍，赶赴现场开展医疗救治、心理抚慰等救助工作。

（2）迅速控制危险源，标明危险区域，封闭危险场所，划定警戒区，必要时报请公安等有关部门实行交通管制以及其他控制措施，确保安全通道的畅通，保证应急救援工作的顺利开展。

（3）禁止或者限制使用有关设备、设施，关闭或者限制使用有关场所，中止可能导致危害扩大的活动以及采取其他保护措施，防止发生次生、衍生事件。

（4）配合有关部门做好受灾师生员工的基本生活保障工作，提供食品、饮用水、衣被等基本生活必需品和临时住所，确保受灾师生员工有饭吃、有水喝、有衣穿、有住处、有病能得到及时医治。

（5）启用本校储备的应急救援物资，必要时报告当地党委政府和上级教育行政部门调用教学设备、用具以及其他应急物资。

（6）协调有关部门抢修被损坏的校舍，教学设施以及交通、通信、水电气等公共设施，短时难以恢复的，要实施临时过渡方案，保障教学秩序及生活基本正常。

（7）在确保安全的前提下，组织教职工和大学生参加应急救援和处置工作，要求具有特定专长的教职工和学生提供相应服务。

2. 社会安全事件发生后应采取的主要应对措施

社会安全突发事件发生后（如非法集会、游行示威，发生恐怖袭击、治安刑事案件等），学校应在第一时间向当地公安机关报警，向当地党委政府和上级主管部门报告，并立即启动本校社会安全突发事件的应急预案，自主或协助公安机关及其他相关部门采取下列一项或多项应急处置措施：

（1）对可能影响师生情绪并引发群体性事件的矛盾和问题，相关负责人要第一时间到场，立即动员组织党员、班团干部、班主任、骨干教师和学生深入全体师生开展教育引导和必要的心理咨询工作，化解矛盾，稳定和疏导师生情绪。

（2）对参与社会群体性事件的师生要立即组织力量进行劝阻和带离现场。

（3）对严重危害师生员工生命安全的突发事件，要第一时间保障师生员工生命和财产安全。

（4）加强对易受冲击的重点单位、重要场所的警卫，在校园通信、广播、有线电视、涉外区域等校园重要部位附近设置临时警戒。

（5）封闭有关场所，对有关道路实施交通管制，查验现场人员的身份证件，限制整个校园或有关区域内的活动。

（6）对特定区域内的建筑物、交通工具、设备设施以及水电热气的供应进行控制，必要时依法报请有关部门对网络、通信等进行管控。

（7）维护现场治安秩序，妥善解决现场纠纷和争端，控制事态发展。

（8）发生严重危害校园和社会治安秩序的事件时，应报请公安机关立即依法出动警力，根据现场情况依法采取相应的强制性措施，尽快使校园或社会秩序恢复正常。

3. 教育考试突发事件发生后应采取的应对措施

（1）迅速掌握情况，第一时间上报上级考试机构。

（2）涉及自然灾害、事故灾难、公共卫生、社会安全、网络与信息安全类的突发事件并影响考试工作的，按照有关预案规定并结合考试工作特点确定处置方案。

（3）其他类别教育考试安全事件发生后，应及时报告当地考试应急指挥机构和上级考试机构，妥善处置。如需要其他部门协助的，应及时报告，协同处置。

（4）偶发事件发生后，由现场应急指挥机构处置并逐级上报。

（5）法律、行政法规和规章规定的其他必要措施。

4. 大学生非正常死亡事件发生后应采取的主要应对措施

非正常死亡，在法医学上指由外部作用导致的死亡，包括火灾、溺水等自然灾难，或工伤、医疗事故、交通事故、自杀、他杀、意外、受伤害等人为事故致死。非正常死亡事件发生后，很容易引发群体性事件和过激行为。当非正常死亡事件发生后，一般按以下程序开展工作：①救人；②报警；③保护现场；④启动应急预案，向上级主管部门报告；⑤通知死者亲属；⑥由公安机关向死者亲属通报案情；⑦与死者亲属协商处理事宜；⑧调解，在协商不能达成一致的情况下，请学校所在地的司法机关进行调解，如果学校所在地的司法机关调解不成，可请死者家庭所在地的司法机关及相关部门参与调解；⑨签订协议，协议必须由死者的直系亲属签字，如父母；⑩火化并请死者亲属将死者的骨灰带回家。

第三节　校园安全类突发事件的防范与应急处理

一、盗窃突发事件的防范与应对

1. 盗窃罪

盗窃罪是指以非法占有为目的，秘密地多次窃取或者窃取数额较大的公私财物的行为。个人盗窃公私财物价值人民币 500 元至 2 000 元以上的为“数额较大”，个人盗窃公私财物价值人民币 3 万元至 10 万元以上的为“数额巨大”，个人盗窃公私财物价值人民币 30 万元至 50 万元以上的为“数额特别巨大”。对于 1 年内入户盗窃或者在公共场所扒窃 3 次以上的，应当认定为“多次盗窃”，以盗窃罪定罪处罚。

2. 常见的校园盗窃手段

（1）投石问路。外来人员流窜盗窃，首先要摸清情况，包括时间、地点、治安防范措施等，往往以找人为由打探虚实，一旦有机会就立即下手。

（2）串门溜达。盗窃分子以找同学或者朋友为由，在宿舍、教室、办公区到处流窜，发现未锁房门或无人的时候趁机行窃。

（3）顺手牵羊。盗窃分子看见别人的摩托车、自行车没锁，顺手盗走，或趁人不备偷窃放在书桌、床铺、阳台、教室、食堂、图书馆、走廊、操场、球场等处的财物。

（4）隔窗钓鱼。盗窃分子利用竹竿或者其他器材将寝室内的衣服、包包等财物盗走。

（5）蒙混入室。盗窃分子利用推销、兼职、学长和老师身份混入寝室，骗取信任后盗取钱物。

（6）浑水摸鱼。盗窃分子趁宿舍内发生意外情况或学校组织大型活动时，进行盗窃。

（7）内外勾结。学校学生勾结外来人员，合伙作案。

（8）入室盗窃。不法分子趁学生上课、宿舍无人、深夜熟睡时，翻窗、撬门入室盗窃。

3. 发生盗窃突发事件的应对办法

校园内一旦发生盗窃事件，同学们一定要冷静应对：

（1）立即报告学校保卫部门和辅导员老师，同时封锁和保护现场，不准任何人进入。这对公安人员准确分析、正确判断侦查范围和收集罪证，有十分重要的意义。

（2）发现嫌疑人，立即报告老师，并在安全的前提下组织同学进行堵截。

（3）配合调查，实事求是地回答保卫老师和公安部门提出的问题，积极主动地提供线索，不得隐瞒情况。学校保卫部门和公安机关有义务、有责任为提供情况的同学保密。

（4）如果发现银行卡或手机被窃，应当尽快办理挂失或停号。

二、诈骗突发事件的防范与应对

1. 诈骗

诈骗是指以非法占有为目的，用虚构事实或者隐瞒真相的方法，骗取数额较大的公私财物的行为。由于它一般不使用暴力，而是在一派平静甚至“愉快”的气氛下进行的，当事人往往容易上当。个人诈骗公私财物两千元以上的属于“数额较大”，个人诈骗公私财物三万元以上的属于“数额巨大”。诈骗公私财物，数额较大的，处三年以下有期徒刑、拘役或者管制，并处或者单处罚金；数额巨大或者有其他严重情节的，处三年以上十年以下有期徒刑，并处罚金。

2. 常见的校园诈骗手段

（1）假冒身份。诈骗分子冒充亲友、老乡、同学、老师、销售人员或者官方网站、国家公职人员、电信（移动）、银行等，通过发短信、发邮件、打电话以中奖、退款、欠费、培训班、赠送话费或礼品、出售考试答案、发生事故为由骗取钱财。

（2）兼职招聘。诈骗分子利用同学们急于赚钱或者找工作的心理，以中介、招聘（培训）单位的身份骗取押金、保证金、建档费、诚信金、服装费、体检费、培训费等。

（3）街头陷阱。它主要有以下方式：ATM 机、银行卡诈骗，在 ATM 机的卡槽上加装高仿真的卡槽出钞口、吞卡装置，张贴假告示，偷窥密码、趁机换走银行卡等方式诈骗；乞讨诈骗，例如寻亲不遇、钱包被偷、假扮伤残等；街头赌博抽奖，例如免费抽奖、象棋骗局；借打手机诈骗；以销售物品为由进行调包诈骗；利用假钱币进行诈骗；拾物平分诈骗。

（4）商品和服务诈骗。它主要有免费体验、虚假商品、成功学培训、美容骗局、假快递、电视直销等。

（5）利益诱惑。诈骗分子先将许诺的利益兑现，取得受害人信任后再狠狠地敲诈，使其不知不觉地蒙受重大损失。

3. 防范

（1）提高防范意识，学会自我保护。不贪图便宜，不谋取私利；在奉献爱心的同时，提高警惕；不能轻信花言巧语，不轻信来历不明的电话和手机短信，不向来历不明的人透露自己及家人的身份信息、存款、银行卡等情况；在不能得到完全确认的情况下，不向陌生人账户汇款、转账，在汇款、转账前也要再三核实对方账户，同时妥善留存相关单据。

（2）交友要谨慎，避免以感情代替理智。如果只凭感情用事，一味“跟着感觉走”，往往容易上当受骗。交友的基本原则：一是择其善者而从之；二是严格做到“四戒”，戒交低级下流之辈，戒交挥金如土之流，戒交吃喝嫖赌之徒，戒交游手好闲之人。

（3）克服主观感觉，避免以貌取人。不能单凭对方的言谈举止、仪表风度、衣着打扮等第一印象妄下判断，轻信他人；不能只认头衔、身份、名气，而不认品德、才学，不辨真假。

（4）观察判断，有效识别。如果发现疑点，务必保持清醒头脑，认真思考以识别真假。必要时可找老师、同学或相关人员商量，或者通过官方查证核实。

4. 诈骗突发事件的应对方法

（1）保持良好心态，及时报案。无论是否因为自己的过错（如贪财、无知、轻信、粗心大意）而受骗，都要保持积极的心态，吸取教训，及时向老师及有关部门报告。

（2）提供线索，配合调查。已经被骗并向有关部门报告的，要注意对作案人员遗留下来的文字资料、身份证件予以保存。

三、传销突发事件的防范与应对

1. 传销

传销指组织者或者经营者发展人员，通过对被发展人员以其直接或者间接发展的人员数量或者销售业绩为依据计算和给付报酬，或者要求被发展人员以缴纳一定费用为条件取得加入资格等方式取得利益行为。判定标准：一是让你缴纳一定资金或购买一定数量的产品，获得加入资格——“交入门费”；二是让你发展他人加入其中，形成上下线的层级关系——“拉人头”。与直销不同，传销是国家打击的违法犯罪活动。

2. 常见的校园传销手段

（1）制造“感情”假象。业务员就是负责把自己的同学或朋友骗过来。他们按照两大原则开展工作：一是车站接人原则，包括接站的人要表现得精神，以便给对方留下好印象，尽量做到热情和周到；二是“二八定律”，要求“业务员”对受骗者80%谈感情，20%谈事业。

（2）灌输“暴富”理论。传销人员通过讲课培训对受骗者进行洗脑，让受骗者产生改变自己现状的强烈欲望。

（3）“直销”掩盖“传销”。他们在讲课时，从来不说自己在搞传销，而说是在开展合法的直销。

（4）“磨砺意志”培训。为了制造假象，传销人员往往同吃同住，睡地铺，吃粗茶淡饭，号称磨练大家的意志，以激发大家干一番大事业的热情。

（5）“ABC”法则的“教育”方式。A带B来了之后，A不能做B的思想工作，而是让C来做B的思想工作。A负责把C神化，C对B进行思想灌输，先告诉B社会上的丑恶面，而他们所从事的“事业”将会是未来唯一的出路。一旦受骗，组织者就对他们进行“市场开拓培训”，直接叫他们骗同学、朋友来做“下线”。

3. 传销突发事件的防范及应对办法

（1）注意学习有关法律规定，掌握识别传销的方法，树立勤劳致富、守法经营的意识，不要相信天上掉馅饼。

（2）当发现被骗入传销组织后，在可能的情况下，要收集、保存汇款账号，汇款凭证，交款收据，介绍人及更高级上线人员的姓名、电话、互联网账号及密码等相关证据线索，并提供给执法机关，以便及时、准确地打击违法犯罪。

（3）如果被骗到外地，“朋友”不谈工作、生意，而是带你游山玩水、熟悉环境，要看你的身份证，借打你的手机时，一定要机智、冷静应对，在确保自身安全的情况下设法逃脱。如果发现该组织从事传销活动，应设法向当地公安机关、工商机关举报。

（4）如有亲戚、朋友被骗往异地从事传销，首先应积极做好其思想转化工作，劝说其尽快脱离传销组织；若劝说无效，应设法弄清其所在地的详细地址，及时与当地公安机关、工商机关联系。

（5）如果你发现了传销行为，或你是传销活动的受害者，应当积极收集有关线索信息，包括传销活动的详细地点、传销人员尤其是骨干人员的住所、传销方式、宣传材料等，向当地公安机关、工商机关举报。

四、校园火灾突发事件的防范与应对

1. 校园火灾的常见类型

（1）生活火灾

生活火灾是指由炊事用火、取暖用火、照明用火、点蚊香、吸烟、烧荒、燃放烟花爆竹等生活用火造成的火灾。生活火灾的发生原因有：在宿舍内违章乱设燃气、燃油、电器火源；火源位置接近可燃物；乱拉电源线路，电线穿梭于可燃物中间；违反规定存放易燃易爆物品；使用大功率照明设备，用纸张、可燃布料做灯罩；躺在床上吸烟、乱扔烟头；在室内燃放烟花爆竹；玩火；等等。

（2）电气火灾

大学生拥有一些电器设备，大到电视机、电脑、录音机，小到台灯、充电器、电吹风，还有违规购置的电热毯、热得快、电炉等电热器具。由于学生宿舍所设电源插座较少，大学生违章乱拉电源线路的现象较普遍，不合安全规范的安装操作致使电源短路、断路、接点接触电阻过大、负荷增大等引起电气火灾的隐患增多。电器设备不合格，也是致灾因素之一。

（3）自然现象火灾

自然现象火灾并不常见。这类火灾基本有两种：一种是雷电引起，一种是物质的自燃引起。

（4）人为纵火

有目的性的纵火，一般多发生在夜深人静之时，有较大的危害性。

2. 校园火灾的预防

（1）学生宿舍火灾预防

学生宿舍火灾预防要做到“十戒”：一戒私自乱拉电源线路，避免电线缠绕在金属床架上或穿行于可燃物中间，避免接线板被可燃物覆盖；二戒违规使用电热器具；三戒使用大功率电器；四戒使用电器无人看管，必须人走电断；五戒明火照明，灯泡照明不得用可燃物作灯罩，床头灯宜用冷光源灯管；六戒床上吸烟、室内乱扔烟头、乱丢火种；七戒室内燃烧杂物、燃放烟花爆竹；八戒室内存放易燃易爆物品；九戒室内做饭；十戒使用假、冒、伪劣电器。

（2）公共场所火灾预防

遵守消防安全制度，不携带易燃易爆品去公共场所，如汽油、酒精等；不吸烟或者随地丢弃烟头、火种；不使用明火照明；不随意接触公共场所的电器设备开关；不玩弄电线，以免触电或引起短路；严禁到山林、草坪等吸烟、玩火。

3. 校园火灾逃生自救方法

（1）身上衣物着火，应迅速将衣服脱下，或就地翻滚将火压灭，但注意不要滚动太快，一定不要身穿着火衣服跑动。如果有水可迅速用水浇灭，但人体被火烧伤时，一定不能用水浇，以防感染。

（2）如果寝室、教室、实验室、会堂、宾馆、饭店、食堂、浴池、超市等着火时，可采用以下方法逃生：①湿毛巾、手帕捂鼻护嘴法。因烟气温度高、毒性大、氧气少、一氧化碳多，人吸入后容易引起呼吸系统烫伤或神经中枢中毒。注意：不要顺风疏散，应迅速逃到上风处躲避烟火的侵害；不要直立行走，应弯腰或匍匐前进，但遇石油液化气或城市煤气火灾时，不应采用匍匐前进方式。②遮盖护身法。将浸湿的棉大衣、棉被、门帘子、毛毯、麻袋等遮盖在身上，确定逃生线路后，以最快的速度冲出火场，到达安全地点。③封隔法。如果走廊或对门、隔壁的火势比较大，无法疏散，可退入一个房间内，将门缝用毛巾、被褥等织物封死，防止受热，不断浇水进行冷却，防止外部火焰及烟气侵入。④多层楼着火逃生法。如果多层楼着火，楼梯的烟气火势猛烈，可利用房屋的阳台、雨棚等逃生，也可顺着绳索、消防水带、床单滑下，不能直接跳下。⑤被迫跳楼逃生法。如无条件采取上述自救办法，而时间又十分紧迫，烟火威胁严重而需被迫跳楼时，低层楼可采用此方法逃生。但首先向地面抛下一些厚棉被、沙发垫子等，以增加缓冲，然后手扶窗台往下滑，以缩小跳楼高度，并保证双脚首先落地。

五、交通出行突发事件的防范与应对

1. 大学生交通出行事故的主要形式

（1）校园内发生交通事故

①因注意力不集中，边走路，边看书，边听音乐，或者左顾右盼，心不在焉而发生交通事故。②在路上进行球类活动。③骑“飞车”而发生交通事故。④进入校园的车辆不遵守交通规则而发生交通事故。

（2）校园外常见的交通事故

①购物、观光、访友到市区活动，发生交通事故。②大学生离校、返校、外出旅游、社会实践、寻找工作等外出活动中发生交通事故。

（3）常见出行安全事故

①打“黑车”失联。②因单独出行而发生交通事故。③陌生人搭讪而发生交通事故。

2. 交通出行事故的预防

（1）提高交通出行安全意识

乘坐交通工具，依次上下，不挤不抢；车辆行驶中不得把身体伸出窗外；乘坐长途客车、中巴车不能贪图便宜，不要乘坐车况不好的车；病中无人陪伴不要乘车；不乘坐“黑巴”“摩的”；不与陌生人搭讪；深夜不单独出行，不到偏僻人少的地方。

（2）自觉遵守交通法规

在道路上行走，应走人行道，无人行道时靠右边行走。走路时要集中精力，不与机动车抢道，不闯红灯，不进入标有“禁止行人通行”“危险”等标识的地方。

（3）注意保持警惕

发现车辆破损、声音异常时，发现驾驶员精神状态不佳、酒后驾车时，发现车辆没有正常运行、客货混载、违章超载时，要提醒相关方并尽早离开。个人出行中发现有可疑情况，立即转移到行人比较多的街道，或进入附近的商店、临街门市拨打 110 报警，或者尽快离开危险地点。

3. 交通突发事件的应对办法

（1）要保护自己，看有无受伤。如果有伤要立即到附近医院救治。

（2）及时报案。首先想到的是及时报案和报告学校老师，这样有利于事故的公正处理，千万不能与肇事者“私了”。

（3）保护现场。事故现场的勘察结论是划分事故责任的依据之一，若现场没有保护好，会给交通事故的处理带来困难，甚至造成“有理说不清”的情况。

（4）控制肇事者。若肇事者想逃脱，一定要设法控制。自己不能控制可以发动周围的人帮忙控制，若实在无法控制也要记住肇事车辆的车辆牌号等特征。

六、校园暴力突发事件的防范与应对

1. 学生校园暴力事件的主要形式

（1）学生对学生的暴力行为

它主要包括以大欺小、以强欺弱，通过暴力或以暴力威胁、抢劫、勒索其他同学的钱财，或强迫他们做不愿意做的事情，对女生动手动脚，耍流氓等。

（2）学生及家长对老师的暴力行为

它主要指学生在课堂上与老师发生冲突，老师受学生语言侮辱，被学生恐吓，老师被学生家长恐吓等。

（3）社会不良青少年对在校学生的暴力行为

它主要指社会不良青少年在校园和校园外针对在校学生实施的暴力行为，主要包括勒索、恐吓、抢劫、抢夺、强奸、性骚扰、体罚、强迫在校学生做一些行为或不做一些的行为，以及到校园寻衅滋事，破坏学校正常秩序等。

（4）学生对学校、师生财物的暴力行为

它主要包括故意毁坏学校的桌椅、门窗、电化教学设备，故意损坏师生的私人财物等。

2. 校园暴力事件的预防

（1）遵纪守法，知法懂法。任何人都要对自己的行为承担法律责任。

（2）注重修身养性，学会为人处世，学会控制自己的情绪，懂得暴力无益于问题的解决的道理。

（3）有选择地交友，不与品行不良的人交往，不参与打架斗殴。

（4）培养解决冲突、承受挫折的能力。在行动之前多想想这样的行为会带来怎样的后果，不要被冲动蒙蔽了双眼。

（5）学会换位思考，站在对方的立场上想想。

（6）学会保护自己，学会拒绝。当有人怂恿你参与暴力事件的时候，坚决拒绝。

3. 暴力突发事件的应对办法

（1）一旦发生或者发现暴力事件，应及时报告老师或者保卫处。

（2）一定要沉着冷静，采取迂回战术，尽可能拖延时间。

（3）人身安全永远是第一位的，不要去激怒对方。

（4）顺着对方的话去说，从其言语中找出可交流的话题，缓解气氛，分散对方注意力，同时获取信任，为自己争取时间。

（5）上下学、独自出去玩时，不要走僻静、人少的地方，不要天黑还在外面晃荡。

七、食品安全事件的防范与应对

1. 食物中毒的主要类型

（1）细菌性食物中毒。因误食被细菌或细菌毒素所污染的食物引起的食物中毒，是最常发生的一类食物中毒，多发于夏秋炎热季节。应注意防范有害细菌，养成良好的卫生习惯。

（2）真菌毒素食物中毒，即因食用被真菌污染的食物造成的中毒。

（3）植物性、动物性食物中毒。不能食用的动植物主要有河豚、动物的甲状腺、鱼胆、鲜黄花菜、发芽土豆、苦杏仁、生四季豆、青番茄、鲜木耳等。

（4）化学性食物中毒，因进食有毒化学性食物而引起的食物中毒，如亚硝酸盐、农药、假酒等。

2. 食物中毒的预防

（1）养成良好的卫生习惯。饭前便后要洗手，不良的个人卫生习惯会把致病菌带到食物上去。

（2）选择新鲜和安全的食品。不能买过期食品和没有厂名、厂址的产品。

（3）食品在食用前要彻底清洁。尤其是生吃蔬菜、瓜果时要清洗干净，需加热的食物要加热彻底。

（4）尽量不吃剩饭菜，如需食用，应彻底加热。剩饭菜，剩的甜点、牛奶等都是细菌的良好培养基，不彻底加热会引起细菌性食物中毒。

（5）不吃霉变的粮食，其中的霉菌毒素会引起中毒。

（6）在外就餐时尽量不要选择无证无照的“路边摊”，而要选择卫生条件好、管理严格的饭馆。就餐时如有异味要马上停止就餐，不能不当一回事。

3. 食物中毒的救护措施

（1）饮水：立即饮用大量干净的水，以达到对毒素稀释的目的。

（2）催吐：用手指压迫咽喉，产生呕吐反应，尽可能将胃里的食物排出。但是对腐蚀性毒物中毒，中毒严重者，处于昏迷休克或患有心脏病、肝硬化等疾病的病人不宜采取上述方法，应尽快将其送往医院。

（3）导泻：如果吃下去的中毒食物超过 2 小时，且精神尚好，则可在医务人员的指导下服用泻药，以促进毒素尽快排出体外。

（4）保胃：误食腐蚀性毒物，如强酸、强碱后，应及时食用稠米汤、鸡蛋清、豆浆、牛奶等。这类食物对胃粘膜具有保护作用。

八、大学生心理卫生事件的防范与应对

1. 大学生产生心理危机的原因

（1）对大学新环境的不适应。部分新生首次离开父母，离开熟悉的家乡，来到陌生的城市，与新同学、新老师相处，新的环境、新的大学生活、新的师生关系都需要他们重新来适应。如果无法较快适应，不仅会影响学习，新生还会出现失眠、食欲不振、注意力下降、烦躁、焦虑等情况，甚至产生想退学等逃避情绪。

（2）学业困惑。大学生的学习压力相当一部分来自所学专业并非自己所喜欢的，这使他们长期处于冲突与痛苦之中；课程负担过重、学习方法有问题、精神长期过度紧张也会带来压力；另外参加各类证书考试及考研所带来的应试压力等，也让大学生的精神长期处于高度紧张的状态下。

（3）情感困惑。首先是大学生的性困惑问题，在性意识与自我道德规范的冲突中产生心理矛盾；其次是大学生因恋爱所造成的情感危机，这是诱发大学生心理问题的重要因素，恋爱失败往往导致大学生产生心理问题，有的人甚至因此走向极端，造成悲剧。

（4）交际困难。由于从小缺乏集体环境而导致缺乏集体感与合作精神，家长的过分包办使部分独生子女上大学之后缺乏最起码的独立生活及为人处世的能力，一方面导致大学生产生自闭偏执等心理问题，另一方面因无倾诉对象，有问题的学生会加重心理压力。

（5）经济压力。个别贫困生因虚荣心作祟，觉得穷是没面子的事，不敢面对贫困，与同学相处敏感而自卑，采取逃避、自闭的做法，有的同学甚至发展成自闭症、抑郁症而不得不退学。

2. 大学生心理危机的应对

（1）坦然面对。心理健康也跟身体健康一样，在人的一生中难免会出现这样那样的问题，在成长过程中出现心理困惑是很正常的。

（2）不要急于“诊断”。心理问题本身多种多样，成因往往也很复杂，切忌盲目从一些书籍上断章取义，或者道听途说，急于“对号入座”，认定自己患了什么病。

（3）转移注意力。心理问题往往有这么一个特点，就是越注意它，它似乎就越严重。不要老盯着自己的所谓问题不放，不可过分关注自我，而应把注意力转移到学习、生活、工作的方方面面。

（4）调整生活规律。很多时候，只要将自己习惯了的生活规律稍加调整，就会让自

己的精神面貌焕然一新。

（5）勇于接受心理咨询。对于一般的心理问题可以找辅导员或者同学，严重的、难以排解的心理问题，也可寻求心理卫生机构的帮助。

3. 维护心理健康的一般原则与措施

①发展良好的自我意识；②自尊自爱；③发展良好的人际关系；④发展良好的社会适应能力；⑤放弃偏见，求助于心理医生；⑥积极实践，将上述观念运用于自己的生活中，及时调整心理状态。

参考文献：

[1] 张效民. 大学生安全教育与应急处理训练［M］. 北京：商务印书馆，2011.

[2] 黄冬福. 高校突发事件思想政治教育疏导［M］. 厦门：厦门大学出版社，2014.

[3] 施展. 新时期安全教育［M］. 北京：九州出版社，2013.

[4] 丁烈云，杨新. 校园突发事件应急管理［M］. 武汉：华中师范大学出版社，2012.

[5] 马雷军. 平安的校园——学校常见事故预防与应对［M］. 北京：中国法制出版社，2011.

[3] 彭智勇. 学生安全事故案例选编［M］. 重庆：重庆大学出版社，2008.

就业篇

第十三章　医学生临床三部曲——全程教学、实习与规培

第一节　全程教学

临床医学全程教学是指全过程参与临床医学教育。它包括：人文素质教育、生物医学课程教育、临床专业课程教育、临床实践教育。传统的医学教育包括三个阶段，即基础医学教育、临床专业教育、临床实习。这里所讲全程教学是非直属医院开展的临床全程教学，是指非直属附属医院独立承担医学生的临床理论教学、临床见习、临床实习、毕业实习全过程的教学活动。它包括：人文素质教育、临床专业课程教育和临床实践教育。它是医学五年一贯制在校教育的延续。

一、开展全程教学的背景

党的十八大要求“全面实施素质教育，深化教育领域综合改革，着力提高教育质量，培养学生社会责任感、创新精神、实践能力”。《国家中长期教育发展纲要（2010—2020 年）》明确指出：“提高质量是高等教育的核心任务，是建设高等教育强国的基本要求。”但自从 20 世纪末我国高等教育扩大招生规模以来，高等医学院校临床教学资源不足的问题日益突出，直属附属医院有限的临床教学资源和精力已不能满足日益增长的医学生学习、实习的需求，无法保证培养合格的医务工作者，特别是对其临床实践能力和临床思维的培养和锻炼。所以充分利用社会资源提高医学院校教学质量成为社会各界的共识。而建设非直属附属医院并在非直属附属医院开展全程教学成为解决教学资源不足的重要途径之一，也是国家教委、卫生部、国家中医药管理局联合下发的《普通高等医学院校临床教学基地管理暂行规定》指出的承担临床全过程教学是非直属附属医院的任务和具体内涵的体现。

为进一步贯彻落实《国家中长期教育改革和发展规划纲要（2010—2020 年）》和《教育部关于全面提高高等教育质量的若干意见》有关人才培养方面的要求，落实《关于医教协同深化临床医学人才培养改革的意见》精神，各大医学院校纷纷建设了非直属附属医院，并在条件成熟的非直属附属医院开展临床医学全程教学。这既有利于医学院

校摆脱临床教学资源不足的困境，又为提高医学院校教学质量提供了支撑。

二、开展全程教学的目的和意义

1. 开展全程教学有利于医学院校提高教学质量

提高教学质量是高等教育的核心任务，是建设高等教育强国的基本要求。对医学院校而言，不断增长的学生数量和学校教学资源不足的矛盾已经成为提高教学质量、培养医学人才最大的障碍。而在非直属附属医院开展全程教学，在不增加国家财政支出的条件下，不仅解决了学校教学资源不足的问题，而且节约了办学资金，扩大了办学范围，提高了办学效益。这是现代社会科学技术综合化、经济发展集约化和高等教育社会化的必然趋势，也是高等医学院校构建优化临床教学基地、提高教学质量的创新教学实践模式。

2. 开展全程教学是学生成长成才的有效途径

临床医学是一门实践性极强的应用学科。培养和提高医学生临床操作能力和临床思维创新能力，是适应素质教育、培养新世纪高素质医学人才的关键所在。临床经验和临床知识只能在临床实践中获得和掌握，但很多医学院校的直属附属医院在学生见习期间根本不能满足学生实践操作的需求，只能一群学生挤在一起看一看，能听老师讲一讲已是很好了。参加全程教学的学生，在医院基本是半天上理论课，半天上见习课，为学生提供了边理论边实践的机会，完全能够满足学生的见习要求。学生有更多的时间接触临床，甚至动手操作，临床实践能力自然能够得到较快提高，临床思维得到很好锻炼。部分学生担心医院师资力量相对薄弱，难以保证教学质量。某医学院校，通过分析同质试卷得出结论：非直属附属医院考试课程的总体成绩与校本部学生该课程成绩基本一致。这表明非直属附属医院的教学质量基本得到保证。另外，学生在医院参加两年全程教学后，和医院有了较为深厚的感情，医院相对了解学生的性格、工作作风和职业精神，学生如果表现好也可能获得优先就业的机会。

3. 开展全程教学是医院提升档次和实现转型的有效方式

近年来，社会优势医院因受益于国家医改政策和新农合的推进，病源充足，资金充裕，医疗条件优越，员工待遇快速提高，在医疗业务上的市场竞争力不断提高，但因受制于科教劣势而导致学科建设和学科带头人地位与直属附属医院差异明显，发展后劲明显不足。成为非直属附属医院后，借助高校成熟的教学经验和强大的科研实力，医院的业务内涵得以扩展，医院的发展后劲得以提升，非直属附属医院从单纯医疗型向医、教、研同步发展的教学科研型大学附属医院转型。从开展全程教学的非直属附属医院的实践结果看，承担教学不但不会影响医疗，而且对医疗水平的提高有极大的促进作用。课堂教学不但使医院老师的基础理论知识更加系统化，思维更加敏捷和缜密，而且语言表达、科研能力等也得到了提高，医疗诊治更加认真规范，实现了教学相长的目的。

三、开展全程教学的实践效果

为贯彻落实党的十八大对高等教育的要求和《国家中长期教育发展纲要（2010—

2020年）》精神，全国各大医学院校不断创新教学理念和模式，创新教学方法和手段，加强实践教学，切实提高教育质量，纷纷发挥非直属附属医院优势开展全程教学，实现并强化实践育人，如广东医学院、温州医学院、新乡医学院、重庆医科大学、泸州医学等。多年来，一批非直属附属医院由原来纯医疗的大型医院发展成了科、教、研一体化的综合性医院，不仅提升了当地的医疗水平，也推动了国家教学、科研管理水平和医疗卫生事业的发展。2014年教育部、国家卫生计生委、国家中医药管理局等六部门联合出台的《关于医教协同深化临床医学人才培养改革的意见》更为全程教学提供了政策支持，也指明了今后医学人才培养的方向。

对参与全程教学的医学生而言，不仅临床实践能力得到提高，临床思维能力、医患沟通能力也得到了相应的提高。

第二节　实习

一、实习的重要性

1. 实习是医学教育的重要环节

毕业实习是医学教育中的重要环节，是整个在校教育的重要组成部分，是医学生接触社会、了解现实、走向未来工作岗位的桥梁阶段，更是培养高素质医学人才不可缺少的途径，对每个医学生都将产生重大影响。

（1）实习的目的就是将理论知识和临床实践相结合

医学是一门实践性很强的学科，甚至可以说是一门经验学科。学习的目的在于应用，有了医学理论知识，并不等于认识了疾病，并能治疗疾病，只有把学到的理论应用于临床，用理论来指导实践，将理论和实践有机地结合才能真正了解疾病，治疗疾病。实习就是初步培养学生综合利用专业知识去认识和控制疾病的能力，完成对常见病、多发病的诊断，掌握对疾病处理的临床技能，培养学生独立分析问题、解决问题的能力和科学的思维方法。

（2）实习的目的是实现从学生到医务工作者的转变

毕业实习是医学生从学生到医务工作者的过渡期，基本实现从学生到医师的转变。这种转变不仅仅是角色的转变，更是包括工作作风、学习方法的改变，乃至包括素质、心理、责任等多方面的转变。在实习中，要虚心向带教老师、有经验的医护工作人员学习，多学、多问、多做，切莫浅尝辄止，更不能学到一点知识就骄傲自满，应对自己提出更高的要求。学生不仅要学会诊断和治疗疾病，还要学习和培养作为一个医生必须具有的素质和能力，包括职业道德素质、心理素质、社交能力、沟通能力和协作能力等。同时，要了解相关的法律法规，增强遵纪守法的意识，学会用法律保护自己，让自己成为一名真正合格的医务工作者。

总之，通过临床实习，医学生的基础知识得到巩固和提高，逐渐形成良好的临床思维和思辨能力。通过临床实习，医学生的临床能力得到良好训练，医学生获得了正确规范的临床技能、操作方法与步骤，提高了自学能力、创造能力、临床思维与临床分析能力。通过临床实习，医学生的职业道德素质、工作和社会适应能力得到加强，社会交往能力、沟通能力、协作能力得到提高，并获得了良好的遵纪守法意识，养成了遵守职业道德、公共秩序和制度的良好素养。所以说实习的质量和效果，直接影响到学生毕业后的适应能力、学习能力、工作能力和发展能力。

2. 实习是医学生获得执业医师资格的重要培训

医学生毕业后，必须在通过执业医师资格考试（包括综合笔试和实践技能考试）后，取得国家认可的执业医师或执业助理医师资格，并经注册后，才能够按照注册的执业地点、职业类别、执业范围，从事医疗、预防和保健活动。学生能否取得执业医师资格，取决于医学理论知识和临床技能的掌握程度。

理论学习在医学教育的前四年已经完成，临床实习正是根据执业医师的要求来设计。相应的培养计划和大纲，系统训练医学生的临床思维和操作技能。医学生经过一年的实习，毕业后再从事一年以上住院医师临床工作就可以参加执业医师资格考试，只有取得执业医师资格证才可以成为一个真正合法的医生。虽然，近几年我国的毕业后教育制度日趋完善，住院医师规范化培训在全国范围内逐步开展，但仍然有部分地区的医院允许医学生毕业后马上进入工作状态，以后再根据医院的安排相继进行规培。对于这部分学生来说，在考取执业医师资格证之前，实习就是唯一进行系统临床技能培训的机会。实习是学生在医学生涯中第一次规范系统的培训，这期间学到的操作技能和操作习惯将会影响今后的职业生涯。所以认真规范地进行临床实习能够提高执业医师资格考试的成功率，也能为今后的职业打下坚实的基础。执业医师资格证不光是从医必需的“执照”，而且也是增加工资，获得领导重视、同事认可的重要条件。

3. 临床实习开启执业医师的成功之路

获得执业医师资格意味着执业医师生涯的开始，执业医师应该具备的素质通过在校的医学理论学习和临床实习的综合训练初步养成，并在临床实践过程中得以逐步升华。执业医师生涯具有开放性、创新性、综合性、合作性和艺术性，这些特性贯穿于临床实习开始到今后从医的临床实践过程，包括了医学生实习阶段和从业过程中培养和实践的方方面面。

对于医学生来说，临床实习既可以熟悉医院医务工作流程及规范要求，全面了解和适应临床各科，又能巩固和加深理解基础医学与临床医学的理论知识，掌握基本的临床实践技能；既能培养医学生系统医学理念和临床思维，又能培养与人交流与合作能力以及求同与求异并重思维。

纵观医学教育的全过程，教学与科研结合、理论与实践结合、经典与现代结合、虚拟与实训结合、基础与临床结合的实践教学思想充分体现在教育的各个环节。随着社会的进步和科学技术的迅猛发展，知识更新的周期急剧缩短。传统的一次性教育已不能满足人们获得知识和未来工作的需要，难以适应社会发展的要求。临床实习以在校医学理论知识学习为基础，同时又构成职业医师生涯的基础，在现代医学创新人才培养的过程中发挥着承上启下的作用。

二、实习医生应具备或培养的几种素质

1. 热爱医学事业

“热爱是最好的老师。”不是所有医学生选择学医都是出于自愿或发自内心喜欢，但不管是自愿或是其他原因，既然选择学医，选择了医生这一崇高而伟大的职业，就应该培养兴趣，爱上医学，并为之奋斗终生。热爱自己的事业，是做好工作的基本条件，是事业成功的源泉和动力。因此，热爱自己的事业，是一名实习医生首先应该具备的基本素质，也是促使学生认真实习、获得良好实习效果的最大动力。

2. 虚心求学的态度

“三人行，必有我师。”实习生需要学习的东西很多，不仅有理论的提升、技能的操作和临床思维的培养，还有为人处世（和患者及其家属、和带教老师、和医院的其他医务工作者、和实习生等的相处）的艺术，所以虚心求学的态度非常重要。“虚心”是求学的前提，离开了“虚心”将失去许多学习的机会。学习不仅仅只向带教老师学习，而且应该向所有医护人员和病人学习。学生只有虚心求学，才会学到书本上学不到但对于今后的生活和工作非常重要的知识。

3. 严谨的工作作风和实事求是的科学态度

医学是自然科学和社会科学的有机结合。它研究的对象是人而不是物。对病人诊断及治疗的错误比一个科学试验的失败或一个工程设计错误的后果更为严重，将给病人和病人家属带来无法弥补的损失，因此，实习生在工作中一定要实事求是，秉承严谨的工作作风，决不能不懂装懂，自以为是。实习生要严格遵守各种医疗规章制度，谨遵老师的嘱托，做该做的事，说该说的话，以免引发不必要的麻烦。另外，在所有操作中，实习生一定要严格执行各种操作规程，养成良好的工作习惯。

4. 勇于吃苦的精神

医生是个辛苦的职业，在实习过程中就有明显的体现，医院里重危病人的抢救和监护、急诊手术、值班及医疗文书的书写，都需要实习生参与和配合，甚至是单独完成，有时可能会通宵达旦，连续作战，很辛苦。很多同学同时还在备战考研，所以实习生要付出很多，在实习前要做好充分的思想准备。不过，一分耕耘一分收获，做得多，看得多，学到的东西自然也多，而且带教老师也喜欢勤奋的学生，可能会向其提供更多的实践机会，教给学生更多知识。所以，要想实习和考研都取得良好效果，就必须发扬吃苦耐劳的精神。

三、实习中应该处理好的三种关系

影响临床实习效果的因素很多，除了自身原因外，还应处理好以下三种关系：

1. 与带教老师的关系

与带教老师的关系对实习效果的影响最明显。所以，实习生一定要处理好与带教老师的关系，在实习过程中，摆正角色，虚心学习，并尽快适应老师的性格和教学方法，

尊重医护工作人员，做好学生该做的事。切不可当面一套，背后一套，更不要刁难、戏弄老师。对于自己喜欢的学生，带教老师指导得肯定认真仔细，提供更多的实践机会，也愿意告诉学生他更多的经验和体会，甚至会开“小灶”。相反，如果带教老师对你的行为、人品有所怀疑或者对你有了看法，你的实习效果将大打折扣。

2. 与实习同学的关系

实习生不仅要搞好与老师的关系，而且也应该注意与同学的关系。现在很多教学医院同时承担几个医学院校的教学任务，同一个老师可能带不同学校的好几个学生。因此，不同学校的学生之间容易产生矛盾，拉帮结派，互相贬低，甚至互相攻击；对老师布置的工作挑肥拣瘦，技术活抢着干，苦的、累的、脏的活不愿意干等。这些矛盾消耗了学生的精力，对实习效果的负面影响很大。要达到好的实习效果，必须处理好这一层关系。首先，将来工作中也会遇到来自五湖四海的同事，要丢掉学校标签，把所有的学生都当作自己的同学，甚至朋友；其次，同学之间要注重协作和补台，培养团队精神，不让老师为难。只有这样，不同学校的同学之间取长补短，互相帮助，共同提高，分享自己实习中遇到的典型病例和经验教训，实习才可能收到事半功倍的效果。

3. 与患者及家属的关系

医生是和患者打交道的职业，医学的进步和发展离不开患者，医疗效果与患者的配合程度有直接关系，医学生的实习就更离不开患者的合作。简单地说，患者不配合，询问病史不准确，检查的体征不可靠，就无法保证最准确的诊断和良好治疗效果。况且，很多患者和家属从心里抵制学生拿自己实习，学生不搞好与患者的关系就很难完成实习计划。要搞好与患者及其家属的关系，必须进行换位思考，真正把患者当作自己的朋友、亲人，在生活上关心和帮助他们，在语言和行为上尊重他们，只有当患者把你当作亲人和朋友，他才会配合你，你的实习才能达到理想的效果。

四、实习应该处理好学生和实习医生的双重身份

“实习医生”具备双重身份，在带教老师眼里，实习生是一名学生，而在病人眼里实习生又是一名医生，正确处理好这种双重身份对实习非常重要。

既然是学生，学习还是主要任务，但实习生学习的内容、学习方式又和学校完全不同，既要学习理论，还要学习临床工作的基本方法、治疗方法、思维方法，还要学习和培养医生应具备的基本素质和人际交往能力，甚至包括社会适应能力，因此说实习中的学习内容要比学校的学习内容广泛得多。但有些实习生在实习过程中忙于其他事情而疏于学习，或者对于如何学习感到困惑和茫然。下面就实习中的学习方法谈几点看法。

1. 要带着问题读书

在学校里学生有大量的时间看书，但进入实习后，看书的时间相对减少，所以进入实习后，需要带着目的去读书。应该多接触病人，运用已学的理论知识，对所接触到的各种病人的病史、症状、体征及各种检查结果进行综合分析，试着自己做出诊断和处理方案。在这一过程中，可能会产生你解决不了的问题，比如你所掌握的知识不能解释临床表现、检查结果，或者发现有些症状、体征和你的诊断不符等问题。这时，你就要带

着这些问题，有目的、有针对性地翻阅书籍资料，找出问题的答案和解决问题的方法。随着问题的解决，你自身的理论水平、临床实践经验、临床思维亦随之不断提高。

2. 把病人当作教科书

学生所学的教科书也是前人对很多病例的共性的概括、抽象和总结。在实习中接触到的病人，由于他们的生活、环境和心理都不同，患病的范围和程度也有差异，可能临床表现更为复杂多变，而且相同的疾病在不同的人身上可能表现出来的症状和体征有很大差异，甚至有可能和你学过的理论知识对不上号。所以一定要向病人学习，树立病人就是教科书的思想。对自己管理的病人，勤询问，多观察，及时发现和掌握病人的主观感受和体征的客观变化，"念"好每一本活的教科书。

3. 要注重学习和思考相结合

无论是学习理论还是临床知识，心、脑、手、眼有效配合才能有更高的效率。在实习期间要注重运用自己所学的知识对所见到的疾病进行认真思考分析，对老师已经做出的诊断多问几个为什么。医学是一门综合性学科，研究对象是复杂的人类，所以思考和看待问题一定要运用全面的、联系的、发展的观点对病人或疾病进行综合分析和思考。只有这样才不容易出现误诊。这种临床思维和思辨的能力需要学生在实习期间及以后的临床工作中注重培养和锻炼。

4. 以科学的态度积极向上级医生学习

在实习中所有的治疗、诊断和操作都必须在上级医生的指导下进行，他们是老师，所以一定要尊重和服从上级医生，认真执行他们的医嘱和指示。但也没必要盲从和迷信，医术再高明的医生也难免出现失误，正所谓"智者千虑，必有一失"。因此，实习生对上级医生的态度应当是：尊重师长，虚心学习，服从领导，执行医嘱，但不迷信。当代大学生和未来的医生，应当具有自主意识和批判精神，敢于质疑。当对病人的诊断与处理意见与上级医生相左时，应提出疑问，及时请教。如对上级医生的解释仍存疑问时，一方面要坚决执行医嘱，另一方面应进一步仔细地询问和检查病人，查阅有关书籍、资料，做深入的思考分析和判断。如确信自己的意见正确，应本着对病人负责和实事求是的科学态度，向上级医生提出自己的见解，但态度要诚恳、虚心。对于这种勤于思考、善于学习、能提出自己独立见解的实习生，老师一定喜爱有加。

在病人的眼里，实习医生就是一名医生，因此作为实习医生应承当这份责任。在学校里，诊断错误或记错药物剂量，仅仅是知识的缺陷，而在临床中，则是人命关天的大事，甚至是要负法律责任的。因此，在实习中对待病人时，实习医生应担当起医生的责任，对病人负责，决不能不懂装懂，自以为是。

五、实习、就业与考研

临床实习是医学生把前四年积累的零散理论知识应用于临床实践，找到对应点，在临床实习过程中不断充实自己的知识和技能，在医学生从医生涯中是十分重要、无可替代的学习阶段。然而考研和就业也关系到学生的前途和发展，在就业压力日趋激烈的情况下，学生可能更愿意关心和关注就业和考研。事实上，就业、考研和实习并不是非此即彼的关系，临床实习是医学生理论联系实际、整合各科知识、拓展临床逻辑思维、进行综合训练的重要环节，更是大学生从学校走向社会的一个缓冲期。医学生把握好这一机会，对提高自身素质、增强实力、提高综合竞争力大有帮助。良好的临床技能，是就业（或找规培单位）的必要前提之一。对考研的学生个人来说，近几年，无论是研究生初试还是复试都增加了对临床知识、技能和临床思维的考核，多接触临床实践，把考研复习和临床实习有机结合起来对考研也是大有裨益。盲目放弃实习或不认真实习，不但使大学学习不完整，而且考研一旦失败，无论是求职还是找规培单位的竞争力会大大降低，即使进入工作岗位或参加规培，也会感到不适和困难。

1. 正确认识自我，理性分析考研的利弊

自从 20 世纪 90 年代中期以来，截至 2015 年，我国考研人数增长了近 9 倍。医学生考研人数也一直居高不下，但选择考研的原因各有不同。有的有明确的职业规划，想继续深造，以求更好的发展；有的看到周围同学都考，觉得自己也应该考，跟风；少数人因为受了处分或挂科太多拿不到学位证，逼迫自己考研；等等。不管考研的动机是什么，总归是一种积极向上的表现，哪怕将考研当作学习的动力也是值得鼓励的。但当实习和考研复习发生冲突时，一定要理性分析考研的利弊。

考研是时代发展的要求，是我国医疗卫生事业进一步发展的需要，更是促进自身事业发展的途径之一，但考研的时间可以根据个人的具体情况，合理选择或安排，切忌盲目跟风。每个人的性格、特点、兴趣和能力以及职业价值观不同，所以在职业发展中的路线也有所差别，能够根据自我情况科学安排和选择是否考研更有助于自身发展。考研虽是继续深造、提升自己的重要手段，但并不是唯一途径，更不是唯一机会，先规培后考研，或者规培合格后申报硕士学位也不失为一条发展道路。学历、学位固然重要，但扎实的专业知识和全面的综合素质才是最重要的求职砝码，如果为了考研放弃或忽视实习，对医学生来说损失太大。

研究生的就业率也并不乐观。虽然研究生就业率好于本科生，但标准不同，要找到很好的单位也不容易，加之我国就业的严峻形势可能会持续相当长的一段时间，用人单位对毕业生的要求也越来越高，对学生的综合素质和实践能力日趋重视，所以医学生千万不能一心考研而不顾实习，不找工作。即使决心考研，也要“一颗红心，两手准备”。同时，研究生录取的比例相对较低，谁也没有百分百的把握。因此努力学习专业知识，提高专业能力和综合素质，在此基础上，无论是就业还是考研都能水到渠成。

2. 正确处理实习与考研之间的矛盾

实习是一个医学生学习临床实践技能、培养临床思维、养成良好工作习惯的最佳机会。无论是就业还是研究生复试都不仅要求有过硬的理论知识，而且要具备较强的临床实践工作能力。如果在实习期间花大量的时间复习考研，势必影响临床技能的学习，即使研究生初试通过复试也可能不过，所以要理顺实习与考研的关系，并将实习和考研紧密结合。

在实习过程中，将实习和考研复习的时间和内容紧密结合，在学习单病种的过程中，复习与疾病有关的生理学、病理学、生物化学等相关知识，并注重加强知识体系的纵横联系，加强考研知识点的复习和巩固。在参与临床病例讨论中，也可以强化对疾病的认识，巩固所学知识，增强诊断和鉴别诊断能力，在实习中达到考研复习的目的。另外，要发扬吃苦耐劳和争分夺秒的精神，在实习之余，抓紧时间看书，提高复习的效率，确保实习效果和考研成功率。

3. 正确处理实习与就业之间的矛盾

近几年住院医师规范化培训在各省陆续实行，特别是2013年年底，国家卫生计生委等7部门联合印发了《关于建立住院医师规范化培训制度的指导意见》，并于2014年在全国正式实施。目前，除了考研，大多数同学都选择住院医师规范化培训，只有少部分贫困地区医学生还可以选择先就业后规培。由于双选会时间、单位面试时间和实习时间冲突，所以，应尽量缩短就业战线，确保实习质量。

（1）及时了解就业信息，确保信息渠道畅通、信息准确

实习期间，要密切关注就业网站，多了解相关的就业信息，如就业政策、招聘信息、医改信息等，并与学校和老师保持联系和沟通，获得及时准确的就业信息。

（2）认清形势，准确定位，以求缩短就业战线

在这个大学生不再是“天之骄子”的时代，医学毕业生的就业形势也不容乐观，学生应对自己的情况认真分析后给自己一个准确的定位，并做相应的调整，充分利用本校举行的双选会解决就业，以免自己盲目联系，费时费力，就业战线拉得太长。每场双选会进行的时间很短，应根据自己的具体情况，提前选中几个单位着重联系，而不要到处撒网。尽早把工作的问题解决了，就可以安心实习了，有些用人单位要求提前试用，也可以转院到应聘单位，争取好好表现，留下良好印象。

（3）要树立正确的就业观

不要好高骛远、眼高手低，当然也不要自卑，要有充分的自信。一步到位、待遇第一、地域优先、专业对口等观念，都是不切合实际的。根据社会的现实和自己的实际情况，将自己的就业观和国家的政策相结合，把自己的理想与国家的发展相结合，树立“先就业，后择业”的观念。从现实来说，医学本科生留在大城市、大医院的可能性不大，那么就要适当降低期望值，拓宽就业视野，到那些目前经济虽然欠发达，但发展后劲足、有广阔发展空间的城市去施展才华，或者走向基层，走向山区，走向农村，去惠及广大基层群众。一方面，那些相对落后的地区缺乏人才，更能够发挥和突显自身的价值，另一方面，只要你有理想、有抱负，今天深入基层或许是为你今后更好的发展铺路。

总之，对于医学生来说，实习、就业和考研都非常重要，为了就业和考研放弃实习决不可取，顾此失彼也会造成一定的损失，所以如何协调三者的关系，需要每位同学根据自己的情况制订计划，并适时调整。

第三节　规培

一、我国住院医师规范化培训的历史背景与现状

住院医师规范化培训是临床医学专业毕业生在完成院校教育之后，以住院医师的身份在认定的培训基地接受以提高临床实际能力为主的系统性、规范化培训。住院医师规范化培训是培养合格临床医师的必经途径，是加强卫生人才队伍建设、提高医疗卫生工作质量和水平的治本之策，是深化医药卫生体制改革和医学教育改革的重大举措。我国今天这套完善的住院医师规范化培训制度是经过了几十年的变迁和发展而形成的。

早在1921年，北京协和医院为与国际接轨，仿照美国医学教育改革的成功典范，在中国率先建立了住院医师培训制度。当时协和医院实行住院医师24小时负责制、总住院医师制，良好的学术氛围以及严格的淘汰制度，使协和医院的住院医师保持了极高的成才率。

新中国成立以后，在1962年卫生部召开的部分高等医药院校师资培养工作座谈会上，首次提出了住院医师培养问题，拟订了住院医师培养考核试行办法，但由于政治运动，未能实施。

直到1979年9月10日，卫生部草拟了《高等医学院附属医院住院医师培养考核试行办法》并试行。在这个阶段，住院医师培训主要是为培养师资问题而提出的，并且试点工作也仅在高等医学院附属医院中实行。

1992年党的十四大明确建立社会主义市场经济体制目标后，在1993年，卫生部发布了《临床住院医师规范化培训试行办法》并于1993年在上海召开了全国临床住院医师规范化培训工作会议，对在全国开展住院医师规范化培训工作进行了部署，配合1995年卫生部颁发的《临床住院医师规范化培训大纲》，开始正式推行住院医师规范化培训制度。业内普遍认为这标志着我国住院医师规范化培训制度正式建立了。

1999年，卫生部基于当时的社会特点和国情，仿照国外尤其是美国的经验，开始构建全科医生制度，因此颁发了《全科医师规范化培训试行办法》。此后，我国广义上的住院医师规范化培训工作开始迈入系统化、规范化的轨道。1993年到1999年出台的相关办法，为住院医师规范化培训提供了目标和方向，改变了过去我国无规范住院医师培训制度的情况，减少了由于学生从医学院校毕业未经二级学科培养直接分配到医院从事临床工作对医疗队伍整体素质的负面影响。而经过十几年的实践，一套较为基础的住院医师规范培训的制度和模式已经得到了一定程度的确立。

然而此种方式所构建的制度必然存在一定的问题。首先，1999年颁布的《中华人民共和国执业医师法》带来了对住院医师规范化培训的法律难题。其次，随着教育、医学技术和医学专业学科的发展，之前出台的住院医师培训办法和制度已经不再适应当下情况。再次，由于建立住院医师规范化培训制度具有试验性的特点，所以规范化培训的经

费、人事上的管理、考核标准和制度等并没有在全国范围内建立统一的标准。最后各类医师规范化培训处于创立和构建阶段，衔接上存在问题并且出现了重复的制度管理领域，而且在实践中住院医师规范化培训和全科医师规范化培训处于分裂状态。种种因素使得广泛意义上的医师规范化培训的发展进入瓶颈期。2002 年 6 月卫生部科教司在北京召开了全国住院医师规范化培训工作研讨会，正式启动住院医师规范化培训课题研究工作，主要研讨包括专科医师考核评价体系在内的七方面问题。

面对这种制度上构建过多过快导致的失序状况，国家推出了新的改革政策。2009 年国务院在《中共中央、国务院关于深化医药卫生体制改革的意见》中提出，要“建立住院医师规范化培训制度”。2009 年原卫生部和发改委等六部门印发《关于加强卫生人才队伍建设的意见》，明确了院校医学教育、毕业后医学教育和继续医学教育三个阶段分别有不同的目标和任务，由此我国的住院医师规范化培训进入了深化尝试的时期。另外，2010 年卫生部等部委联合发布《关于印发公立医院改革试点指导意见的通知》，开始推进全科医生培训制度的建设以及密切其与狭义上的住院医师规范化培训制度的衔接。紧随其后，国务院在 2011 年颁布了《国务院关于建立全科医生制度的指导意见》，提出到 2012 年，每个城市社区卫生服务机构和农村乡镇卫生院都有合格的全科医生。

在这种深化改革的背景下，各省、市、地区开始在中央授权的情况下进行区域内的医师规范化培训制度改革尝试。如上海市从 2010 开始将全科医师培训纳入全市住院医师规范化培训计划统筹考虑，坚持“行业内社会人”培训模式，推行“5+3”医学人才培养模式。即实行住院医师规培与临床医学硕士专业学位相衔接，实现临床专业研究生入学招生与住院医师招录相结合、研究生培养与住院医师培训相结合、学位授予标准与临床医师准入标准相结合，实现硕士研究生毕业时“四证合一”。由此构建了比较完善的组织管理、政策法规、质控考核、支撑保障培训制度体系。其他省市也在省财政的大力支持下相继开展住院医师规范化培训。

在这种实践积累下，2013 年 12 月 31 日，国家卫生计生委等七部门联合出台了《关于建立住院医师规范化培训制度的指导意见》，要求到 2015 年，各省须全面启动规培工作；到 2020 年，基本建立规培制度，所有新进医疗岗位的本科及以上学历临床医师全部接受规培。2014 年 2 月建立国家住院医师规范化培训制度工作会议在上海召开，标志着我国住院医师规范化培训制度建设再次启动。2015 年年初，以标准化为诉求的住院医师规培在全国范围内推行。这意味着今后医学专业学生毕业后必须在以三甲医院为主的培训基地先接受为期 3 年的规范化培训，考核通过后才能从医。从 2015 年起专业型医学硕士研究生和规培并轨进入规培基地，即专业型医学硕士研究生在 3 年期满毕业后可以拿到学位、学历、执业医师和国家级住培证书（“四证合一”）。2016 年 1 月国家卫计委发布的《关于开展专科医师规范化培训制度试点的指导意见》指出，2016 年遴选有条件的专科启动试点工作，力争到 2020 年在全国范围初步建立专科医师规范化培训制度，形成较为完善可行的组织管理体系、培训体系和有效的政策支撑体系，形成完整的毕业后医学教育制度，培养一批高素质的合格临床专科医师。这样以“5+3+X”（5 年本科教育，3 年住院医师规范化培训，X 年专科医师规范化培训）为代表的美国式医学教育模式将有望终结过去由于医学教育存在大专、本科、硕士生、博士生等多学制并存的复杂混乱状态。这对于我国的医疗教育和医疗事业发展而言是具有里程碑式的重要意义。

总之，住院医师规范化培训制度，有望缩小对不同区域经济社会的医疗教育和服务水平差异，实现医疗服务的标准化和水平基本均等化。另外，通过住院医师规范化培训，其背后的一个隐性作用则在于通过 3 年乃至更长时间的培训，减少由医学生供过于求带来的就业压力，为医学服务行业和医师行业的优胜劣汰提供空间，亦为医疗制度的深化改革提供更多空间和可能。

二、规培制度的政策解读

1. 规培的招收

培训招收工作以需求为导向，推动区域协同，兼顾专业均衡，遵循公开公平、双向选择、择优录取的原则。省级卫生计生行政部门根据国家下达的培训招收计划，向社会公布培训基地情况、各专业招收人数、招收工作流程等相关信息。

（1）招收条件

热爱医疗卫生事业，品德良好，遵纪守法且符合临床、中医、口腔类别医师资格考试报考条件规定的专业范围的应、往届本科及以上学历医学毕业生，或已取得“医师资格证书”需要接受培训的人员，以及满足培训基地所在地省级卫生计生行政部门规定的其他培训招收条件。培训招收以应届本科毕业生为主。

（2）报名

省级卫生计生行政部门根据国家下达的培训招收计划，向社会公布培训基地情况、各专业招收人数、招收工作流程等相关信息。

每个培训基地的具体报名时间和程序有差别，大概时间在每年的 1 月~6 月。

符合报名条件的人员应当根据省级卫生计生行政部门公布的招收计划选报培训基地与培训专业。

报名时申请人应当按要求提供有关报名材料，单位委派人员还须出具本单位同意报考的证明材料，申请人须通过网络或现场报名等方式提交相关信息。培训基地依据国家对培训对象资质条件的有关规定对申请材料进行审核，确定申请人是否具备报考资格。

（3）规培招收考核和调剂

培训基地在组织招收考核时一般采取笔试、面试相结合的形式进行，通过对培训申请人的综合素质和临床实践能力的测评，确定拟录取的培训对象及其接受培训的具体时间和内容。如果没被录取，可以调剂到还有剩余名额的其他培训基地接受培训。

（4）公示和录取

培训基地根据培训申请人填报志愿的顺序及考核结果，择优确定拟招收名单，并通过省级卫生计生行政部门规定的网络平台或其他适宜形式对拟招收名单进行公示，公示时间不少于七个工作日。培训基地根据公示结果确定培训招收人员，并将录取结果通知相关培训对象。

被录取后，学生按录取通知要求，在规定时间内到培训基地报到，原则上从 9 月开始接受培训。无故逾期 2 周不报到者，视为自动放弃本次培训资格。学生报到时与培训基地签订培训协议。

2. 规培考核

培训考核工作实行分级管理。国务院卫生计生行政部门（含中医药管理部门，下同）负责全国培训考核工作的统筹管理，省级卫生计生行政部门负责本辖区培训考核工作的组织管理，培训基地负责过程考核及相关工作的具体落实，考核基地负责结业考核工作的具体落实。

（1）过程考核

过程考核是对培训对象在培训期间临床能力水平与素质的动态评价，由培训基地组织实施。根据《住院医师规范化培训内容与标准（试行）》的规定，过程考核主要包括日常考核、出科考核、年度考核，内容涉及医德医风、临床职业素养、出勤情况、临床实践能力、培训指标完成情况和参加业务学习情况等方面。

日常考核和出科考核主要由培训轮转科室负责，出科考核在培训对象出科前完成，并由专业基地审核其真实性和有效性。年度考核是在培训对象完成每一年度培训后，由培训基地组织实施，过程考核结果记录在住院医师规范化培训考核手册上。

（2）结业考核

结业考核是衡量培训整体效果的结果性综合评价，由省级卫生计生行政部门组织实施，分为临床实践能力考核和专业理论考核两部分，一般每年 6 月进行。

取得“医师资格证书”且培训过程考核合格者，可根据省级卫生计生行政部门公布的结业考核有关安排，申请参加结业考核。

（3）结果评定和使用

省级卫生计生行政部门于每年 6 月底公布本辖区结业考核结果。通过结业考核者，由省级卫生计生行政部门颁发国家统一制式的“住院医师规范化培训合格证书”。未通过临床实践能力考核、专业理论考核或其中任一项者，根据培训基地所在地省级卫生计生行政部门有关规定可申请参加次年结业考核。

3 年内未通过结业考核者，如再次申请结业考核，需重新参加住院医师规范化培训，培训相关费用由个人承担。

住院医师规范化培训合格证书是申请参加相应专科医师规范化培训的优先条件，是二级以上医疗卫生机构新进入医师的必备条件，是有些医院临床医学专业中级技术岗位聘用的条件之一。到 2020 年，所有新进医疗岗位的本科及以上学历临床医师均要接受住院医师规范化培训。

3. 规培期间的管理和待遇

培训对象是培训基地住院医师队伍的一部分，应遵守培训基地的有关管理规定，并依照规定享受相关待遇。

单位委派的培训对象，培训期间原人事（劳动）、工资关系不变，委派单位、培训基地和培训对象三方签订委托培训协议，委派单位发放的工资低于培训基地同等条件住院医师工资水平的部分由培训基地负责发放。面向社会招收的培训对象与培训基地签订培训协议，其培训期间的生活补助由培训基地负责发放，标准参照培训基地同等条件住院医师工资水平确定。具有研究生身份的培训对象执行国家研究生教育有关规定，培训基地可根据培训考核情况向其发放适当生活补贴。

4. 相关政策衔接

（1）学位衔接

国家正在探索住院医师规范化培训与医学硕士专业学位（指临床、口腔、中医，下同）研究生教育有机衔接的办法，以及逐步统一住院医师规范化培训和医学硕士专业学位研究生培养的内容和方式。取得"住院医师规范化培训合格证书"并符合国家学位要求的临床医师，可被授予医学硕士专业学位；符合住院医师规范化培训管理要求，按照住院医师规范化培训标准内容进行培训并考核合格的医学硕士专业学位研究生，可取得"住院医师规范化培训合格证书"。

（2）执业注册

规范化培训前已取得"执业医师资格证书"的培训对象，应当将培训基地注册为执业地点，可不限执业范围。培训期间尚未取得"执业医师资格证书"的，可在具有执业资格的带教师资指导下进行临床诊疗工作。培训期间，可依照《中华人民共和国执业医师法》相关规定参加国家医师资格考试。取得执业医师资格后，医师执业证书应当注明类别，可不限执业范围，但应当按照有关规定填写相应规范化培训信息。培训结束后，根据实际情况确定执业范围和地点，依法办理相应执业注册变更手续。

（3）政策引导

在全面启动住院医师规范化培训的省（区、市），将取得"住院医师规范化培训合格证书"作为临床医学专业中级技术岗位聘用的条件之一。住院医师规范化培训合格者到基层医疗卫生机构工作，可提前1年参加全国卫生专业技术中级资格考试，并在同等条件下可被优先聘用。培训对象到基层实践锻炼的培训时间，可计入本人晋升中高级职称前到基层卫生单位累计服务年限。

参考文献：

[1] 叶政. 大学生职业规划与就业指导教程［M］. 北京：科学出版社，2010.

[2] 王邦田，魏萍，刘海峰. 医学生就业指导［M］. 广州：广东高等教育出版社，2014.

[3] 唐闻捷，王占岳. 医学生职业生涯规划与发展［M］. 杭州：浙江大学出版社，2013.

[4] 眭建. 医学生实习教程［M］. 镇江：江苏大学出版社，2009.

[5] 樊国康. 地方高等医学院校非直属附属医院全程教学实践研究［J］. 中国高等医学教育，2012（1）.

[6] 樊国，康杜勇，李春平，冉茂，成実忠. 高等医学院校非直属附属医院建设实践探索［J］. 中国卫生事业管理，2008（6）.

第十四章　全面备战——医学生考研攻略

第一节　医学生考研准备

一、拥有坚定的考研信念

很多考上研究生的学生，不是因为他们的智商比别人高，不是因为他们的运气特别好，也不是因为他们关系和背景比别人更硬、更好，而是他们踏踏实实上课，仔仔细细听老师讲授知识，课下花费了更多的时间去认真揣摩复习。他们之所以能够在考研中成为佼佼者，就是因为他们懂得坚持，没有因为遇到困难就放弃。

其实，进入大三学年时，对未来的考虑就成了很多同学的关注点。是考公务员、工作、出国，还是继续深造去考研究生？多数人都在迷茫、徘徊。彷徨过后，部分人选择继续深造去考研究生，然而到了网上报名阶段，当初发誓要考研的人，有一部分却决定退出。到了正式考研前夕，还会发现有些人虽然报名成功了，也临阵脱逃。更有甚者，考第一科时本来坐在你前面的同学，从考第二科起就再也没有出现在考场上了，他们临场放弃了。在考研这场没有硝烟、没有刀枪的战争中，曾经信誓旦旦嚷着要考研的“士兵”，却没有勇气履行好一个士兵的义务和职责。在考研任何的阶段的放弃，都会毁掉每位同学的考研梦。

二、消除考研误区

漫漫考研路，风雨兼程，有些大学生由于经验不足，往往好高骛远，容易产生一些关于考研的错误认识，而导致走很多弯路。那么，大学生考研要注意哪些误区呢？

误区一　考研准备越早越好

有效甚至超有效的考研复习与准备所需要时间长短没有必然的联系，而且，把复习时间拉得过长，会导致考生提前进入疲劳期，对于考试的正常发挥没有什么好处。研究生入学考试所需要的不仅是专业知识的广度和深度，更需要良好的综合能力，考生只把官方规定的教材背得滚瓜烂熟是远远不够的，还要拓展学习视野，扩充新知识。另外，国家每年都更新思想政治理论考试大纲，政治考研的出题方向、命题重点、热点问题等应该说是一年一个样，时事政治题更是如此。医学专业课一般由报考学校自主命题，其主观性和变动性也很大，不同导师的出题风格不同，即使是同一个导师，研究方向、研究课题每年也不大相同。针对这些科目的备考，只有抓住每年最新动态，适时加以推敲才能做到事半功倍。所以，考研准备战线不是拉得越长越好，关键还是要看平时自身各种相关能力的培养及基础知识的积累，同时根据不同学科的性质需要合理地制订复习计划。诚然，对于医学生跨专业考研的考生则另当别论。

误区二　想方设法“联系”导师

考研中存在少数考生花费大量精力，想方设法面见导师的现象，他们期望获得一些“指点”，或是期望导师在面试时手下留情，甚至把这作为决定考研最终结果的关键因素。然而，这种想法是不对的。导师绝对不可能为了“特别照顾”某一考生而选择去违反国家、学校的规定。考生必须明确的是，考生的面试成绩一般是由几名导师共同决定的，绝不是一个人说了算。因此，考生“联系”导师，即使真的可以给导师留下一个不错的印象，但绝不可能成为考研成功的关键。

误区三　盲目选择所谓热门专业

某些考生换专业考研是出于对这一专业的浓厚兴趣，但也有不少考生抱有投机心态，盲目追捧热门专业，把转换专业当作“曲线救国”的办法。目前研究生教育中学科交叉的趋势越来越明显，加上越来越多新兴边缘学科的出现，跨专业考研的现象比较普遍。但隔行如隔山，跨专业报考的难度在考研中是最大的，考生如果在没有任何知识积淀的情况下就盲目换专业，会有满盘皆输的风险。有时即便勉强过关，在之后的专业学习中也会因为基本功不扎实而出现严重的“水土不服”现象。

误区四　把精力集中在薄弱环节

在研究生录取中，各招生院校要求考生的总分和各学科成绩均要过线（录取分数线）。因此，各门学科的地位同等重要，偏废任何一门都将功亏一篑。对考生来说，将弱势学科作为备考重点来抓无可厚非，但也不能太厚此薄彼。

三、选择好院校及专业

很多考生虽然已经开始复习准备考研，但未必已经定下目标院校和专业。很大一部分考生，往往在这个问题上会很纠结和矛盾。

大家都知道，“名校”的“王牌专业”势必竞争激烈，如果你没有过硬的本领，就不要只盯着好学校、好专业，以免一个也没考上；也不要盲目地相信“奇迹”会降临到你的头上。

那么，在好的学校和好的专业之间该如何选择呢？

有的人认为，无论如何要选择一个名气响亮的学校，即使在这样的学校里学习一个很没有实用价值的专业也是值得的。这样才能在就业市场上占有一席之地。当然，也有一部分人有着相反的观点，他们认为，学校不重要，重要的是选择一个好的专业。如果你不具备两全其美的水平，还是应该选择一个你感兴趣的、你愿意为之奋斗并坚持下去的专业。你将来的工作也许与这个专业密切相关。它不但是你谋生的手段，同时也是你梦想的发端。这个专业还可以是社会需求量大的，这样你就不必担心“毕业即失业”。

只有踏入社会，你才会深刻地明白，读一个无论何时都能保证就业的专业是一个明智的选择，也是你的幸运。不要为了读一个所谓的名校，而选择一个冷门且自己并没有多大兴趣的专业，这种痛苦轻则影响你研究生生活的两三年，重则伴随你一生。如果这个冷门专业在社会上就业率也不高，这样的专业无论在什么样的学校，无论专业名称多么好听，都只是空架子。如果你学了这样的专业，任凭你毕业于多有名的学府，在找工作时，也只能处于被动地位，最后不得不靠其他的技能去就业。你的竞争优势起码在步入社会的前几年是不明显的。

因此，应该明白，考研是一个人生阶梯，应该利用其真正实现人生的转折，而不是单纯通过一个名校的头衔给自己镀上一层金，因为镀上的金总会掉色的。在人生历程中，我们会面对很多十字路口，选择有时候很令人苦恼，但这是我们必须要面对的问题。本科毕业后，到底是就业、出国，还是考研或是考公务员，这可能是个让很多应届生难以选择的问题。今天的选择，决定你以后的人生。每个人的需要不同，人生职业规划也就不同。如果选择了考研，只要自己有坚定的信念和对某一领域浓厚的兴趣，然后脚踏实地地坚持下去，相信，你很容易走出属于自己的道路。但大部分学生是迷茫的，不知道自己的未来该走向哪里。那该怎么办呢？

1. 如何选专业

选专业要考虑兴趣、潜能和未来职业需要。

（1）兴趣——你喜欢什么

兴趣，是你学习的动力，是你进步的阶梯。只有喜欢这个专业才会用心钻研。因为有喜欢才有执着。任何事情都是这样。

（2）潜能——你能做什么

人的能力包括很多种，比如动手操作能力、空间思维能力、人际交流能力等。未来职业和潜能之间具有很大的关系，比如你数学学习能力较强，具有很好的思维能力，可以考虑学习理工科或者经管类专业。

（3）职业需要——你应该干什么

常说专业有热门、冷门之分。热门包括两点：一个是报考热，另一个就是就业热。但是冷与热其实是个相对的概念，不能说冷门专业就业就难。

据统计，最近几年考研报考十大热门专业分别为：工商管理、法律、金融学、计算机科学与技术、行政管理、外国语言学及应用语言学、会计学、企业管理、通信与信息系统、英语语言文学。但学生报考专业时首先应该以自己的兴趣和职业规划为准，不要盲目从众报考热门专业。

2. 选择专业的技巧和误区

考虑清楚上面三个问题后，如果想在自己的专业继续深造，那么很容易选择。如果要跨专业，就要考虑技巧，下面谈一下选择专业的技巧和专业选择应该避免的一些误区。

（1）是否应该跨专业？

很多同学对现在所学专业不满意，因为高考时可能是父母包办的志愿，没有对专业详细了解，通过大学的学习才觉得这个专业不适合自己，那么马上考研了，是否应该跨专业报考呢？有人说不跨白不跨，争取最后一次机会。其实，跨专业有风险，须量力而行。首先学科体系内部可以跨，比如内科学、外科学等，医学研究生可考个相近专业，如选择公共卫生学。因为初试考查科目中要考本科专业知识，一个学科体系内专业知识相对比较接近。其次万能学科可以跨，比如思想政治专业等。

（2）理科学生建议跨到相关门类的工科应用学科

理论性理科专业主要包括数理化、生物、地理、海洋、大气科学等，例如本科学习物理学或者应用物理学（其实本科这两个专业学的内容几乎一样，毕业都授予理学学位）可以考虑考研跨到材料类的工科专业。如何分辨理科专业和工科专业，同时找到最佳的匹配呢？这里有个简单方法：大多专业后面加“学”都是理论性较强的理科门类专业，比如数学与应用数学、环境科学；大多数专业名后有“工程”二字的为工科专业，如××工程。跨专业幅度较大需谨慎，比如文科专业跨到理工科专业，一般难度较大。

（3）不要陷入专业选择的误区

今天的热门，也许成了明天的冷门。即使仍然是热门，如果你对其没有兴趣，也不太擅长，铆劲考上了，将来也未必能走得远。学什么并不意味着将来干什么。毕业后，有些学生一味地寻求专业对口的工作，如果真能工作对口，自己又喜欢，当然皆大欢喜。如果不能对口，也不必强求。现在的社会，很多单位需要的是复合型人才，因此不要被专业名“忽悠”。有些专业名听起来很大气，很吸引人的眼球，但未必实用，比如行政管理专业。有的同学以为本科毕业就可以去政府或者企业做管理，其实仔细想想就明白，如果你是一个企业老板，会把重要的管理岗位给一个没有经验的大学本科生吗？现在社会的管理人员一般都要求具有行业背景和实践经验，具有成功的管理案例。

每个人的需要不同，人生职业规划也就不同。只要有坚定的信念和浓厚的兴趣，然后脚踏实地地坚持下去，你就会成功。

四、制订正确的学习计划

考研复习是一个庞大的系统工程，复习课程多，时间跨度长，因此，考研复习必须有一个整体的规划。总的复习进度划分为起步、强化和冲刺三个阶段。第一阶段为起步阶段（第一轮复习）。第一轮复习的目的是全面夯实基础。英语、数学的复习都具有基础性和长期性的特点，而专业课内容庞杂，因此对它们的复习都安排在起步阶段。政治复习可以暂缓，等新大纲出版后再进入第一轮复习。第二阶段为强化阶段（第二轮复习）。所有科目的第二轮复习都安排在强化期。这一阶段要从全面基础复习转入重点专项复习，对各科重点、难点进行提炼和把握；同时注意解题能力的训练。第三阶段为冲刺阶段（第三轮复习）。本阶段复习要解决两个问题：一是归纳总结，升华提炼，查漏补缺，二是强化应试训练。

第一步收集资料

1 月收集考研信息，听免费讲座。2~3 月确定考研目标，听考研形势讲座，选择专业，全面了解所报专业的信息，准备复习。

第二步第一轮复习

4~5月第一轮复习阶段，可以报一个春季基础班，特别是政治班和英语班。不要急于做模拟试题，着重于基础复习。6月全面关注考研公共课的考试大纲，购买最新的辅导用书，准备暑期复习。

第三步第二轮复习

7~8月制订一个全面复习计划，开始第二轮复习。可以参加一个权威的正规大学举办的辅导班，有选择地做一些必要的题目。9月关注各招生单位的招生简章和专业计划，购买专业课辅导用书，联系导师，获取专业课考试信息。10月确定十一黄金周复习计划，对前两个阶段的复习进行总结；同时，开始专业课的复习，可报一个长期班系统复习。11月研究生考试报名工作开始，报名，填报志愿。

第四步第三轮复习

11月中下旬第三轮复习阶段开始进行政治、英语、数学、专业课的冲刺复习，购买辅导冲刺的内部资料。12~1月进行模拟实训，报一个冲刺班，做考前整理。

第五步初试临考阶段

1月上旬调整心态，准备考试，熟悉考试环境。

第六步准备复试阶段

2月放松心情，查询初试成绩。3月关注复试分数线。4月准备复试，联系招生单位。5月关注复试成绩。

五、注意复习技巧

1. 第一轮复习策略

（1）英语

重点是考研词汇、基本语法，同时，阅读理解训练也要开始。语法等不会有什么变化，词汇每年大纲虽然有所修订，但变动不大，因此找本前一年的《大纲》先看着。有许多同学正好在这一阶段考6级，由于6级和考研难度大致相当，词汇量也差不多，所以可以结合起来复习。

（2）医学专业课

重点在于先全面整理基本概念、原理及其基本应用，开始大量做题。因为做题很耗时间，一旦进入强化期开始复习政治之后，就不可能有大量时间做题了。另外，报考本校本专业的，要利用常规教学，好好学习专业课程。跨专业或跨校报考的，要进行专业课程的系统复习，还可以旁听一些重要的专业课。

首轮复习主要是要全面夯实基础，因此主要使用本科基础教材，外加一些适合首轮复习的资料，也可以选择一些打基础的长期班或预备班来给自己充电。政治有所不同，一开始就可以选个班期较长的辅导班，尽快步入复习轨道。

2. 第二轮复习策略

所有科目的第二轮复习都安排在强化期。强化期是考研复习的黄金时期，中间有一个暑假，没有课程干扰，因此复习时间最为集中。强化期也是考研复习的关键阶段，考研成绩基本上取决于此阶段的复习效果。甚至有些基础较好的同学从本阶段才开始复习备考，也取得了成功。那么，如何有效地利用这四个月的复习时间呢？关键是要完成两个任务：一是对各科重点、难点的提炼和把握；二是逐步将已经掌握的知识转化为实际解题能力。

（1）政治

政治首轮复习和第二轮复习是紧密结合的，都安排在强化期。此阶段重点提炼每门课程的基本理论、重要结论以及考试知识点，特别是新增考点和新修考点；对跨章节甚至跨学科的相关知识点进行初步综合。同时，注重当年重大时事政治与相关基本理论的结合，如"通货紧缩与货币流通规律""意识形态领域斗争的长期性、复杂性和加强社会主义精神文明建设的重要性"等。

（2）英语

在词汇方面，应该在已经大体掌握意思的基础上，深入掌握用法，尤其是固定搭配和习惯用法。另一个重点是解决长难句，掌握各种句式。同时要加大阅读量，一方面提高阅读能力，另一方面也通过阅读来巩固语法、词汇和句式。本阶段必须进行大量的题型专项练习，通过做题来巩固。

（3）医学专业课

本阶段由于政治已经开始复习，因此医学专业课时间会相应减少，做题数量也不可能很多。因此，要在首轮复习大量练习的基础上，回头总结、归纳，提炼解题规律。再者，这一阶段由于公共课程分量加大，专业课复习强度会有所减弱。本阶段的任务是对各专业课程进行逻辑框架上的整理。另外，要开始按照专题归纳整理专业知识内容。

第二轮复习要选购一些质量较好的强化复习资料，可选择上公共课的辅导班。建议暑假就不要回家，就在校复习。

3. 第三轮复习策略

冲刺期内各科均开始进行第三轮复习。一般考前两个月左右开始，10月中、下旬时事政治的复习内容基本确定。本阶段理所当然地要巩固已经复习过的内容，进一步归纳总结，升华提炼，查漏补缺，牢牢把握重点、难点；同时，要将已掌握的知识和能力转化为最后卷面上的得分，即进行强化应试训练。

（1）政治

本阶段，政治复习要在两个方面下功夫：一是时事政治与基本理论的结合，二是进行答题方法训练，强化答题技巧。时事政治与政治基本理论的结合历来是考试热点，需要自己好好归纳总结，建议上冲刺班。不要做大量的模拟题，因为缺少严格的标准答案，很难对模拟结果做出精确评判，如果碰到一些劣质的模拟题，还会耽误复习。

（2）英语

冲刺复习阶段的重要任务也有两个：一是进行大量模考练习，二是强化训练短文写作。对短文写作的强化，首先要对可能的命题范围做出预测。考研英语作文命题不会冷僻，不会很专业，通常都与学习生活紧密联系，或反映当前社会热点问题，例如保持健康、如何读书、环境保护、乱承诺等都曾是考点。了解到这些大概范围后，有意识地多阅读一些相关文章，熟悉有关观点、句式、词汇，多动笔写写，在考场上就可成竹在胸。

（3）数学

本阶段要逐步恢复做题练习量，进行大量模拟训练。一方面进一步提高解题速度和准确率；另一方面找到做题的感觉，使解题状态上升，争取能在考试时达到最佳点。

4. 模考带复习

公共科目和数学在第三轮复习的前期安排了一个模考带，一般在 11 月份。之所以在这里设置模考带，是因为经过两轮复习，需要通过正规考试来检测一下，以便及早发现问题，及时调整第三轮复习计划；同时也是因为考期逼近，有必要增加一些实战经验。模考有两种模式，一是自我模考，找一份模拟题，自己安排时间测试一下；二是参加模考班。模考班的优点在于正式考场，严格监考，正式答题卡和答题纸，实战气氛逼真，检测出来的水平很真实；同时模考班还进行针对性的讲评，可根据平均分估计自己的相对水平。

第二节　正确认识考研辅导班

一、考研辅导班有用吗

回答是肯定的，辅导班是肯定有作用的。考研辅导班的教师、助教对知识点、学科特点、考试特点、命题人出题思想都有相对深入的了解，上辅导班确实能起到事半功倍的作用。每年参加考研辅导班的学员比比皆是，有的班级成功率达到 80%，复试能够全部通过。这是一个因人而异的结果，这与专业基础、复习习惯、理解能力、考试经历等个人因素有很大关系。

二、如何挑选出性价比高的辅导机构

1. 资质

选择考研辅导机构，第一点就是看其有没有正规的办学资质，另外，办学时间代表着一个辅导机构的发展史。所以在选择辅导班的时候要选择办学时间长，辅导班次设置科学合理的辅导机构。

2. 师资

师资，是一个考研辅导机构实力的重要决定条件之一，也是辅导效果的保障。优秀的辅导机构辅导名师都是重点大学的一线教师，是通过试讲选拔出来的。同时这些辅导班的老师有丰富的教学辅导经验，从而保证了课程质量和辅导效果。现在很多考研辅导班随便找几个老师讲课，更有甚者，为了降低教学成本，找在校研究生授课，这样就难以保证辅导效果。考生可以针对辅导老师的辅导年限、辅导经验、历年辅导效果、学员评价等因素进行综合评价，询问往届学长后选择；同时，还要深入了解教师的学术背

景、资料著述成就、辅导成就等。学生在选择考研辅导机构的时候，还要看它们有没有自己的师资库。

3. 升学率

一个考研辅导机构再怎么鼓吹自己好，但是每年考研成功的学生寥寥无几。这样的机构显然不可信。就升学率来说，知名的考研班每年有超过八成的报名学员能考研成功。在选择考研辅导机构时，可先查下它们的升学率。

4. 教学环境

有些机构规模比较小，在写字楼里弄个教室就开始上课，学生没有好的学习环境。在正规的校园上课，也是考研辅导班实力的体现。在校园环境里，学生有正规的教学楼，有班主任的督导，有正规的住宿楼（而不是民居），有生活老师管理生活，有班主任管理学习。这才是正规的考研机构。

第三节　医学生考研之复试阶段

一、复试阶段之面试

面试的竞争虽然激烈，但从哲学辩证法的角度来看，残酷的面试恰恰是初试发挥不佳的考生一次个人表现的机会。机遇与挑战并存，面试取胜的关键在于注意面试的一些细节。

1. 着装

很多人认为面试时，男生最好穿西装，女生最好穿休闲装。其实不然，大学不是企业，也不是政府机关，大学是自由开放的，只要着装能让自己看起来干净利索，精气神十足就可以了。当然不排除一些理工科老师偏好严肃点的学生，但这群人应该不是大多数。事先了解所报院系的老师偏好，根据老师的偏好着装应该是一个理性选择。

2. 表现积极

面试时，一定要学会镇静。面试考官往往在当天已经面试了很多考生，容易疲惫，这时可积极调动面试考场的氛围。如果表现积极一点，回答幽默一些，带动场内的氛围，考官缓解了疲劳，就更容易对你青睐有加，你最终入围的希望无疑也将大大增加。

3. 获得主导权

面试场上的主导权不见得就是考官，考官提问的问题范围是可以选择的。不能不懂装懂，应该主动地把自己懂的知识展现给面试官。一个很好的技巧就是自我介绍谈到自己的研究兴趣时，要提及自己本专业掌握得最好的方面。一般老师提问专业问题大多是根据你的研究兴趣来提。对于你的研究兴趣一定要慎重选择，如果自己不太了解而仅仅是感兴趣的方面，最好不要提及。有些院校要求在复试的时候提交个人陈述，其中的研究计划是可以大做文章的，能够很好地引导老师朝着你预想的方向提问。自我介绍的时候，除了说清楚自己的基本信息之外，最好能着重说一下自己有哪方面的特质是比较适合报考这个学校和专业的，导师可能会比较在意这一方面。

4. 显示知识面

导师都希望能够培养自己的学术接班人，所以都比较倾向于招收擅长做研究的学生。在专业知识方面，由于面对的都是国内的专家，考生很难在专业方面表现得很突出。在深度上面做不了文章，可以从广度上做文章，即向考官表现自己的宽广知识面。自我介绍这块要强调自己对医学及其相关历史的喜爱，虽然报考的是医学，但面试时间最好大多放在医学历史的探讨上面。这样就可以很好地将考官的注意力转移到其他非专业问题的讨论上。只有这样才能保证不败在与专业知识有关的医学问题上。

二、复试阶段之笔试

初试成绩出来之后，马上购买复试资料，把复试的历年考题认真研究几遍并归纳总结。如果所报院系没有大的人事调整，近几年的复试基本上也是固定的几位老师命题，在出题风格以及考查重点上不会有太大的变化，甚至很有可能就从自己的命题库里随机调题。通过认真研究近十年的命题，基本上也就能窥见命题老师命题库的大概题型。当然，为了更好地预测复试的笔试题日，考生应认真研读出题老师最新的上课讲义，还可以去中国期刊网上搜索导师发表的文章，了解其学术方向和重点研究问题。

三、复试阶段之调剂

1. 明确考研调剂的基本要求

基本要求包括：符合招生简章中规定的调入专业的报考条件；初试成绩符合第一志愿报考专业在调入地区的初试成绩基本要求；调入专业与第一志愿报考专业相同或相近；考生初试科目应与调入专业初试科目相同或相近，其中统考科目原则上应相同。

2. 了解考研调剂“九大步骤”

第一步，符合条件的考生网上下载并填写调剂申请登记；第二步，拟调剂考生将申请材料寄送给拟接受调剂的招生单位研招办；第三步，拟接受调剂的招生单位研招办审核后发接收调剂函至考生原报考单位；第四步，拟调剂考生向原报考单位申请调剂；第五步，原报考单位同意并转寄报考资料；第六步，拟接受调剂的招生单位研招办接收拟调剂考生的报考资料；第七步，调剂考生参加复试；第八步，研招办调档；第九步，录取。

3. 避免考研调剂的“三大误区”

第一，目标太多。不少考生给所有认为可能的学校打电话发申请。这其实很耗费精力，效果也不好。如曾有一个学生，发了 100 多个特快专递的调剂申请，除了地址不对被退信的，收到的校方同意调剂答复数量居然是零。同时，滥发调剂申请和在网上乱发帖的效果几乎是一样的，成功率并不高。校方收到调剂信件堆积如山，多半拆都没拆。目标院校有调剂需求，才是成功的前提。第二，好高骛远。调剂的实质是“退而求其次”，要不专业偏，要不学校冷，再或者上一年报考太过热门而导致敢报的学生少了。我们任何时候都不要指望北大、清华临床医学会有调剂名额。正常情况下，调剂的目标相比最初报考的都要低一个档次，并主要集中在中西部。第三，不愿主动出击，过于计较代价。调剂院校态度不明朗或被他们拒绝后，很少有考生能锲而不舍，与学校沟通。同学们一定要逆向思考，目标调剂单位绝不会上赶着追着考生去读研，名额有限，调剂单位肯定倾向于给特别积极的考生。校方的拒绝很多时候也是在考察考生的态度，所以，吃点闭门羹，看点冷脸，是正常的。如有一个考研同学，报南京大学单科差一分，他不计代价，有准确目标后，不远千里亲赴调剂院校，几经波折，成功调到东北财大。

为了保证考研调剂的成功，务必明确调剂的五大关键步骤。第一步，查阅各校上一年的招生简章和专业目录。大量查阅各校招生简章和专业目录，是精确调剂目标的前提，一定要细看，自己动手做一个表把所有的情况列出来：区分哪些是新专业，哪些是上年没招满的，哪些是专业硕士，把重复频次最高的优选出来。第二步，准备调剂申请材料。如果本科来自211等重点院校，一定要突出，要用最显眼的字体来标注自己的联系方式。第三步，联系研招单位。打电话、邮寄调剂申请、找人代为递交申请、本人亲自去，都是联系研招单位的方式，效果应该是依次递增的。如果打电话，一定注意听招生负责老师的口气，如果感觉有一线希望，都要充分表示自己的意愿。假设招生负责老师一口否定调剂，再寄调剂申请的意义就不大了。现实中，研招老师一般会说："现在分数线还没出，情况待定。"这其实是个可进可退的表述，成绩公布后，今年报考考生考得如何，能否招满，校方已经很清楚了，留一点余地是看要在多大范围内发布调剂需求信息。如果邮寄材料，建议寄送到欲调剂的院系，不要寄到校研招办，因为具体经办的一定是各院系。最好搞清楚收件人姓名，若不知道，可以填写"研究生招生负责人"。能找人代交或本人亲自去的最好。当面交谈，很多信息会沟通得更准确，你坚定的调剂决心也能直观地表现出来，招生老师印象也更深。如果能有认识的老师给推荐，就再好不过了。第四步，确认各校接受调剂材料的截止时间。非自主招生院校一般在公布复试时间前后就会停止接受调剂申请，千万注意进度，不要觉得某院校很冷而掉以轻心。第五步，错开各校复试时间。如果同时调剂多所学校，在复试时间上一定要注意安排。很有可能两所学校的复试挤在一起，这种情况下只能选择其一了。

4. 关注调剂信息

同学应该尽早地把握调剂信息，根据自己的初试分数及调剂信息筛选调剂院校、专业。考研复试、调剂时间，各大网站均有关于调剂的信息，考生们往往没有时间去仔细斟酌，最终可能没有调剂到理想院校。因此，调剂信息至关重要，每天花些时间看一下，对调剂是有所帮助的。

参考文献：

[1] 程春燕，张琴. 李正赤考研事件对医学生心理健康的影响 [J]. 现代预防医学，2013 (12).

[2] 张艳. 医学生临床实习与考研矛盾及对策 [J]. 吉林医药学院学报，2013 (2).

[3] 周文敏. 翻过山越过岭——大学生考研全攻略 [M]. 北京：北京工业大学出版社，2014.

［4］王伟. 研之有“悟”［M］. 北京：北京理工大学出版社，2014.
［5］贺惠军. 你一定能成为考研高手——高研高效学习指南［M］. 武汉：武汉大学出版社，2014.
［6］李文胜. 保研全攻略［M］. 北京：北京大学出版社，2014.

第十五章　用法律保护自我——大学生法律知识必备

第一节　遵守校规校纪，知法懂法守法

进入高等院校就读的学生，绝大部分已经年满十八周岁，属于完全民事（刑事）行为能力人。此时，父母已经不再是法定监护人的角色，学校的教学及管理活动也从主导地位退到辅助位置。大学生从中学进入大学这一个半开放的环境，就意味着已经初步进入了社会。因此，大学生学会在校期间学习法律，运用法律保护自身权利，不越法律红线，显得尤为必要。

一、校内学生伤害事故的归责及处理

为了预防、妥善处理在校学生伤害事故，保护学生的正当合法权益，教育部于 2002 年 8 月 21 日以教育部令第 12 号发布了《学生伤害事故处理办法》（以下简称《办法》）。2010 年 12 月 13 日教育部发布第 30 号令，其中对《办法》进行了修订，使之与《中华人民共和国侵权责任法》相衔接。

根据《办法》第二条的规定，学生伤害事故是指在学校实施的教育教学活动或者学校组织的校外活动中，以及在学校负有管理责任的校舍、场地、其他教育教学设施、生活设施内发生的，造成在校学生人身伤害后果的事故。《办法》中的学校，是指国家或者社会力量举办的全日制中小学（含特殊教育学校）、各类中等职业学校、高等学校。学生是指在上述学校中全日制就读的受教育者。因此，当大学生在校期间发生伤害事故时，适用该《办法》进行处理。

根据《办法》的规定，学校、学生或其监护人、第三人承担责任按照不同的情况分为六种情形：

1. 属于学校承担责任的情形

《办法》第九条规定，因下列情形之一造成的学生伤害事故，学校应当依法承担相应的责任：

（1）学校的校舍、场地、其他公共设施，以及学校提供给学生使用的学具、教育教

学和生活设施、设备不符合国家规定的标准，或者有明显不安全因素的；

（2）学校的安全保卫、消防设施设备管理等安全管理制度有明显疏漏，或者管理混乱，存在重大安全隐患，而未及时采取措施的；

（3）学校向学生提供的药品、食品、饮用水等不符合国家或者行业的有关标准、要求的；

（4）学校组织学生参加教育教学活动或者校外活动，未对学生进行相应的安全教育，并未在可预见的范围内采取必要的安全措施的；

（5）学校知道教师或者其他工作人员患有不适宜担任教育教学工作的疾病，但未采取必要措施的；

（6）学校违反有关规定，组织或者安排未成年学生从事不宜未成年人参加的劳动、体育运动或者其他活动的；

（7）学生有特异体质或者特定疾病，不宜参加某种教育教学活动，学校知道或者应当知道，但未予以必要的注意的；

（8）学生在校期间突发疾病或者受到伤害，学校发现，但未根据实际情况及时采取相应措施，导致不良后果加重的；

（9）学校教师或者其他工作人员体罚或者变相体罚学生，或者在履行职责过程中违反工作要求、操作规程、职业道德或者其他有关规定的；

（10）学校教师或者其他工作人员在负有组织、管理未成年学生的职责期间，发现学生行为具有危险性，但未进行必要的管理、告诫或者制止的；

（11）对未成年学生擅自离校等与学生人身安全直接相关的信息，学校发现或者知道，但未及时告知未成年学生的监护人，导致未成年学生因脱离监护人的保护而发生伤害的；

（12）学校有未依法履行职责的其他情形的。

2. 学生或监护人承担责任的情形

《办法》第十条规定，学生或者未成年学生监护人由于过错，有下列情形之一，造成学生伤害事故，应当依法承担相应的责任：

（1）学生违反法律法规的规定，违反社会公共行为准则、学校的规章制度或者纪律，实施按其年龄和认知能力应当知道具有危险或者可能危及他人的行为的；

（2）学生行为具有危险性，学校、教师已经告诫、纠正，但学生不听劝阻、拒不改正的；

（3）学生或者其监护人知道学生有特异体质，或者患有特定疾病，但未告知学校的；

（4）未成年学生的身体状况、行为、情绪等有异常情况，监护人知道或者已被学校告知，但未履行相应监护职责的；

（5）学生或者未成年学生监护人有其他过错的。

3. 相关当事人承担责任的情形

《办法》第十一条规定，学校安排学生参加活动，因提供场地、设备、交通工具、食品及其他消费与服务的经营者，或者学校以外的活动组织者的过错造成的学生伤害事故，有过错的当事人应当依法承担相应的责任。

4. 学校免除法律责任的情形

《办法》第十二条规定，因下列情形之一造成的学生伤害事故，学校已履行了相应职责，行为并无不当的，无法律责任：

（1）地震、雷击、台风、洪水等不可抗的自然因素造成的；

（2）来自学校外部的突发性、偶发性侵害造成的；

（3）学生有特异体质、特定疾病或者异常心理状态，学校不知道或者难于知道的；

（4）学生自杀、自伤的；

（5）在对抗性或者具有风险性的体育竞赛活动中发生意外伤害的；

（6）其他意外因素造成的。

5. 按照有关规定认定的情形

《办法》第十三条规定，下列情形下发生的造成学生人身损害后果的事故，学校行为并无不当的，不承担事故责任。事故责任应当按有关法律法规或者其他有关规定认定。

（1）在学生自行上学、放学、返校、离校途中发生的；

（2）在学生自行外出或者擅自离校期间发生的；

（3）在放学后、节假日或者假期等学校工作时间以外，学生自行滞留学校或者自行到校发生的；

（4）其他在学校管理职责范围外发生的。

6. 由致害人承担责任的情形

《办法》第十四条规定，因学校教师或者其他工作人员与其职务无关的个人行为，或者因学生、教师及其他个人故意实施违法犯罪行为，造成学生人身损害的，由致害人依法承担相应的责任。

发生事故，学校应当及时报告并采取紧急救助措施。教育主管部门在必要情况下可以指导、协助学校进行事故处理工作。事故受害人可以通过以下方式寻求救济：①协商。发生学生伤害事故，学校与受伤害学生或者学生家长可以通过协商方式解决。②调解。受伤害学生及其监护人与学校在双方自愿的基础上，也可以书面申请主管教育行政部门进行调解。在调解期限内，双方不能达成一致意见的，可以提起诉讼；对经调解达成的协议，一方当事人不履行或反悔的，双方可以依法提起诉讼。③诉讼。受伤害学生及其监护人可以不经协商解决或者调解，直接向法院依法提起诉讼。

《办法》第二十四条规定，学生伤害事故赔偿的范围与标准，按照有关行政法规、地方性法规或者最高人民法院司法解释中的有关规定确定。根据这一规定，如果行政法规或者地方性法规中做出明文规定的，可比照适用，在不存在这类规定的情况下，则适用最高人民法院相关司法解释中的规定。由于目前国务院尚未就学生伤害事故出台专门的行政法规，地方就相关问题的规定只能局限于一地，不具有适用的普遍性。因此，学生伤害事故赔偿的范围与标准，主要是依据《中华人民共和国侵权责任法》《最高人民法院关于审理人身损害赔偿案件适用法律若干问题的解释》以及《最高人民法院关于确定民事侵权精神损害赔偿责任若干问题的解释》中的规定进行的。根据《中华人民共和国侵权责任法》《最高人民法院关于审理人身损害赔偿案件适用法律若干问题的解释》的规定，学生伤害事故的赔偿项目包括：医疗费；住院伙食补助费；营养费；误工费；护理费；住宿费；交通费；残疾辅助器具费；残疾赔偿金；丧葬费；死亡赔偿金；精神损害抚慰金等内容。学校承担赔偿责任，但不承担解决户口、住房、就业等与救助受伤害学生、赔偿相应经济损失无直接关系的其他事项。学校无责任的，如果有条件，可以根据实际情况，本着自愿和可能的原则，对受伤害学生给予适当的帮助。

二、遵守校规校纪，不留人生污点

1. 在校打架斗殴行为导致的法律后果

《中华人民共和国刑法》将公民承担刑事责任的年龄分为三个阶段：十四周岁以下为无刑事责任年龄人，不承担刑事责任；十四周岁至十六周岁为相对刑事责任年龄人，犯故意杀人、故意伤害致人重伤或死亡、强奸、抢劫、贩卖毒品、放火、爆炸、投毒罪的，应当负刑事责任；满十六周岁为完全刑事责任年龄人，犯罪应当承担刑事责任。因此，在校大学生如发生斗殴甚至群体性斗殴事件，其后果将由自己承担。

（1）受到拘留及罚款处罚

根据《中华人民共和国治安管理处罚法》第四十三条的规定：殴打他人的，或者故意伤害他人身体的，处五日以上十日以下拘留，并处二百元以上五百元以下罚款；情节较轻的，处五日以下拘留或者五百元以下罚款。

结伙殴打、伤害他人的，殴打、伤害残疾人、孕妇、不满十四周岁的人或者六十周岁以上的人的，多次殴打、伤害他人或者一次殴打、伤害多人的，符合以上情形之一的，处十日以上十五日以下拘留，并处五百元以上一千元以下罚款。

（2）受到刑罚处罚

根据受害者受伤害程度的不同，所引发的后果不同。如果伤害程度鉴定结果是轻伤，公安机关应当立案侦查，追究打人者的刑事责任，可以处三年以下有期徒刑、拘役或者管制。若公安机关不予立案，则受害人可以向人民法院提起刑事自诉，要求追究打人者的刑事责任。不管是公诉还是自诉，都可以同时提起附带民事诉讼，要求赔偿医疗等费用。民事赔偿的范围，根据《最高人民法院关于审理人身损害赔偿案件适用法律若干问题的解释》第十七条的规定，包括医疗费、误工费、护理费、交通费、住宿费、住院伙食补助费、必要的营养费等。

如果伤害程度是重伤，根据过错程度的不同，犯故意伤害罪的，处以三年以上十年以下有期徒刑，致人死亡或者以特别残忍手段致人重伤造成严重残疾的，处十年以上有期徒刑、无期徒刑或者死刑。因过失致人重伤的，处三年以下有期徒刑或者拘役。（《中华人民共和国刑法》第二百三十四条、二百三十五条）

如发生聚众斗殴行为，被认定为犯聚众斗殴罪的，对首要分子和其他积极参加人员，处三年以下有期徒刑、拘役或者管制。有多次聚众斗殴行为，人数多、规模大、社会影响恶劣，在公共场所或交通要道聚众斗殴，造成社会秩序严重混乱、持械聚众斗殴等行为之一的，对首要分子和其他积极参与者，处三年以上七年以下有期徒刑。（《中华人民共和国刑法》第二百九十二条）

2. 考试作弊行为触犯刑法

近年来，高考、研究生入学考试等国家考试屡屡曝出“舞弊门”。虽然国家明令禁止考试作弊，但由于刑法没有相关条款，仅对当事人作行政处罚，长期以来处罚偏轻，完全达不到应有的威慑效果。考试作弊具有严重社会危害，各大高校的“大学生行为准则”“学生手册”，均对考试作弊行为进行了明确的定义及处罚。许多学生仅将其看作违反校规校纪的行为，没有意识到其与法律的关系。

2015 年 11 月 1 日开始施行的《中华人民共和国刑法》（以下简称《刑法》）正式将考试作弊行为纳入刑法处罚的范围。在校大学生在今后的人生中会经历多起考试，必须了解刑法修正案中新增的这些涉及考试工作的条款，在各类专业考试、人事考试的过程中诚信应考，避免因违反规定而受到处罚。

（1）替考人和被替考人均构成犯罪

《刑法》将组织作弊、买卖作弊设备、买卖考题、替考等作弊以及帮助作弊行为纳入刑法范畴，不仅规定考试作弊行为本身要受到刑罚处罚，还将组织作弊、帮助作弊的行为入刑。这意味着只要为作弊者提供帮助，都将构成犯罪，此类犯罪行为最高可判处 7 年有期徒刑并处罚金。根据刑法修正案的规定，替他人或者让他人代替自己参加考试的，处拘役或者管制，并处或者单处罚金。受到刑事处罚的人员，会承担开除公职或解除劳动合同等行政、民事等不利后果。

（2）非法出售个人信息最高判刑七年

修正案加重了对非法出售、提供或窃取公民个人信息等行为的处罚力度。在考试组织过程中，考生报名考试信息中包含了部分不宜公开的个人信息，因此，考试组织机构在合理使用考生信息的同时也必须做好考生个人信息的保护工作。但一些培训机构利用各种手段非法获取考生信息以谋取暴利，严重扰乱考试秩序、侵犯了考生个人利益的行为，将受到 3 年以上 7 年以下有期徒刑并处罚金的处罚。

（3）盗用他人身份证件参考处罚加重

新的刑法明确了，在依照国家规定应当提供身份证明的活动中，使用伪造、变造的或者盗用他人的居民身份证、护照、社会保障卡、驾驶证等依法可以用于证明身份的证件，情节严重的，处拘役或者管制，并处或者单处罚金。有前款行为，同时构成其他犯罪的，依照处罚较重的规定定罪处罚。这也为惩处用虚假信息报名考试、替考等行为提供了有力的法律依据。

（4）非法助考最高判刑 7 年

新的刑法修正案细化了专用间谍器材和窃听、窃照专用器材的名称，加大了对非法生产、销售窃听、窃照专用器材等作弊器材的行为的惩处力度。在原来的量刑基础上，增加到最高可判处 3 年以上 7 年以下有期徒刑，并处罚金。这对于打击非法助考团伙，维护考试公平又是一件有力的武器。

三、运用法律武器，完成社会实践

1. 从事商业活动应避免违法

大学生们初入社会，对新环境充满了好奇，同时也充满了探索的欲望。许多学生会利用课余时间，从事一些商业活动，如向入学新生出售生活日用品、售卖零食小吃、提供便利服务等。就出售产品而言，根据《中华人民共和国侵权行为法》第四十二条的规定，销售者在以下两种情形下有过错，应当承担产品责任：

因销售者的过错使产品存在缺陷，造成他人损害的，销售者应当承担侵权责任；销售者不能指明缺陷产品的生产者也不能指明缺陷产品的供货者的，销售者应当承担侵权责任。

根据《中华人民共和国产品质量法》第四十条的规定，售出的产品有下列情形之一的，销售者应当负责修理、更换、退货，给购买产品的消费者造成损失的，销售者应当赔偿损失：不具备产品应当具备的使用性能而事先未作说明的；不符合在产品或者其包装上注明采用的产品标准的；不符合以产品说明、实物样品等方式表明的质量状况的。

因此，大学生在从事商业活动中，涉及销售产品的，应严格区分正规生产商、正规进货渠道，避免销售“三无”产品。对所出售的商品要进行正确、合理的保管或储存。如果所售商品为食品的，还要符合《中华人民共和国食品安全法》的相关规定。对于来路不明或价格明显低于市场均价的，应多加注意，不要轻信促销商家的鼓动，不要被利润迷惑，而承担不利的法律后果。

2. 课外兼职如何防止欺诈

大学生缺乏独立的经济能力，但又有一定的消费需求，因此大学生普遍有找兼职的需求，特别是假期，空闲时间较多，很多大学生会尝试在网上找一些兼职工作。在互联网日益发达的今天，许多诈骗者通过网络发布信息，大学生应当学会识别虚假诈骗信息，保护自己的合法利益。

（1）中介公司设置兼职陷阱

在信息时代，花钱获得兼职招聘信息，看似合理，其中却隐含着许多骗局。大学生在交中介费之前，在宣传册上看到许多高薪兼职信息，但交中介费后中介公司拒绝提供岗位或告知岗位已满。黑中介和企业暗中勾连，以体检费、面试费、身份证验证费等诸多名目骗取大学生的钱财，最后又以诸多理由不让应聘者上岗。

（2）兼职公司骗取兼职服务费

要收取兼职服务费或会费之后，才提供工作，但收取服务费后要么以无合适的岗位为由，要么以岗位竞争大为由，不提供兼职岗位；或提供兼职岗位后，又要收取兼职押金。工作完后想要回押金时，又以各种理由不予退还。这类费用一般而言不会太高，许多大学生苦于没有时间与精力与对方进行交涉，最后也就不了了之。

（3）网上兼职被骗

淘宝刷钻、手机充值卡刷信誉及游戏点卡刷信誉是近年来最常见的兼职代刷骗局。此类骗局多通过电子商务平台、QQ 群、QQ 邮件等渠道发布高薪兼职信息，随后用人工欺诈与钓鱼网站相结合等方式实施欺诈。通常骗子会要求应聘者有一定的网购经验并开通网银，再以虚拟商品为交易对象，利用受骗者对网络付款机制不熟悉进行诈骗。

（4）实体公司招聘骗术

有些企业打着正规招聘的幌子招聘兼职人员，这些兼职人员并非正规公司里的全职文员，职责也并非如宣传所说打印文件、帮领导起草文书、负责安排领导出行、负责公司内部考勤管理等，而是陪客户喝酒。不仅如此，有的公司还规定试用期间不发任何工资，等试用期过后，会补发试用期工资。但是多数兼职人员一般都熬不过试用期就因不能胜任为由被辞退。

大学生要提高警惕，不要让社会实践的经历成为被骗的经历。确须利用课余时间寻求兼职时，要明白天上不会掉馅饼，轻轻松松却能够挣大钱的工作是不存在的。在求职过程中，不要轻易相信他人介绍，不要点击来源不明的信息。有实体公司的，最好上工商行政管理局的官方网站查实该公司的营业情况，求职过程中注意保留相关文本、聊天记录、短信记录等，不接受先收取费用的工作。《中华人民共和国劳动法》已经明确禁止用人单位收取押金、证件等作为招聘条件。确定在某公司兼职后，应签订劳动合同或相关协议，明确工作内容、工作时间、工作地点、计薪方式等要件。发现被骗后要立即采取补救措施，防止损失扩大；受骗金额较大的应及时报警并提供对方的相关资料，以利于早日追回损失。

3. 防止网络犯罪行为

网络犯罪，是指行为人运用计算机技术，借助于网络对其系统或信息进行攻击，破坏或利用网络进行其他犯罪的总称。它既包括行为人运用编程、加密、解码技术或工具在网络上实施的犯罪，也包括行为人利用软件指令、网络系统或产品加密等技术及法律规定上的漏洞在网络内外交互实施的犯罪，还包括行为人借助于其居于网络服务提供者特定地位或其他方法在网络系统实施的犯罪。简言之，网络犯罪是针对和利用网络进行的犯罪，网络犯罪的本质特征是危害网络及其信息的安全与秩序。

发达的计算机网络，已经成为人们生活的一部分。一些在计算机技术方面有特长的大学生，出于兴趣爱好或研究需要，能够掌握一些普通用户不能掌握的技术资源，也容易被利用成为犯罪的工具。《刑法》及其他相关法规均对计算机网络犯罪行为做出了规定，大学生应避免在日常学习生活中，由于故意或过失，导致网络违法犯罪行为的发生。

网络犯罪行为的主要形式包括：

（1）制造、传播计算机病毒或实施黑客行为，危害计算机信息网络安全

实施危害计算机信息网络安全的犯罪主要有两种形态：一是未经许可非法侵入计算机信息系统，进行破坏，使其功能不能正常运行，这是人们通常所说的黑客行为；二是制造并传播计算机病毒，计算机病毒具有潜伏性、隐蔽性、可激发性，更具传染性。计算机病毒通过网络不特定地传播，对计算机信息网络安全危害巨大，轻则造成数据丢失、局部功能损坏，重则造成计算机系统瘫痪，甚至造成局部或区域性信息网络的瘫痪。

（2）利用网络窃取账号、信用卡资料等，侵害公私财产

网络自身存在的缺陷和漏洞，为网络犯罪提供了可乘之机。利用网络窃取他人的上网账号用来网上购物等，或者利用网络窃取他人金融系统的账号、信用卡资料、股市的账号及密码等，对账户上的资金进行消费、挪用、转移，对股票低抛低购，而无视给他人造成的经济损失。

（3）利用网络进行诈骗

网络诈骗，是以非法占有为目的，利用互联网采用虚拟事实或者隐瞒事实真相的方法，骗取公私财物的行为。网络诈骗违法犯罪行为具有不亲临现场的间接性特点，使这类违法犯罪行为有着形形色色的表现形式，如网络拍卖诈骗、网络传销诈骗、信用卡诈骗及网络休闲诈骗等。

（4）网络犯罪

网络犯罪是指，利用计算机网络制作、复制、传播、贩卖色情淫秽物品，破坏市场经济秩序，妨碍社会管理秩序。它主要包括在互联网上建立色情网站或制作色情网页，在网上制作、复制、贩卖、传播色情淫秽电影、表演、动画等视频文件、音频文件以及淫秽图片、电子书刊、文章、短信等。

对于以上犯罪行为，我国《刑法》及《计算机信息系统安全保护条例》等相关法规均做出了规定，除非法侵入计算机系统罪，破坏计算机信息系统功能罪，制作、传播计算机病毒等破坏计算机程序的罪名外，触犯其他分则罪名的，按相关罪名处罚。

另外，针对虚假信息泛滥的情形，《刑法》第二百九十一条第二款规定了“编造、故意传播虚假恐怖信息罪”：编造虚假的险情、疫情、灾情、警情，在信息网络或者其他媒体上传播，或者明知是上述虚假信息，故意在信息网络或者其他媒体上传播，严重扰乱社会秩序的，处三年以下有期徒刑、拘役或者管制；造成严重后果的，处三年以上七年以下有期徒刑。

第二节　掌握法律知识，顺利完成实习

《中华人民共和国劳动法》（以下简称《劳动法》）调整的范围，大致上划分为两种类型：一类是企业、个体经济组织和与之形成劳动关系的劳动者；一类是国家机关、事业组织、社会团体和与之建立劳动合同关系的劳动者。这两种情况下法律的要求是不一样的，前一种情形下，《劳动法》的适用不以签订劳动合同为必要。在没有签订劳动合同的情况下，双方形成事实劳动关系的，也适用《劳动法》的规定；而后一种情形下，只有双方建立了劳动合同关系，才适用《劳动法》。

医学院校学生，毕业后有可能进入公立医院或私立医院、诊所、药房、医药企业等单位工作。私立医院、企业的医务人员与单位之间，大多有劳动合同约束双方的权利义务，双方建立的劳动关系比较明确。目前对于公立医院进编医生与医院之间属于行政管理关系还是劳动关系有争议，但根据我国相关司法解释及最高人民法院相关案例回复，

公立医院与进编医生之间在签订、解除、履行劳动合同中的争议均适用劳动法及劳动合同法，且在工伤事故的认定上也遵照《工伤保险条例》办理。而随着国家企事业单位改革力度的加大，医院这类事业单位正在逐步完成人事改革，纳入统一的劳动法保护关系中。

另外，即将毕业的大专院校在校学生以就业为目的与用人单位签订劳动合同，且接受用人单位管理，按合同约定付出劳动；用人单位在明知求职者系在校学生的情况下，仍与之订立劳动合同并向其发放劳动报酬的，该劳动合同合法有效，应当认定双方之间形成劳动合同关系。

1. 患者隐私权的保护

《中华人民共和国侵权责任法》第六十二条规定："医疗机构及其医务人员应当对患者的隐私保密。泄露患者隐私或者未经患者同意公开其病例资料，造成患者损害的，应当承担侵权责任。"此规定中患者隐私包括了两方面含义：一是患者基于个体的个人隐私，二是患者的病例隐私。

具体来说，医护人员的下列行为属于侵犯患者隐私权的情形：

（1）超出知情范围刺探患者隐私；

（2）故意泄露、公开传播或直接侵扰患者的隐私；

（3）医务人员非诊疗职责需要而知悉患者的隐私；

（4）未经患者同意在医疗过程中擅自允许医学院实习生观摩对患者的治疗过程；

（5）未经患者同意公开其病历资料及有关资料。

医学生在实习和工作的过程中，均应注意职务行为与保护他人合法权益之间的平衡，在正当履行医务工作时，也要注重对患者隐私权的保护。应以高标准的职业操守要求自己，除工作需要及法律规定以外，在其他时间、地点、场合均不应泄露患者隐私，更不应将工作中知悉的患者隐私作为茶余饭后的谈资等。

2. 克服困难，顺利完成实习

我国法律对医学生与实习单位的法律关系并无明确规定。目前多数学者观点认为，在实习期间，医院和学校应当履行对学生的教育管理义务，医学生和医院之间是一种教育行政法律关系。

一些医学生在实习期间会感到，个别实习医院在进行复杂的手术或者诊疗活动时，会避免实习生参与，在实习过程中，也对实习生的实习行为做出诸多限制。一些学生对此感到不理解。从法律方面的原因看，《医学教育临床实践管理暂行规定》第十六条规定："在医学教育临床实践过程中发生的医疗事故或医疗纠纷，经鉴定，属于医方原因造成的，由临床教学基地和相关医疗机构承担责任。因临床带教教师和指导医师指导不当而导致的医疗事故或医疗纠纷，临床带教教师或指导医师承担相应责任。"第十七条规定："医学生和试用期医学毕业生在临床带教教师和指导医师指导下参与医学教育临床实践活动，不承担医疗事故或医疗纠纷责任。医学生和试用期医学毕业生未经临床带教教师或指导医师同意，擅自开展临床诊疗活动的，承担相应的责任。"这类责任不仅包含民事赔偿责任、行政责任，甚至医院法定代表人还需要承担刑事责任。严格的责任追究制度给医院和带教医师带来了沉重的压力，而医学实习生刚走出学校来到医院，纯粹的理论知识在实践中难免会造成过失和错误，侵害患者的健康，给带教医师和医院带来不必要的责任。因此，医院在实习过程中对实习生所采取限制的行为，也就不难理解了。

在实习中，实习学生应当严格遵守实习医院的管理制度，认真学习《实习守则》中的各项要求，虚心求教，多学多问，勇于承担较大的工作量。许多医院对于实习生未经带教教师允许独自对患者进行诊治的行为，会进行处罚并通报其所在的学校，实习成绩也会受到影响甚至不合格。因此，学生一定要在整个实习的过程中严格要求自己，认真培养自己作为一名医护人员的职业素养和操守。

第三节　了解医事法律，做好职业规划

一、成为执业医师需要满足的条件

根据《中华人民共和国执业医师法》的规定，我国实行医师资格考试制度。医师资格考试分为执业医师资格考试和执业助理医师资格考试。（《中华人民共和国执业医师法》第八条）符合以下条件的，可以参加执业医师资格考试：

具有高等学校医学专业本科以上学历，在执业医师指导下，在医疗、预防、保健机构中试用期满 1 年的；取得执业助理医师执业证书后，具有高等学校医学专科学历，在医疗、预防、保健机构中工作满 2 年的；具有中等专业学校医学专业学历，在医疗、预防、保健机构中工作满 5 年的。

医师资格考试是评价申请医师资格者是否具备从事医学实践所必需的基本知识与技能的考试，不同于医学生在医学院校的毕业考试，也不同于临床实习时的出科考试，医师资格考试的重点是测试考生应用医学理论解决实际问题的能力和实践操作能力。医师资格考试将按照医师从事的专业分成几个类别，比如临床、公共卫生等。要取得某一类别的医师资格，则不论所学是何医学专业都必须参加申请该类别的医师资格考试，如公共卫生专业的毕业生要取得临床医师资格，必须参加临床医师资格考试。

医师资格考试在医师资格考试委员会的领导下实行几级负责制，各级在当地卫生行政部门的领导下从事考务管理工作。根据我国的实际情况，参照国外做法，医师资格考试的科目包括医学基础、医学专业以及公共知识等，考试内容以《医师资格考试大纲》为准。

二、正确处理医疗事故争议

虽然医疗事故在生活中无法完全消除，但可以尽量避免。我国于 2002 年 9 月 1 日施行的《医疗事故处理条例》，是专门规定医疗事故处理方面的行政法规。该法规对医疗事故的范围、技术鉴定、患者权利、赔偿项目、纠纷解决途径等均做出了详细的规定。

但值得注意的是，2012 年 7 月 1 日施行的《中华人民共和国侵权责任法》第七章，专门规定了“医疗损害责任”：患者在诊疗活动中受到损害，医疗机构及其医务人员有过错的，由医疗机构承担赔偿责任。这里的“医疗损害责任”，是涵盖了医疗事故和非医疗事故两种情形。因此，大学生们在未来从事医疗工作对应尽的义务必须掌握，避免在工作中发生侵权行为。

1. 医疗损害责任的归责原则

对诊疗活动引起的纠纷，适用的是一般过错责任。即医疗机构及其医务人员有过错的，医疗机构才承担赔偿责任，原则上由原告承担过错的举证责任。只有在特殊情况下，如医务人员有违规治疗行为或隐匿、拒绝提供与纠纷有关的病历资料，才适用过错推定责任原则，发生举证责任倒置。

2. 医务人员的说明、告知义务

医务人员在诊疗活动中应当向患者说明病情和医疗措施。需要实施手术、特殊检查、特殊治疗的，医务人员应当及时向患者说明医疗风险、替代医疗方案等情况，并取得其书面同意；不宜向患者说明的，应当向患者的近亲属说明，并取得其书面同意。医务人员未尽到说明告知义务，造成患者损害的，医疗机构应当承担赔偿责任。

医务人员取得了患者或者其近亲属同意相关治疗的签字，但如果在后续的诊疗活动中未尽到与当时的医疗水平相应的诊疗义务，造成患者损害的，仍应当承担赔偿责任。

3. 紧急情况下告知义务的例外

因抢救生命垂危的患者等紧急情况，不能取得患者或者其近亲属意见的，经医疗机构负责人或者授权的负责人批准，可以立即实施相应的医疗措施。“不能取得患者或者其近亲属意见”，主要是指患者不能表达意志，也无近亲属陪伴，又联系不到近亲属的情况，不包括患者或者其近亲属明确表示拒绝采取医疗措施的情况。

4. 医务人员的诊疗义务

医务人员在诊疗活动中未尽到与当时的医疗水平相应的诊疗义务，造成患者损害的，医疗机构应当承担赔偿责任。

医务人员的注意义务就是应当尽到与当时的医疗水平相应的诊疗义务。医疗行为具有未知性、特异性和专业性等特点，不能仅凭事后证明错误这一点来认定医务人员存在诊疗过错，不能唯结果论。关键要看是不是其他的医务人员一般都不会犯这种错误。因此，诊疗义务可以理解为一般情况下医务人员可以尽到的，通过谨慎的作为或者不作为避免患者受到损害的义务。

急、危、重病人送到医院时，如果医务人员借故推诿或不负责任将病人转院，延误有效抢救时机的，将被视为医疗事故中的“不作为”。具体包括：属临床各科诊治范围的急、危、重病人，经确诊或可以确诊，医务人员借故推诿、拒绝收治，或接诊医生对病人未作任何检查和处理，不负责任地转科、转院；值班医生擅离职守；患者病情急剧恶化，医生接通知后无故不诊治或处理的；急、危、重病人，虽非本科急诊范围，按当时条件及医师的技术水平，可以积极进行抢救，或请其他科会诊治疗，却因推诿、不负责任，延误抢救、治疗的时机，造成不良后果等。此类事故可能被认定为医疗事故，这就是我们通常所说的“见死不救”。

5. 推定医疗机构过错情形

（1）违反法律、行政法规、规章以及其他有关诊疗规范的规定；

（2）隐匿或者拒绝提供与纠纷有关的病历资料；

（3）伪造、篡改或者销毁病历资料。

医疗机构可以提出反证证明自己没有过错。医疗机构应当在工作中避免发生被推定为过错的情况。

6. 药品、消毒药剂、医疗器械缺陷或者不合格血液输入责任

因药品、消毒药剂、医疗器械的缺陷，或者输入不合格的血液造成患者损害的，患者可以向生产者或者血液提供机构请求赔偿，也可以向医疗机构请求赔偿。患者向医疗机构请求赔偿的，医疗机构赔偿后，有权向负有责任的生产者或者血液提供机构追偿。

“缺陷”是指产品存在危及人身、他人财产安全的不合理的危险；产品不符合保障人体健康和人身、财产安全的国家标准、行业标准。

7. 医疗机构不承担责任的情形

患者因下列情形遭受损害的，医疗机构不承担赔偿责任：

患者或者其近亲属不配合医疗机构进行符合诊疗规范的诊疗；医务人员在抢救生命垂危的患者等紧急情况下已经尽到合理诊疗义务；限于当时的医疗水平难以诊疗。但在第一种情形中，医疗机构及其医务人员也有过错的，应当承担相应的赔偿责任。

8. 填写、妥善保管和提供病历资料的义务

医疗机构及其医务人员应当按照规定填写并妥善保管住院志、医嘱单、检验报告、手术及麻醉记录、病理资料、护理记录、医疗费用等病历资料。患者要求查阅、复制病历资料的，医疗机构应当提供。

9. 不得实施不必要的检查

医疗机构及其医务人员不得违反诊疗规范事实进行不必要的检查。此处所称不必要检查行为，就是社会上比较关注的过度检查问题。过度检查的特征在于：为诊疗疾病所采取的检查手段超出疾病诊疗的基本需求，不符合疾病的规律与特点，采用非“金标准”的诊疗手段。所谓“金标准”，是指当前临床医学界公认的诊断疾病的最可靠方法。较为常用的包括活检、手术发现、微生物培养、特殊检查和影像诊断，以及长期随访等。

10. 医疗机构及其医务人员的合法权益的保护

医疗机构及其医务人员的合法权益受法律保护。干扰医疗秩序，妨害医务人员工作、生活的，应当依法承担法律责任。此处的法律责任不仅包括民事赔偿责任，还涉及行政责任和刑事责任。

三、拒绝商业贿赂行为

医疗卫生领域的腐败并不是中国所特有的，而是一个全球各国共同面对的毒瘤。近年来，随着我国反腐败力度的加大，医疗行业中暴露出越来越多的商业贿赂行为。腐败

行为导致药价虚高，病人看病难，过度检查泛滥。因此，作为未来的医护人员，大学生应当在思想上主动拒绝成为腐败链条中的一环，避免丧失职业道德和职业操守，否则终将受到法律的制裁。

商业贿赂罪是一个类罪名，在刑法上以“非国家工作人员受贿罪”进行认定。它包括商业受贿罪、商业行贿罪。它主要包括以下几方面的行为：

（1）医疗机构领导及有关工作人员，在药品、医用设备、医用耗材等采购活动中，收受生产、经营企业及其经销人员以各种名义给予的财物或回扣的行为；

（2）医疗机构的医务人员，在临床活动中，收受药品、医用设备、医用耗材等生产、经营企业或经销人员以各种名义给予的财物、回扣或提成的行为；

（3）医疗机构接受药品、医用设备、医用耗材等生产、经营企业或经销人员以各种名义给予的财物，不按照行政事业财务会计制度规定明确如实记载、私设小金库、用于少数人私分的行为；

（4）医疗卫生机构有关人员在基建工程、物资采购、招标等活动中，收受有关企业和经销人员以各种名义给予的财物的行为；

（5）卫生行政机关工作人员利用权力，在医药购销和工程招标等活动中，收受有关企业和经销人员以各种名义给予的财物的行为。

参考文献：

[1] 杨立新，袁雪石. 论医疗机构违反告知义务的医疗侵权责任 [J]. 河北法学，2006（12）.

[2] 叶名怡. 医疗侵权责任中因果关系的认定 [J]. 中外法学，2012（1）.

[3] 王成. 医疗侵权行为法律规制的实证分析——兼评《侵权责任法》第七章 [J]. 中国法学，2010（5）.

[4] 中国法制出版社. 中华人民共和国刑法及司法解释指导案例全书 [M]. 北京：中国法制出版社，2016.

[5] 国务院法制办公室. 中华人民共和国医药卫生法典 [M]. 北京：中国法制出版社，2014.

[6] 中国法制出版社. 中华人民共和国劳动法配套解读与案例注释 [M]. 北京：中国法制出版社，2015.